인도민화로 떠나는 **신화여행**

인도민화로 떠나는 신화여행

지 은 이   하진희

초판 1쇄   2010년 4월 30일
초판 3쇄   2013년 11월 25일
개정판 1쇄   2019년 11월 30일

펴 낸 곳   인문산책
펴 낸 이   허경희

주   소   서울시 은평구 연서로 3가길 15-15, 202호 (역촌동)
전화번호   02-383-9790
팩스번호   02-383-9791
전자우편   inmunwalk@naver.com
출판등록   2009년 9월 1일

ISBN 978-89-98259-29-7   03210

값 18,000원

이 도서의 국립중앙도서관 출판예정도서목록(CIP)은 서지정보유통지원시스템 홈페이지(http://seoji.nl.go.kr)와
국가자료종합목록 구축시스템(http://kolis-net.nl.go.kr)에서 이용하실 수 있습니다.
(CIP제어번호 : CIP2019045643)

인도민화로 떠나는 **신화여행**

하진희 지음

인문산책

꿈속에서 우리는 태초의 밤의 어둠 속에 살고 있는 좀 더 보편적이고 진실하고 영원한 자의 초상이 된다. 꿈속에서는 모든 것이 하나로 어우러져 있다. 자연과 구분할 수 없으며, 모든 자아를 벗어버린 상태이다. 꿈은 이 모든 것이 하나가 되는 곳에서 생겨나며, 너무나도 유치하고 기괴하며 비도덕적이다. 꽃처럼 피어나는 그 솔직함과 진실함 앞에 우리는 기만에 찬 우리의 삶에 대해 얼굴을 붉히게 된다. 신화는 이처럼 꿈의 내용을 담고 있다.

- 칼 융

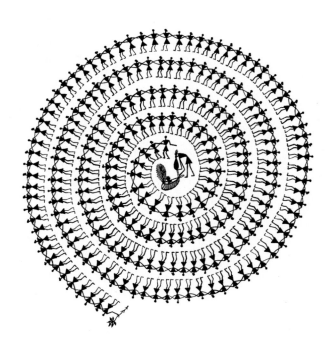

차례

1 신들의 이야기 : 신은 하나이지만 다른 이름들로 불린다

2 여신들의 이야기 : 신들에게는 영원한 동반자가 있다

3 자연신 이야기 : 신은 우주와 자연 어디에나 있다

4 자연예찬 : 나무와 새와 마을과 사람이 어울려 살아간다

5 신과 인간의 이야기 : 신과 인간이 공존하는 신화의 세계

6 왈리 이야기 : 신과 인간이 하나 되어 살아가는 부족이야기

7 왈리의 옛날이야기 : 오래전부터 전해 내려오는 그림이야기

인도신화와 민화의 만남

인도의 지혜와 아름다움이 담긴 신화(神話 · 神畵)

　　신화(神話)는 가장 오래된 이야기입니다. 그래서 신화를 읽으면 시간과 공간의 제약에 갇혀 있는 인간의 삶 저 너머에 있는 무한히 넓은 세상으로 흥미로운 여행을 떠날 수 있습니다. 신화 속에는 우주 만물의 생성원리에 대한 의문과 인간의 힘으로는 알 수 없는 영원한 세계와 인간을 뛰어넘는 존재에 대한 즐거운 상상의 이야기들이 담겨 있기 때문입니다. 또한 인간이 살아가면서 부딪히는 온갖 종류의 의문과 해결되지 않는 현상들이 바로 오랜 세월 동안 신화가 다뤄온 주제이며, 그 속에 인간의 삶에 필요한 지혜가 담겨 있습니다.

　　인도는 우리나라의 33배나 되는 넓은 땅에 13억 인도인들보다 더 많은 힌두교의 신들이 있습니다. 인도인들이 섬기는 신의 수는 무려 수백 억 명이나 되기 때문에 그 수를 다 헤아리기도 힘들 정도입니다. 21세기 첨단과학문명이 인간의 삶을 하루가 다르게 변화시키고 있는 오늘날에도 인도인들의 삶에서 가장 중요한 것은 신을 경배하고 찬미하는 것입니다. 그래서 힌두교도들의 성지 갠지스 강가를 걷다 보면 마치 신화 속의 주인공들이 그대로 걸어나와서 이야기 속의 삶을 살아가는 장면을 보게 됩니다. 인도인들에게 신화는 과거완료형의 이야기가 아니라 오늘날에도 살아 숨 쉬는 그들의 일상을 지배하는 신들의 이야기입니다. 그들이 혹독한 자연환경과 불합리한 계급제도와 복잡한 정치적 격랑에도 꺾이지 않고 찬란한 고대 문명과 훌륭한 문화유산을 창조해낼 수 있었던 저력은 아마도 이처럼 끊임없이 이루어졌던 신과의 교감을 통해 얻은 지혜의 힘이 아닐까요.

인도 신화 속에는 우리가 살아가면서 만나는 거의 모든 것들이 다 들어 있다고 해도 과언이 아닙니다. 탄생과 죽음, 행복과 불행, 정의와 음모, 희생과 배신, 축복과 저주, 진실과 거짓, 평화와 전쟁, 성자와 악마 등 인간이 살아가면서 만나는 인생의 모든 것을 그들은 신화를 통해서 알아간다고 느껴질 정도입니다. 또한 그들이 신의 형상이나 신화의 내용을 그림으로 그리는 것(神畵)은 창작 행위 이전에 하나의 신성한 놀이(遊戱)처럼 일상의 한 부분으로 뿌리내려 있습니다. 마치 아이들의 소꿉놀이처럼 몰입하고 행복을 느낄 수 있기 때문입니다. 인도인들은 신의 형상이나 신화의 내용을 그리면서 자신이 가진 모든 기량을 발휘하고자 합니다. 그래서 인도민화는 한 점 한 점이 모두 아름답습니다. 그들의 그림은 배움에 의해서가 아니라 인간이라면 누구나 지니고 있는 사물에 대한 직관력과 본능의 표현이기 때문일 것입니다.

인도민화에는 신화에 등장하는 다양한 신들의 형상과, 자연과 더불어 살아가는 인도인들의 일상의 장면들이 고스란히 담겨 있습니다. 고대로부터 지금까지 인도인들에게 민화를 그리는 일은 신을 명상하고 신에게 기도를 바치는 하나의 의식으로 여겨집니다. 그들의 손끝에서 그려지는 신은 완성되는 순간부터 그들과 함께 살아간다고 믿기도 합니다. 민화를 그리는 방법은 고대로부터 지금까지 전통적으로 이어져 내려오는 방식 그대로입니다.

마두바니(Madhubani) 민화가 그려지는 미티라 지방의 여인들은 대부분 자신의 부모나 이웃으로부터 아주 어린 나이에 그림 그리는 법을 배웁니다. 특정한 문양이나 신의 형상에 대한 표현은 그렇게 해서 습득되어지고 과거로부터 현재까지 그대로 이어져 내려오고 있습니다. 여인들에게 신들의 형상이 담긴 민화를 그리는 행위는 마치 가족들을 위해 요리를 하거나 천에 수를 놓는 일처럼 일상의 한 부분으로 여겨집니다.

왈리 부족의 민화에는 그들이 살아가면서 가장 중요시 생각하는 축제인 결혼식을 관장하는 신과 일상의 거의 모든 순간들이 다 담겨 있습니다. 그래서 그들에게 그림은 일상을 기록하는 그림일기이자 그들이 세상을 보는 관점의 표현입니다. 그들은 고대로부터 전해 내려오는 방식대로 소똥을 여러 번 발라서 바탕을 마련한 천이나 흙벽 위에 흰 쌀가루로 그림을 그립니다. 왈리(Warli) 민화는 사람, 집, 나무, 동물 등의 다양한 소재들이 얽혀져서 만들어내는 왈리 부족의 삶의 오케스트라처럼 서로 조화를 이루어냅니다.

인도 남부 지방은 일 년 내내 여름이어서 천연염료가 풍부합니다. 그래서 민화는 면직물이나 비단, 나뭇잎 위에 천연염료로 다양한 힌두교의 신화를 주제로 그려진 작품들이 많습니다.

지금은 거의 희미한 흔적만 남아 있는 화려했던 인도 고대 문명과는 달리 인도민화는 거의 3000년 이상을 변함없이 이어져 내려온 인도인들의 신화 사랑과 생생한 삶의 기록으로서 오늘날에도 인도인들과 더불어 살아가고 있습니다. 이 책과 함께 신비한 신화의 나라 인도로 여행을 떠나보시길 바랍니다.

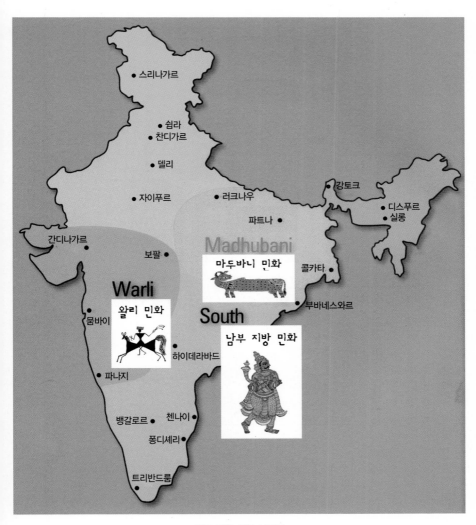

인도 민화 지역 분포도

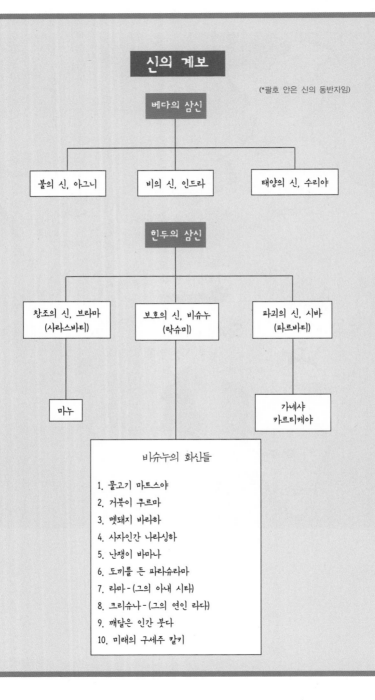

신의 계보

(*괄호 안은 신의 동반자임)

베다의 삼신

- 불의 신, 아그니
- 비의 신, 인드라
- 태양의 신, 수리야

힌두의 삼신

- 창조의 신, 브라마
(사라스바티)
  - 마누
- 보호의 신, 비슈누
(락슈미)
- 파괴의 신, 시바
(파르바티)
  - 가네샤
  카르티케야

비슈누의 화신들

1. 물고기 마트스야
2. 거북이 쿠르마
3. 멧돼지 바라하
4. 사자인간 나라싱하
5. 난쟁이 바마나
6. 도끼를 든 파라슈라마
7. 라마 - (그의 아내 시타)
8. 크리슈나 - (그의 연인 라다)
9. 깨달은 인간 붓다
10. 미래의 구세주 칼키

인간과 신들의 계보

(*굵은 선은 신과 인간 사이에 낳은 자손임)

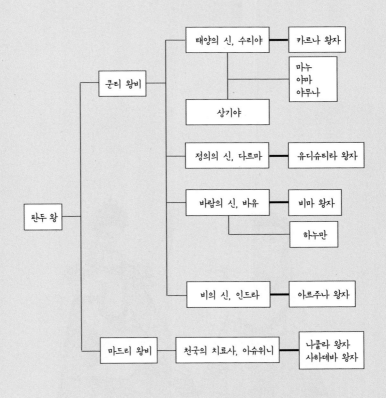

판두 왕
- 쿤티 왕비
  - 태양의 신, 수리야 — 카르나 왕자
    - 마누 / 야마 / 야무나
  - 상기야
  - 정의의 신, 다르마 — 유디슈티라 왕자
  - 바람의 신, 바유 — 비마 왕자
    - 하누만
  - 비의 신, 인드라 — 아르주나 왕자
- 마드리 왕비
  - 천국의 치료사, 아슈위니 — 나쿨라 왕자 / 사하데바 왕자

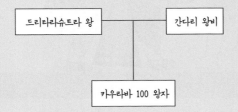

드리타라슈트라 왕 — 간다리 왕비
- 카우라바 100 왕자

1

신들의 이야기

신은 하나이지만 다른 이름으로 불린다

창조의 신, 브라마

빛으로 이 세상을 창조한 신

아주 오랜 옛날,

우주는 캄캄한 어둠에 싸여 있었다.

그 속에서 스스로도 억누를 수 없는 기운으로 존재한 신이 있었다.

감각의 인식을 초월한 존재이며

너무나 미묘하여 상상으로도 인식할 수 없는

그가 스스로 빛을 드러내고는

우주 만물을 만들고자

자신의 몸에서 물을 만들고 씨앗 하나를 그 속에 넣었다.

이 씨앗이 황금알이 되어 태양처럼 빛나자

그 속에서 그 자신이

모든 세상의 창조자 브라마로 태어났다.

브라마가 황금알에서 깨어나는 장면이다. 이 장면은 창조의 신 브라마의 탄생 신화이다. 그는 신들과 인간의 아버지이자 베다의 아버지이며 창조물들의 신으로 불린다.

인도 신화는 크게 베다 신화와 힌두교 신화로 나뉜다. 베다 시대의 신들은 기원전 2000년에서 기원전 1500년 사이에 아리안족이 인도의 서북부로 이주하면서 형성시킨 종교 문헌 《베다》에 나오는 신들이다. 베다 신화에서는 주로 자연물을 숭배하여 신격화했는데, 불의 신 아그니, 비의 신 인드라, 태양의 신 수리야, 새벽의 여신 우샤스, 천지를 유지하는 신 바루나 등이 찬양되었고, 아그니, 인드라, 수리야는 베다의 삼신三神으로 알려져 있다. 그중 《리그 베다》에 바쳐진 대부분의 찬가는 인드라 신에게 바쳐진 것이다.

《베다》의 다신교 신앙은 이후 다양한 변화를 거쳐 일원론적 다신교로 발전한 힌두교 신앙으로 성장한다. 즉, 힌두교도들은 신은 하나이지만 다른 이름으로 불릴 뿐이라고 말한다. 우리에게 알려진 수많은 인도의 신들은 대부분 기원전 300년에서 기원후 300년 사이 힌두교와 함께 등장하게 된 신들이다. 주요 힌두교 삼신으로는 창조의 신 브라마, 보호의 신 비슈누, 파괴의 신 시바가 있다.

힌두교 삼신 중 첫 번째 신인 브라마 이야기는 인도 신화에서 우주 창조가 어떻게 시작되었는지를 보여주는 가장 중요한 신화인 셈이다. 하지만 또 다른 인도 신화에서는 보호의 신 비슈누의 배꼽에서 피어난 연꽃에서 브라마가 태어났다고 한다.

태초에 세상에는 빛도 하늘도 존재하지 않았다. 혼돈과 혼란이 있을 뿐이었다. 우주의 꿈을 꾸는 자, 비슈누가 우유의 대양 위에서 아난타(무한을 상징하는 영원의 뱀)의 수호를 받으며 아내 락슈미와 함께 휴식을 취하고 있었다. 마침내 잠에서 깨어난 비슈누가 우주 만물을 창조해야겠다고 생각하자마자 그의 배꼽에서 금빛으로 빛나는 연꽃 한 송이가 솟아나왔다. 그 꽃잎 한가운데에 창조의 신 브라마가 앉아 있었다. 브라마가 두 눈을 번쩍 뜨는 순간 갑자기 빛이 생겨나고 어둠이 사라졌다.

이윽고 오랜 명상에서 깨어난 브라마는 깨어나자마자 우주 삼라만상을 창조하기 시작한다. 그가 손 안에 쥐고 있던 황금빛 알 히라니아가르바를 깨뜨리자 알의 반쪽은 위로 솟구쳐서 하늘이 되고, 다른 반쪽은 아래로 떨어져서 땅이 된다. 계속해서 바다와 산과 별들이 창조된다. 그러던 어느 날 그는 대지가 바다 밑에 가라앉아 있는 것을 보고는 수퇘지의 모습으로 변하여 바다 밑으로 들어가 날카로운 어금니 위로 대지를 들어 올렸고, 비로소 바다와 땅이 나누어졌다고 한다.

흔히 브라마는 종종 4, 5개의 머리를 가진 빨간 남자로 묘사된다. 브라마가 이렇게 많은 머리를 가지게 된 이야기는 흥미롭다.

브라마는 자신의 순결한 몸에서 한 여성을 창조해낸다. 이 여성은 교육과 문화의 여신으로 알려진 사라스바티이다. 그는 자신의 몸에서 태어난 딸을 보자마자 그녀의 아름다움에 감탄하고 사랑에 빠지고 만다. 아버지의 시선이 예사롭지 않다고 느낀 딸은 그의 시선을 피하려고 오른쪽으로 돌았지만, 그는 그녀를 따라가서 보고 싶었기 때문에 두 번째 머리가 그의 몸에서 튀어나왔다. 아버지의 정욕의 눈길을 피하기 위해 그녀가 왼쪽으로 지나갈 때, 뒤로 갈 때, 두 개의 다른 머리들이 연속적으로 생겨났다. 그러자 그녀는 하늘로 날아올랐고, 이번에도 그녀를 쫓아가서 보고 싶어진 브라마의 다섯 번째 머리가 만들어졌다.

그때 브라마는 딸에게 말했다.

"우리 함께 인간, 신, 악마 등 존재하는 모든 것들을 만들어보자꾸나!"

이 말을 들은 그녀가 하늘에서 내려왔고, 그는 자신의 딸을 아내로 삼게 된다. 그들은 신들의 시간으로 100년 동안 외딴 곳에서 함께 살았다. 그 시간이 끝날 때 그들 사이에서 태초의 인간인 마누가 태어난다.

브라마의 탄생 (The Birth of Brahma), 면에 채색, 41.2×109.8cm

힌두교 신화의 가장 중요한 내용인 브라마 신의 탄생 장면을 표현한 작품이다. 짜임새 있는
구도와 인물 표현이 신화의 한 장면을 실제로 마주하는 듯하다. 비슈누가 오랜 잠에서 눈을
뜨는 순간 그의 배꼽에서 연꽃이 피어오르고, 그 속에서 세 개의 얼굴을 가진 브라마 신이
태어나자 신들이 그 성스러운 순간을 경배하러 온 장면이다. 비슈누의 아내인 락슈미는 놀
란 표정을 짓고 있으며, 그 옆의 원숭이 신 하누만과 비슈누의 왼편에 서 있는 하늘의 신
인드라가 두 손을 모아 경배하는 모습을 볼 수 있다. 작품의 중앙에는 다섯 개의 머리를 가
진 뱀 아난타의 수호를 받으며 오른손으로 얼굴을 받치고 편안한 자세로 휴식을 취하고 있
는 비슈누가 신성한 색채인 파랑색으로 묘사되어 있다. 복잡한 신화의 장면을 이처럼 단순
한 구도로 표현하여 알기 쉽게 보여준다는 점이 대단하다. 눈에 보이지 않는 종교의 교리를
이처럼 쉽게 한눈에 이해할 수 있도록 표현한 점이 놀랍기만 하다.

보호의 신, 비슈누
인류 구원을 위해 아바타로 부활하는 신

오랜 옛날 최고의 신이자 절대자라고 불리는 나라야나는 우주 창조의 꿈을 품었다. 또한 우주가 창조된 후에 어떻게 유지할지에 대해서도 생각해왔다. 하지만 움직이고자 하는 존재들 때문에 우주를 온전하게 유지하는 것이 불가능하자 그는 우주를 보호할 존재를 만들어내기로 했다. 그래서 그는 자신의 몸에서 신성한 존재를 창조해낸다. 그는 자신이 만든 이 창조물을 보고 감탄했다.

"오, 비슈누! 너는 모든 생명체의 뼈대가 되어라. 너는 항상 세계의 보호자가 되어라. 너는 모든 인간이 흠모하는 대상이 되어라. 너는 전능한 신이 되어라. 너는 브라마와 신들의 소망을 항상 수행하거라."

비슈누는 자신이 창조된 목적을 생각하며

신비의 깊은 잠 속으로 빠져들고

우주 만물을 창조하는 일을 상상하자마자

그의 배꼽에서 연꽃이 피어오른다.

그리고 연꽃 봉우리 한 가운데에서 브라마가 모습을 드러냈다.

자신의 몸에서 탄생한 것을 지켜보며 비슈누는 즐거워했다.

비슈누와 브라마

거대한 뱀 아난타의 배 위에 누워 우주의 바다를 떠도는 비슈누의 배꼽에서 연꽃이 피어오르고, 그 연꽃에서 브라마가 탄생한다. 아난타는 무한의 시간을, 연꽃은 재생 또는 탄생을 의미한다.

그때 마두수다나와 카이타바지트라는 악마들이 있었다. 이들은 비슈누가 겁 劫(무한한 시간의 단위)의 마지막에 아난타 뱀 위에서 잠들어 있을 때 그의 귀에서 나온 악마들이었다. 이 악마들이 비슈누의 배꼽에서 튀어나와 연꽃 위에 앉아 있는 브라마를 파괴하려 할 때 비슈누는 그들을 죽이고 브라마를 구해주었다. 이로 인해 비슈누는 보호의 신으로 불리며, 우주적 질서가 위협 받을 때마다 질서를 회복하기 위해 수많은 이름의 다양한 모습으로 나타난다. 그는 화신 즉 아바타로 부활하는 신이다.

비슈누는 잘 알려진 10개의 화신이 있는데, 어떤 경우에는 24개, 때로는 무수히 많은 화신이 있다고 한다. 첫 번째는 물고기로 현신한 마트스야, 두 번째는 거북이로 현신한 쿠르마, 세 번째는 멧돼지로 현신한 바라하, 네 번째는 사자인간으로 현신한 나라싱하, 다섯 번째는 난쟁이로 현신한 바마나, 여섯 번째는 도끼를 든 이로 현신한 파라슈라마, 일곱 번째는 라마, 여덟 번째는 크리슈나, 아홉 번째는 깨달은 인간 붓다, 열 번째는 미래의 구세주 칼키이다.

그림에서 비슈누는 네 개의 팔을 가진 검은색 얼굴의 신으로 나타나곤 한다. 한 손에는 곤봉, 두 번째 손에는 소라고둥, 세 번째 손에는 적을 물리칠 때 쓰는 원반, 네 번째 손에는 연꽃을 들고 있다. 그는 황금색 의상을 입고 가루다라는 새를 타고 다닌다.

힌두교의 삼신 가운데 두 번째 신인 비슈누는 보호의 신으로 불린다. 하지만 비슈누는 어느 때는 절대자인 브라마와 동일시된다. 태초에 우주를 창조하고 싶은 열망을 품었기 때문에 비슈누는 창조자, 유지자, 파괴자로서 삼신일체三神一體가 되었다. 그는 자신의 몸 오른쪽에서 브라마를 창조했고, 세계를 유지하기 위하여 왼쪽에서 비슈누를 창조했으며, 세계를 파괴하기 위하여 중간 부분에서 시바를 창조했다. 그래서 그는 창조하고 유지하고 파괴하는 역할을 한다. 즉, 우주가 비슈누에게서 창조되었고, 그 안에서 존재하며, 그가 곧 우주 그 자체이다.

《리그 베다》에서는 비슈누에 대해 다음과 같이 말한다.

"비슈누는 하늘과 땅을 세웠고, 그의 걸음 안에 전 우주가 담겨 있으며, 태양과 새벽과 불을 창조했고, 바루나의 존경을 받았다."

비슈누의 화신, 마트스야

최초의 인간 마누를 구한 물고기

비슈누의 첫 번째 현신 마트스야 (Matsya, the First Incarnation of Vishnu), 종이에 채색, 73.0×52.3cm

옛날에 마누라고 불리는 신성한 남자가 살고 있었다. 어느 날 강에서 몸을 씻고 있을 때 아주 작은 물고기 한 마리가 마누에게 다가와 힘없는 목소리로 애원했다.

"큰 물고기가 저를 잡아먹으려 하니 제발 도와주세요."

마누는 두 손으로 물고기를 건져서 작은 토기에 담아 집으로 데려가 돌봐주었다. 그러나 그 연못도 비좁을 만큼 물고기가 커지자 마누는 물고기를 바다로 데리고 가서 놓아주려고 했다. 그러자 그 물고기는 마누에게 말했다.

"이제 곧 큰 홍수가 날 터이니 하루빨리 튼튼한 배를 만들어놓도록 하세요."

이 말을 마치고 물고기는 바다로 헤엄쳐 가버렸다. 마트스야의 말대로 큰 홍수가 나서 마누의 배말고는 모든 배가 가라앉아버리고 폭풍우는 갈수록 심해졌다.

그러자 어느 날 마트스야가 황금의 뿔을 가진 거대한 물고기의 모습으로 나타나 자신의 거대한 뿔에 배를 맨 밧줄을 걸고는 몇 년을 헤엄쳐 히말라야 산에 도착해 그 정상에 배를 묶고 홍수가 끝나기를 기다렸다. 마침내 대재앙이 끝나고 물이 빠지기 시작하자 마트스야는 마누에게 말했다.

"나는 최초의 인간인 마누를 보호하고 이 세상에 만물이 다시 번창하도록 축복을 내리기 위해 비슈누의 현신 마트스야로 태어난 것이다."

비슈누는 우주 만물의 보존자이며 인도 신화에서 브라마, 시바와 함께 가장 중요한 삼신 가운데 하나이다. 일부 비슈누의 추종자들은 창조주가 브라마가 아니라 비슈누라고 주장하기도 하는데, 그것은 비슈누와 브라마가 한 몸이기 때문이다.

비슈누는 본래 북인도의 아리아계 왕족이나 호족들에 의해 숭배되는 영웅적 신이었다. 비슈누는 언제나 불의에 대항해 정의를 실현하는 신으로 인간과 신을 안전하게 수호해준다. 그래서 그는 우주가 위기에 처할 때마다 각기 다른 10개의 화신으로 나타나 만물을 구제하는 것으로 묘사된다.

마트스야는 비슈누의 첫 번째 화신으로 최초의 인간인 마누를 대홍수로부터 구하기 위해 물고기로 현신한 것이다.

비슈누의 첫 번째 현신 마트스야 (Matsya, the First Incarnation of Vishnu), 종이에 채색, 54.5×18.0cm

이 작품은 구체적으로 신화의 장면을 보여주기보다는 비슈누와 마트스야를 한 몸으로 표현함으로써 비슈누의 현신 마트스야에 대한 신화의 내용을 떠올리게 한다. 이 신화는 기독교의 노아의 홍수 신화와 거의 흡사한 맥락과 구성을 가지고 있어 더욱 흥미롭다.

인도 회화를 제대로 감상하기 위해서는 언제나 그와 관련된 신화적 배경을 알면 더 재미있게 작품을 감상할 수 있다. 신화의 내용을 그림으로 그릴 때 이야기를 풀어서 세부를 그리기보다는 주인공을 대상으로 삼는 경우가 더 많기 때문이다.

비슈누의 화신, 바마나
악마로부터 인류와 천상을 보호한 난쟁이

악마들 중에 가장 위대하고 힘이 센 발리는 무시무시하고 폭력적인 악마들의 지하세계 파탈을 통치했다. 그는 악마이긴 하지만 관대함, 정직, 용기, 강인함을 갖추었으며, 신에 대한 경배와 헌신을 바치는 것을 빠트리지 않았다. 그래서 그를 따르는 악마의 수는 계속 늘어갔다. 그러나 악마 왕 발리는 오만하고 탐욕스러웠다. 어느 날 발리는 악마들의 스승인 슈크라차리야를 그의 왕실로 불렀다. 사람들은 교활하고 약삭빠른 슈크라차리야가 미래를 예언할 수 있다고 믿었다. 발리는 슈크라차리야의 코앞에 얼굴을 들이대며 말했다.

"구루(Guru, 스승), 당신의 은총으로 나는 파탈을 통치하고 있소. 하지만 이제는 만족할 수 없소. 나의 부하들 또한 전쟁을 원하고 있소."

등이 굽고 흰 수염을 기른 스승은 잠시 생각에 잠겼다가 말했다.

"폐하, 당신은 인간세계를 정복해야만 합니다. 그곳은 악마들이 종종 침입해 들어가서는 보물을 약탈해오는 곳이지요. 폐하의 궁전이 황금과 보석들로 빛나는 것은 인간세계에서 약탈해온 보물들 때문입니다. 그러나 어리석은 인간들은 계속해서 일을 하고 더 많은 부를 만들어냅니다. 폐하와 같이 강인한 전사라면 그 세계 또한 당신의 통치 아래 두는 것은 어렵지 않을 것입니다. 그러나 그곳은 비옥하고 풍요로운 곳이니 파괴해서는 아니 되며, 폐하를 위해 일할 인간들을 죽음으로 몰아서도 아니 되옵니다."

슈크라차리야의 자문을 받은 발리와 그의 악마 부대가 인간세계를 제압하는 것은 오래 걸리지 않았다. 지상의 많은 왕들은 그를 너무나 두려워해서 싸워보지도 않고 항복했다. 발리는 관대하게 그들에게 왕위를 돌려주며 자신을 황제로 받들고 경배와 제물을 바치도록 했다. 그러나 파탈의 왕이며 지상의 왕이 된 발리는 여전히 만족하지 않았다.

"구루, 만일 내가 하늘 또한 나의 통치 아래 둘 수 없다면 신들의 왕인 인드라가 나보다 더 강하다고 말하는 사람들이 여전히 있을 것이오."

이 말에 슈크라차리야는 머리를 흔들었다.

"왕이시여. 폐하의 군대는 지상을 침략했고, 신들은 손가락 하나 까딱하지 않았습니다. 아마도 그들은 두려웠을 겁니다. 그러나 때때로 신들은 그 사악함이 얼마나 오래 가는지를 보려고 사악한 일들이 일어나도록 허락한다는 것을 기억하십시오. 천국을 공격하는 것은 스스로 위험에 빠질 수 있습니다. 이제 지상 위에 폐하의 통치를 확고히 하면서 왕비님과 왕자님들과 함께 행복한 시간을 보내십시오. 사람들이 인드라에 대해 뭐라고 말하든 무엇이 중요합니까? 폐하 자신이 인드라보다도 더 우월하다고 믿는 것으로 충분하답니다."

그러나 발리는 이 말에 동의하려 하지 않았다. 발리가 신들과 전쟁을 벌일 결심을 굳히자 슈크라차리야는 "발리 왕이시여! 인드라의 궁전 위에 당신의 깃발을 휘날리시길!"라고 말하며 물러났다.

발리와 그의 악마들이 인드라의 천국인 인드라로카로 밀어닥쳤을 때, 흰 코끼리 아이라바타를 탄 인드라를 선두로 신들은 있는 힘을 다해 싸웠으나, 발리의 악마 부대는 너무나 강해서 대적할 수가 없었다.

"포로로 쇠사슬에 묶인 채 파탈로 끌려가 악마들의 놀림감이 될 수는 없지."

마침내 인드라는 침울한 심정으로 후퇴를 명령하고는 날개 달린 코끼리 아이라바타를 타고 재빨리 전쟁터를 빠져나갔다. 발리는 인드라가 구름 속으로 사라지는 것을 보면서 이제는 자신이 하늘의 새로운 왕임을 실감했다.

인드라의 궁전은 이제까지 발리가 보았던 건축물 중에서 가장 크고 화려했다. 발리는 궁전에 살고 있는 아름다운 여신들에게 최대한 경의를 표하면서 재능 있는 음악가와 무용수들에게 예전처럼 궁전에 남아 있도록 권유했다. 기쁨에 넘친 악마들은 발리가 지하세계 파탈, 지상세계, 그리고 천상세계 인드라로카의 진정한 왕이 된 것을 축하했다. 악마들이 승리의 기쁨에 취해 있는 동안 인드라와 도망친 일부 다른 신들은 위대한 신 비슈누에게 도움을 요청했다. 인드라가 비슈누에게 말했다.

"오, 위대한 분이시여! 우주의 수호자이시여! 우리를 구해주소서! 악마 왕 발리가 지상과 천국을 정복하여 신들을 내쫓고 자신이 행한 사악한 짓을 없애기 위해 당신의 수호 표시를 지니고 다닙니다. 삼세계에서 질서를 회복하는 것은 당신의 책임입니다. 죄 없는 신과 인간들을 괴롭히고 있는 악마의 탐욕과 오만에 대해 죄값을 치르게 해 주십시오. 당신만이 우리를 도울 수 있습니다."

항상 평온한 비슈누는 그의 방문객들을 친절하게 받아들였지만, 그들이 나약하게 전쟁에 패배한 것 또한 인정하도록 했다.

"악마라고 해서 무조건 경멸해서는 안 돼요! 고귀한 천성과 선은 지하세계인 파탈에서도 발견될 수 있소. 악마 왕 발리가 바로 그렇소. 그가 지상과 천국을 통치할 수 있도록 한 것은 바로 그의 착한 천성과 신을 향한 경건한 마음 때문이오. 악마 왕 발리가 바로 일생 동안 나의 신자였다는 것 또한 알고 있소. 신에 대한 그의 헌신은 지상과 천국에서 찾아보기 힘들 것이오. 때문에 그가 악마로서 저지른 악행도 내가 껴안아주고 싶은 심정이라오."

그러나 비슈누는 악마 왕 발리가 더 이상 전쟁을 일삼는 것을 팔짱을 낀 채 보고 있을 수만은 없었다. 그는 신들과 지상의 사람들 모두가 자유로워지도록 발리와 타협하겠다고 신들을 안심시켰다. 그래서 비슈누는 오렌지색 승복을 입고 난쟁이로 변신해서 발리의 궁전으로 갔다. 궁전을 지키고 있던 한 악마가 그에게 소리쳐 물었다.

"도대체 너는 누구냐?"

"나는 방랑승이오."

난쟁이가 대답했다.

"발리 왕이 자선을 잘하기로 유명해서 탁발 좀 하러 왔소."

경비병은 잠시 생각했다.

'우리 왕은 신앙심이 강하고 자선을 잘하시지. 이 난쟁이 승려를 왕 앞에 데려가면 나에게 상을 내릴 거야.'

경비병이 발리 왕에게 한 젊은 승려가 그의 자선을 기다리고 있다고 알렸을 때, 왕은 슈크라차리야와 함께 있었다.

"폐하, 이 자를 만나시면 아니 되옵니다. 이 자는 평범한 승려가 아니어서 당신에게 해를 줄 것입니다. 그를 멀리 보내세요!"

그러나 발리는 스승의 충고에 귀 기울이려 하지 않았고, 승려를 만나기 위해 궁정 마당으로 나갔다. 그는 웃고 있는 난쟁이의 눈과 밝고 환한 얼굴에서부터 그의 더러운 맨발까지 쭉 훑어보았다.

"진심으로 환영합니다! 신의 사람이여!"

발리가 존경을 담아 말했다.

"제가 당신의 성스러운 발을 씻게 해 주십시오."

하지만 발리가 난쟁이의 작은 발 위에 항아리의 물을 부으려는 순간 놀랍게도 주둥이 밖으로 물이 흘러나오지 않았다. 슈크라차리야가 난쟁이의 정체를 파악하기 위해 마법을 사용해 항아리 안에 숨어서 주둥이를 막고 있었기 때문이다. 물론 비슈누인 난쟁이는 항아리 안에 슈크라차리야가 숨어 있는 사실을 알고 있었다.

"주둥이가 막혀 있어요."

난쟁이가 말했다.

"이 갈대가 막힌 것을 곧 제거할 겁니다."

발리는 갈대를 꺾어서 항아리의 주둥이 안으로 밀어 넣었다. 그의 귀에 고통스런 비명소리가 들렸다. 갈대가 마법사 스승의 눈을 찔렀던 것이다. 마법사가 곧 항아리 밖으로 나와 도망치자 이내 주둥이에서 물이 흘러나왔다.

"이제 좀 낫군요."

무슨 일이 일어났는지 알지 못한 채 발리가 말했다. 그는 난쟁이의 발을 씻기고 물기를 닦아주었다.

"자! 이제 어떤 자비를 베풀기를 원하시오?"

발리가 난쟁이에게 물었다.

"삼세계의 왕이시여, 저는 제가 세 걸음으로 덮을 수 있는 만큼의 땅을 원합니다."

"그렇게 하시오."

발리는 그의 이상한 요구에 의아해 하면서도 동의했다. 이 작은 난쟁이가 세 걸음을 걷는다 해도 얼마 나갈 수가 없을 것이기 때문이다. 그런데 그때 갑자기 난쟁이는 자라고 또 자라서 한 걸음으로 땅을 덮었고, 또 한 걸음을 내딛자 하늘을 덮었다.

"인드라로카와 땅은 이제 내 것이오. 그리고 당신은 또 다른 걸음을 약속했소. 내가 발을 내려놓을 다른 어떤 곳이 있소?"

난쟁이가 말했다.

"나의 스승이 나에게 경고한 대로 너는 확실히 평범한 승려가 아니었구나. 세 번째 걸음을 내려놓을 너의 다리가 없지 않느냐?"

발리가 이 말을 마치자마자 그 거인은 세 번째 다리를 들어 올렸다. 그의 배꼽에서 세 번째 다리가 이제 막 자라난 것이다.

"세 번째 걸음을 청구하기 위해 내가 어디에 발을 놓으면 좋겠소?"

거인이 된 난쟁이가 발리에게 호통을 쳤다. 그때서야 발리는 그가 바로 자신이 가장 사랑하는 비슈누 신이라는 것을 알아챘다. 신이 구걸하러 그의 문전까지 찾아오다니 얼마나 놀라운 일인가! 그는 그 방문객 앞에서 겸손하게 무릎을 꿇고 그의 왕관을 벗었다.

"나의 신이시여! 당신의 발을 나의 머리 위에 놓으십시오."

발리는 그의 머리를 숙이면서 헌신적으로 말했다. 그러자 비슈누는 세 번째 발을 악마 왕 발리의 머리 위에 놓고 지하세계 파탈까지 깊이 더 깊이 그를 내려 보냈다. 비슈누는 그의 발을 악마의 머리 위에 놓음으로써 인류와 신들을 구했고, 발리를 행복하게 해 주었다. 발리는 이제 파탈만을 통치하면서 지상과 천국을 인간과 신들 각자가 통치하게 한 일에 대해 크게 만족해했다.

난쟁이 바마나의 모습을 한 비슈누 신은 종종 트리비크라마(세 걸음의 신)와 동일시되기도 한다. 바마나의 신상들은 보통 한 발로 확고하게 지상을 딛고 있고, 다른 한 발은 이제 막 내딛으려는 듯이 들고 있는 거인의 모습을 하고 있다. 이 난쟁이 이야기는 비슈누 신이 단 세 걸음으로 삼세계를 모두 차지했다는 신화로 전해 내려오고 있다.

비슈누의 화신, 라마
잔인한 운명을 이겨낸 라마 이야기

인도인들이 가장 사랑하는 《라마야나》 이야기는 아요디아의 왕자 라마와 그의 사랑하는 아내 시타가 그 주인공이다. 《라마야나》는 효성과 복종, 용기와 힘, 인내와 희생, 단결과 충성, 그리고 우애와 우정에 대한 이야기이다. 또한 라마를 도와서 시타를 구해주는 동물들의 이야기가 흥미롭다. 원숭이 신 하누만이 가장 큰 역할을 하지만, 라마의 부름을 받고 온 많은 동물의 영웅들도 최선을 다해 라마를 돕는다.

　라마와 시타는 잔인한 운명에 의해 14년 동안 북인도의 숲에 서 유배생활을 하게 된다. 그러나 그들은 우울해지기보다는 숲속에서 가능한 한 행복한 삶을 살기 위해 노력했다. 라마가 계모의 책략으로 인해 왕자의 자리를 빼앗긴 채 숲으로 유배를 떠나게 되자 동생인 락슈마나는 형을 따라 숲으로 들어가겠다 고 자청했다. 그러자 주변 사람들은 왕궁의 생활을 버리고 숲으로 들어가는 것 이 얼마나 험난한 길인지를 이야기하며 만류했지만, 락슈마나는 형과 함께 유

서사시 라마야나(The Epic Poem Ramayana), 종이에 채색, 51.0×71.0cm

《라마야나》이야기 중 숲에서의 유배생활을 묘사한 작품이다. 라마의 유배생활에는 그의 순종적인 아내 시타와 착한 동생 락슈마나가 함께한다. 락슈마나는 왕궁에서의 편안한 생활을 포기하고 형을 따라 숲에서의 유배생활을 택한다. 이 장면은 라마와 락슈마나가 사냥을 위해 활을 준비하고 있는 장면이며, 시타는 집 안에 있는 것으로 묘사되어 있다. 그러던 어느 날 시타는 라마에게 숲에서의 생활은 모든 동물들을 친구처럼 느끼며 더불어 살아가는 것이므로 그들을 죽이는 것은 슬픈 일이라고 말한다. 이 말을 들은 라마는 이때부터 동물들을 살생하지 않게 된다. 이처럼 《라마야나》에는 인도인들의 자연 사랑도 잘 나타나 있다. 생명을 가진 모든 것을 소중하게 여기며 더불어 살아가는 것이 얼마나 행복한 것인지를 말해주고 있다.

배생활을 떠났고 늘 곁에서 형을 도와주었다. 또한 새들과 숲속의 동물들도 그들과 친구가 되어주었다. 라마와 락슈마나는 때때로 동물들을 공격하려고 다가오는 악마로부터 그들의 친구들을 지켜주곤 했다. 모든 동물들은 라마와 락슈마나와 친절한 공주 시타를 사랑했다.

라마와 시타(Rama and Sita),
종이에 채색, 71.0×23.0cm

라마와 시타가 혼인을 마친 후 코끼리에 타고 행진하는 모습을 표현한 작품이다. 인도에서는 성대한 결혼식과 같은 화려한 축제나 의식에는 늘 장식과 문양을 잔뜩 그려 치장한 코끼리가 등장한다. 신랑이 코끼리를 타고 등장하기도 하고, 왕이 코끼리를 타고 외출하기도 한다.

시타와 관련된 신화는 전통적으로 인도 사회가 여인들에게 강요하는 순결에 대한 의식을 그대로 반영해 보여준다. 남편인 라마는 공정하고 동정심이 많은 신이었음에도 불구하고 아내의 순결을 끝내 믿지 못한다. 시타는 순결을 증명해 보이기 위해 스스로 불길 속으로 뛰어들었다고 하는 신화가 있는가 하면, 또 다른 신화에서는 자신이 태어났던 밭고랑 속으로 다시 돌아갔다고도 한다. 그 후로 아요디아의 모든 도시와 마을에서는 수많은 경배자들이 가장 아름답고 순수하며 헌신적이고 정숙한 여인의 표상으로 시타를 노래하고 경배했다.

어느 날 시타가 혼자서 숲속을 걷고 있을 때, 10개의 머리와 20개의 팔을 가진 악마 왕 라바나가 그녀를 사로잡아 그의 전차에 태우고 사라졌다. 시타는 자기가 사라진 것을 남편이 알면 어디로 사라졌는지 알지 못할 것이라는 절박한 생각에서 그녀의 몸에 지녔던 팔찌, 발찌, 귀걸이, 코걸이와 목걸이를 벗어서 하나씩 그것들을 전차 밖으로 내던졌다. 시타는 라마가 이 흔적들을 발견하여 그녀를 구하러 올 것임을 믿었다. 라바나가 하늘을 가로질러 그의 섬 랑카(스리랑카)를 향해 남쪽으로 전차를 몰고 갈 때 그 보석들은 울창한 정글 속에 떨어졌다.

숲속의 동물들은 사악한 라바나가 시타를 납치해 갈 때 그녀의 비명소리를 들었고, 그녀에 대한 동정심으로 침통한 분위기에 휩싸였다. 나무와 나무 사이를 건너뛰며 원숭이들이 전차를 따라가려고 노력했지만 전차는 너무나 빨리 달렸다. 그래서 그들은 나중에 라마에게 알려주기 위해 시타의 보석이 어디에 떨어졌는지 눈여겨보았다.

동물들은 라바나를 무서워했지만, 용맹한 독수리 자타유는 날카로운 부리와 발톱으로 용감하게 라바나를 덮쳐서 그의 전차를 멈추게 하려고 했다. 격렬한 싸움 끝에 라바나는 그의 칼로 자타유의 날개를 베어 떨어뜨렸고, 독수리는 죽어가면서 숲으로 추락했다. 마지막 숨을 거두면서 자타유는 라마와 락슈마나에게 그들의 적이 악마 라바나임을 알리고는 그 납치자의 인상을 묘사해주었다. 라마는 그 고귀한 새에게 축복을 내려주었다. 그러자 자타유는 환영 속에서 위대한 신 비슈누가 악마 왕에게 벌을 주는 것을 보았는데, 그 신이 바로 자신이 목숨을 바친 라마 왕자인 것을 알고는 만족해하며 죽었다.

시타를 구하기로 결정한 라마와 락슈마나는 시타의 흔적을 쫓아서 정글을 가로지르고 산을 넘었다. 원숭이들은 그들에게 라바나가 시타를 쉽게 내주지 않을 거라고 말하면서 전투를 할 수밖에 없다고 알려주었다. 그런데 악마 왕에게는 강력하고 무시무시한 악마의 군대가 있었다. 동물들은 두 왕자들에게 악마의 군대와 맞설 수 있도록 그들의 군대를 사용할 것을 제안했다. 길을 가면서 그들은 다른 동물들을 만났고, 그중 특별히 곰과 코끼리들이 사악한 라바나와 싸우는 데 동참하기로 했다.

이렇게 해서 라마는 락슈마나와 동물들의 군대를 이끌고 인도의 남쪽 끝에 도달했다. 그런데 도착하고 보니 그곳은 광대한 인도양에 의해 길이 가로막혀 있었다. 라마는 눈물방울 모양의 랑카 섬이 바다 건너 멀지 않은 곳에 있다는 사실을 알았다. 저 멀리 화려한 궁전이 태양 속의 보석과 같이 빛나고 있었던 것이다. 하지만 라마에게는 악마 왕 라바나와 같은 비행전차가 없었기 때문에 라마는 바다를 건널 방법을 찾아야만 했다.

라마는 여느 평범한 사람처럼 어려움 속에서 도움을 청하는 기도를 했다. 그는 바닷가 옆에 서서 바다의 신에게 기도를 했다. 바다의 신은 산호와 조개 껍질로 된 수중 궁전의 왕좌에 앉아 라마의 기도를 들었다.

신들은 모든 진실한 기도를 듣는다. 그러나 라마와 그의 친구들이 걸어서 건너가도록 바다를 말려버릴 수는 없었다. 그래서 바다의 신은 기도소리가 들리지 않게 하기 위해 바다 요정들에게 큰 소리로 음악을 연주하라고 명령했다. 그러자 라마는 더 강하게 기도했고, 락슈마나와 원숭이들이 그의 기도에 동참했다. 바다의 신은 점점 더 곤란해졌지만 여전히 아무것도 할 수 없었다.

마침내 라마는 더 이상 기다릴 수 없다고 느꼈다. 바다의 신이 그들의 기도를 고의적으로 무시하자 화가 난 라마는 그에게 교훈을 가르쳐주기로 결심했다.

당시 라마는 인도 전역에서 가장 훌륭한 궁수였다. 그는 화살통에서 특별한 화살을 꺼낸 후 조심스럽게 목표물을 겨냥해서 바다 속을 향해 빠르게 쏘았다.

라마, 락슈마나, 하누만
(Rama, Lakshmana and Hanuman),
종이에 채색, 71.5×24.2cm

서사시《라마야나》가운데 한 장면
으로, 원숭이 신 하누만이 커다랗
게 몸집을 부풀려서 자신의 양어깨
에 라마와 그의 동생 락슈마나를
태우고 라마의 아내 시타가 납치되
어 있는 라바나의 왕국으로 향하고
있다.《라마야나》에 등장하는 하누
만은 원하기만 하면 언제든 몸집을
크게 부풀릴 수 있고, 하늘을 날 수
도 있다.
붉은색으로 채색된 하누만의 얼굴
이 화면의 절반 이상을 차지하고
있으며, 얼굴은 측면, 몸은 정면으
로 그려졌다. 하누만의 등 위에 푸
른색으로 그려진 이가 주인공인 라
마이며, 주황색으로 표현된 이가
그의 동생 락슈마나이다.

날아간 화살은 바다의 신 한쪽 어깨에 고통스럽게 박혔다. 그때서야 바다의 신은 위대한 영웅을 화나게 했다는 것을 알아챘다. 바다의 신이 어깨에 피를 흘리며 수면 위로 올라왔다. 그는 두 번째 화살을 쏘려고 하는 왕자를 마주하자 매우 경건하게 두 손을 모았다.

"위대한 라마님. 제발 쏘지 마세요. 제 실수를 용서해주세요."

바다의 신은 떨면서 말했다.

"저는 단지 바다의 신에 불과하지만 당신은 전능한 비슈누로서 모든 창조물은 당신의 통치 아래에 있습니다. 랑카에 사로잡혀 있는 시타에 대한 슬픔으로 당신의 심장이 분노로 가득 차 있다는 것을 알고 있습니다. 그러나 저는 당신의 군대가 걸어서 건너가도록 바다를 말려버릴 수는 없습니다. 만약 제가 그렇게 한다면 많은 생물들이 고통을 겪고 죽게 될 것이기 때문입니다. 바다 속에서 헤엄치며 살고 있는 물고기에게 어떤 일이 일어나겠습니까? 그리고 바다 위에서 항해하는 선원들과 그 물에서 고기를 잡는 어부들은 또 어떻게 합니까?"

라마는 바다의 신이 말하는 것이 사실임을 알았기에 더 이상 분노할 수 없었다.

"나는 시타가 얼마나 고통 받을지 생각하면 미칠 것 같다. 나를 도와줄 방법은 없겠는가?"

라마는 애원하듯이 바다의 신을 바라보았다. 바다의 신은 라마가 쏜 화살을 뽑아내면서 한 가지 생각을 떠올렸다.

"있습니다."

바다의 신이 밝은 미소를 지으면서 말했다.

"제가 할 수 있는 어떠한 도움도 드리겠습니다만, 이 일은 당신이 직접 하셔야만 합니다. 나무토막, 돌 등 주변에서 찾을 수 있는 것이면 무엇이든 바다 속으로 던지세요. 저는 랑카로 가는 다리가 만들어질 때까지 당신이 던져 넣는 모든 것들을 바다 위에 떠 있도록 떠받칠 것입니다."

바다의 신은 도움을 약속하고 나서 소용돌이 치는 바다 속으로 사라졌다.

"바다 신의 말대로라면 다리를 만드는 데 한 세대가 걸릴 것입니다."

락슈마나가 항의했다.

"그래도 다리는 놓아야만 한다. 그럼 당장 시작하자."

라마가 제안했다. 다리를 만들기 위해 두 형제와 동물들은 바쁘게 움직였다. 원숭이들과 큰 곰들은 거대한 돌들을 바다로 던졌다. 코끼리들은 코로 거대한 나무를 뿌리 뽑아서 바다로 운반했다. 새들조차 부리로 나뭇가지를 운반했다.

몇 시간 후 원숭이 한 마리가 쉬기 위해 잠시 멈추었다. 그 원숭이의 시선이 작은 갈색 다람쥐에게 끌렸다. 그 다람쥐는 부드러운 털 속에 모래와 흙을 모으기 위해 해변 위를 열심히 구른 다음 바다로 달려가서는 텁수룩한 꼬리와 몸에 묻은 모래와 흙을 흔들어서 털어내고 있었다. 그 모습을 보던 짧은 꼬리 원숭이는 폭소를 터뜨렸고, 다른 원숭이들이 무슨 재미있는 일인지 보려고 달려왔다. 그 작은 다람쥐가 다리를 만드는 일에 보잘것없는 힘을 보태고 있는 것을 보았을 때 달려온 원숭이들도 마찬가지로 웃고 말았다. 원숭이 한 마리가 라마에게 이 사실을 말하기 위해 달려갔다.

지혜로운 다람쥐 이야기를 들으면서 바다 속에 암석과 나무를 던져 넣고 있던 라마가 말했다.

"그 얼마나 대단한 생각인가. 놀랍기만 하구나."

라마는 바닷가로 가서 다람쥐가 모래 위에서 구르고 있는 것을 보았다. 라마는 미소 지으면서 부드럽게 그 다람쥐를 들어 올려서 한 손바닥 위에 놓았다.

"친구."

라마는 사랑으로 가득 찬 목소리로 말했다.

"모두가 랑카로 가는 다리를 만들기 위해 나를 돕고 있다. 미래의 세대들은 지금 우리가 만들고 있는 다리에 대해 듣게 될 것이다. 시인들은 칭송의 노래를 부를 것이다. 나를 돕고 있는 모든 생물이 나의 친구이며, 모두가 불멸의 감사를 받을 것이다. 작은 너는 누구보다 열심히 일하고 있다. 너의 도움이 정말 눈물겹구나."

그러고 나서 라마는 한 손으로 부드럽게 다람쥐 등을 톡톡 치면서 축복해주었다.

"너는 영원히 나의 사랑과 감사의 표식을 지니게 될 것이다."

라마의 손가락이 다람쥐의 등 위를 스쳐 지나가자 놀랍게도 다섯 개의 줄무늬가 그어졌다. 이제 다리를 만드는 일에 다람쥐가 한 역할은 결코 잊혀지지 않을 것이다.

악마 왕 라바나는 라마가 남인도의 숲에서 원숭이 군대를 모았다는 보고를 받았을 때 경멸하면서 비웃었다. 그 군대가 바닷가에 도착했다고 보고 받았을 때에도 마찬가지였다. 그들이 랑카로 건너오려고 다리를 만든다는 이야기를 들었을 때는 폭소를 터트렸다.

"그들이 미쳤구나."

라바나는 조롱하며 소리쳤다.

"어느 누구도 바다를 건너는 다리를 만들 수는 없다. 다리가 완성되기 전에 그들은 늙어 죽을 것이다."

그러나 라바나가 바위와 돌들이 마법처럼 바다 위에 둥둥 떠 있는 것을 발견하는 데는 그리 오래 걸리지 않았다. 그리고 그날 늦게 궁전의 테라스를 걷고 있을 때, 그는 인도에서 랑카로 뻗어 있는 다리를 보게 된다.

악마 왕 라바나와 싸우는 라마(Rama Fighting against Ravana), 면에 채색, 51.0×84.0cm

이 작품은 라마와 그의 동생 락슈마나가 악마 왕 라바나와 싸우는 전쟁의 장면이다. 작품 왼쪽의 푸른색으로 묘사된 이가 라마이고, 그 옆에 있는 이가 락슈마나이다. 작품 오른쪽 끝에 10개의 머리를 가진 이가 바로 악마 왕 라바나이다. 잘려 나간 라바나의 머리가 공중으로 날아가는 모습을 역동적으로 표현함으로써 전쟁의 극적인 순간을 묘사하고 있다. 라바나는 랑카의 악마 왕으로 비슈누의 화신 라마에 의해서 죽임을 당한다.

라바나는 인도 신화에 등장하는 악마의 구체적인 모델이라고 한다. 그는 10개의 머리를 가졌으며, 어느 누구도 그를 무찌를 수 없을 만큼 용맹했다. 신화에 의하면 그는 비슈누의 천국에 살던 중에 죄를 저지르게 되었는데, 비슈누는 그의 더럽혀진 명예를 회복시키기 위해 두 가지 벌 중 하나를 선택하도록 했다. 그것은 지상으로 내려가서 비슈누의 친구로 일곱 번 다시 태어나든지, 아니면 비슈누의 적으로 세 번만 다시 태어나든지 하는 것이었다. 그는 두 번째 벌을 선택했다. 그는 조금이라도 빨리 천국으로 돌아오고 싶었기 때문이다. 사실 라바나가 라마의 아내 시타를 랑카로 납치한 이유 또한 비슈누의 화신인 라마를 화나게 해서 그에게 죽임을 당하게 되면 마지막 세 번째로 다시 태어난 다음 천국으로 돌아갈 수 있었기 때문이라고 한다.

잠시 동안 악마 왕 라바나는 공포로 인해 얼굴이 창백해졌다. 그러나 그는 시타를 그녀의 남편에게 돌려주기를 거부하며 전쟁을 치를 것을 선택했다. 이 전쟁은 랑카 대전쟁으로 선 대 악, 라마 대 라바나, 원숭이 대 악마가 벌인 대전쟁이다. 결국 이 전쟁에서 라바나는 살해되고 악마의 무리는 패배했다. 승리한 라마와 락슈마나는 시타를 구출하고는 라바나의 비행전차를 타고 아요디아의 그들 왕국으로 돌아왔다. 아요디아에서는 그들이 살아 돌아온 것을 기뻐하

서사시 라마야나(The Epic Poem Ramayana), 종이에 채색, 52.5×71.4cm

서사시 《라마야나》의 한 장면. 라마가 마차를 몰고 있고, 동생인 락슈마나가 마차 위에 타고 있다. 라마의 아내 시타는 마차의 가장 위에 작게 묘사되어 있다. 화면의 오른쪽에는 태초의 소리인 '옴' 자가 그려졌으며, 그 속에서 빛이 내리쬐는 것으로 묘사하고 있다. 그림의 색채는 주로 붉은색으로 칠해져서 화려한 느낌이 든다.

며 축하연이 열렸다. 모든 집들이 장식을 하고, 승리의 날을 기념하려는 등불이 켜졌다. 라마와 락슈마나의 늙은 부친은 그들이 없는 동안 세상을 떠났기 때문에 이제 라마가 왕이 되었고, 시타는 그의 왕비가 되었다. 라마의 통치 시기는 인도의 황금시대를 열었다.

라마와 그의 동물 친구들이 만든 다리는 오래전 바다 속으로 사라졌다. 그러나 수천 년이 지난 오늘날에도 수많은 인도인들은 매년 빛의 축제인 디왈리 기간 동안 라마의 승리와 귀환을 기념하기 위해 집안 곳곳에 촛불을 밝힌다. 오늘날까지도 인도 지역의 다람쥐들은 라마가 준 감사의 표식을 지니고 있으며, 썰물 때가 되면 눈물방울 모양의 스리랑카와 인도 사이에 물이 아주 얕아진다. 조용한 밤에 어부들은 바다의 요정들이 원숭이 다리를 노래하는 것을 듣는다. 그 노래를 듣고 있으면 걸어서 그 바다를 건너가고 싶은 충동을 느낀다고 한다.

인도인들이 스스로 위대하다고 자랑하는 《라마야나》 이야기에는 인간이 살아가면서 배워야 할 삶의 다양한 미덕과 지혜가 다 담겨 있다. 부모의 말에 순종하는 착한 아들 라마, 남편에게 순종하며 자신의 순결을 증명하기 위해 죽음도 마다하지 않는 착한 아내 시타, 형제간의 우애를 위해 자신을 희생하는 락슈마나, 정의를 지키기 위해 불의에 대항해 싸우는 원숭이 하누만 등이 등장한다. 《라마야나》의 대단원은 권선징악으로 매듭을 짓는다. 인도인들이 오래된 서사시 《라마야나》를 아직도 소중히 여기는 것은 바로 《라마야나》에 그들이 살아가면서 추구하고자 하는 인생의 가치가 담겨 있다고 믿기 때문이다.

서사시 라마야나 (The Epic Poem Ramayana), 종이에 채색, 26.0×74.3cm

라마는 비슈누의 일곱 번째 화신이다. 라마는 고귀한 귀족이며 크샤트리야 전사로 태어나 자신의 용맹함과 뛰어난 전술로 악마 왕 라바나를 무찌른다. 《라마야나》에 의하면, 라마는 아요디아 왕국 다샤라타 왕의 아들로 태어났으나, 계모의 모함으로 왕자의 자리를 빼앗긴 채 외딴 숲에서 14년 동안 유배생활을 하게 된다. 그러나 라마는 자신의 결백을 주장하기 보다는 아버지의 뜻에 따르는 순종적인 아들이다. 그래서 인도인들은 순종하는 아들의 이미지인 라마를 숭배한다.

이 장면은 네 마리의 말이 이끄는 마차에 시타를 태우고 왕궁으로 돌아가는 라마를 묘사했다. 시타는 비슈누의 천상의 아내인 락슈미의 화신으로 라마와 결혼한다. 라마는 인도인들이 신성시 여기는 푸른색으로 칠해지는 경우가 많다. 마차 위에는 라마의 충실한 부하 원숭이 신 하누만이 앉아 있다.

▶ 서사시 라마야나(The Epic Poem Ramayana), 면에 채색, 117.7×91.9cm

이 작품은 화면을 7장면으로 나눠 각기 다른 《라마야나》의 이야기를 세부적으로 보여주고 있다. 등장인물은 라마, 락슈마나, 시타, 하누만, 라바나로 제한되어 있다. 라마는 각 장면마다 푸른색으로 칠해져 있으며, 장면마다 빠지지 않고 등장한다. 이 작품을 제작한 미술가는 감상자들이 당연히 《라마야나》의 내용을 어느 정도 알고 있다는 가정 아래 작품을 제작한 듯하다.

(맨 위 왼쪽) 몸집이 수십 배로 불어난 라바나가 나무를 뿌리째 뽑아서 던지자 라마가 라바나에게 화살을 쏘아 명중하는 장면을 표현하고 있다.

(맨 위 오른쪽 두 장면) 라마, 시타, 락슈마나가 등장하는 라마의 궁정생활을 보여준다.

(중앙 왼쪽) 하누만이 라마와 락슈마나에게 시타의 납치 사실을 알리고 마술로 악마들의 행적을 추적하는 장면이다.

(중앙 오른쪽) 숲에서 유배생활을 하는 라마 일행을 표현하고 있다.

(아래 왼쪽) 라마의 아내 시타가 자신의 순결함을 증명해 보이기 위해 라마를 향해 두 손을 모으고 의식의 불길 속으로 뛰어드는 장면이다.

(아래 오른쪽) 라마, 시타, 하누만, 악마 왕 라바나가 등장하나 이미 라마는 라바나를 죽음으로 몰아넣고 시타를 구한 다음이다.

서사시 라마야나
(The Epic Poem
Ramayana),
비단에 채색,
105.7×57.7cm

인도 남부 지방 회화
양식을 보여주는 그
림이다. 비단에 광물
질 안료로 그려진 이
작품은 《라마야나》의
주요 장면들을 작은
원 안에 담아 표현함
으로써 감상자가 한
폭의 그림 안에서 신
화의 다양한 내용을
감상할 수 있도록 하
였다.

비슈누의 화신, 크리슈나
가장 로맨틱한 사랑의 신

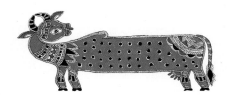

비슈누의 여덟 번째 화신으로 가장 널리 알려져 있는 크리슈나는 신에 대한 헌신적 사랑을 강조하는 수많은 종파들의 숭배의 대상이었다. 오랜 세월 동안 음악과 회화 등의 분야에서 크리슈나와 관련된 풍부한 종교적 작품들이 탄생했다. 뿐만 아니라 서정시의 주제로도 수없이 등장하는 소재가 바로 크리슈나와 관련된 일화이다.

크리슈나는 '검은' 또는 '구름처럼 어두운'이라는 뜻을 가지고 있다. 그는 야다바족의 바수데바와 마투라 지역의 사악한 왕 캄사의 누이 데바키 사이에서 태어났다. 캄사는 자신이 데바키의 아들에 의해 파멸되리라는 예언을 듣고 데바키의 아들을 살해하고자 한다. 때문에 크리슈나는 태어나자마자 남몰래 야무나 강 건너 마을 고쿨라로 보내졌으며, 목동인 난다와 그의 아내 야쇼다에 의해 키워지게 되었다.

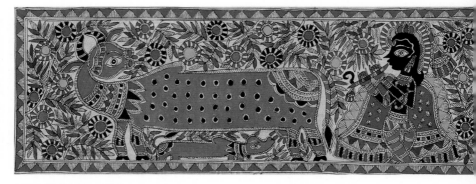

음악과 목동의 신 크리슈나(Krishna, the God of Music and Cowherd), 종이에 채색, 18.2×53.4cm

크리슈나는 상대적으로 외로운 생활을 해야 하는 목동들의 신으로서 그들에게 음악과 춤을 통해 인생을 즐기도록 한다. 크리슈나는 민화에 등장하는 신들 가운데 가장 다양하고 재미있는 모습으로 묘사되는데, 회화뿐 아니라 문학 작품의 주제로도 자주 등장한다.

크리슈나 신은 쉽게 설명하기 힘들다. 왜냐하면 크리슈나는 분명히 여러 이질적인 요소로 구성된 복합적인 인물로 보이기 때문이다. 종교적 지도자로도 추정되는 브리슈니의 왕자 바수데바 크리슈나는 기원전 5세기경부터 신으로 숭배되기 시작했고, 목동 크리슈나는 인드라 신을 섬기는 베다 중심의 종교에서 갈라져 나온 목축 부족의 신이었던 것 같다. 또한 크리슈나는 상대적으로 외로운 생활을 해야 하는 목동들의 신으로서 그들에게 음악과 춤을 통해 인생을 즐기도록 한다. 크리슈나의 피리소리는 목동과 그의 아내들에게만 들려지는 것이 아니라 우주에도 울려 퍼진다고 한다. 크리슈나는 악마를 무찌르기 위해 태어났으나 그의 일상적인 행동은 늘 피리연주와 함께 여인들과 춤을 추는 낭만적인 신의 모습으로 묘사된다. 이러한 요소들의 조화를 통해 나타난 크리슈나는 궁극적으로 최고신 비슈누와 동일시되어 그의 화신 중의 하나로 여겨졌다.

무엇보다도 크리슈나는 그의 연인 라다와의 로맨스로도 유명하다. 그들의 사랑은 수많은 문학작품과 미술작품에서 즐겨 다루는 소재가 될 정도이다. 그들의 사랑은 상대방에 대한 그리움, 서로의 사랑을 확인했을 때의 즐거움, 같이 있을 때의 행복감, 헤어짐의 고통을 모두 보여준다. 특히 크리슈나를 향한 라다의 사랑은 거의 맹목적이지만 결코 감각적이지 않으면서 순수하고 헌신적이다. 라다는 크리슈나의 아내로 불리기도 하지만, 대개는 크리슈나의 연인으로 여겨진다. 라다의 크리슈나를 향한 맹목적인 사랑은 인간의 신에 대한 절대적인 사랑의 상징이다.

인도인들에 의하면 낭만적 사랑이란 받는 것이 아니라 가장 소중한 것을 완전하게 주는 것이며, 가장 소중한 것을 함께 나누며 서로 하나임을 인식하는 순간이라고 한다. 그래서 크리슈나와 라다의 사랑에는 수많은 에피소드들이 등장하고 모든 이들에게 가장 이상적인 사랑의 커플로 여겨지기도 하지만, 신화의 마지막은 슬프게도 라다와 크리슈나의 결별로 마무리된다.

크리슈나와 라다(Krishna and Radha), 종이에 채색, 54.5×16.7cm

크리슈나는 악마를 무찌르기 위해 태어났지만, 정작 민화에 등장하는 크리슈나는 늘 여인들에 둘러싸여 피리를 불거나 연인인 라다와 더불어 묘사되곤 한다.

크리슈나 이야기 (Krishna Story),
비단에 채색, 105.5×50.5cm

인도 남부 지방 회화 양식으로
이 작품은 크리슈나의 생애를
어린 시절에서부터 목동 여인들
과의 연애, 연인 라다와의 만남
등 다양한 장면을 짜임새 있는
구도로 나누어 섬세하게 묘사하
고 있다. 한 사람의 작가가 오랜
시간 인내심을 가지고 제작한
작품이다.

화면을 크게 2단으로 나누고 상
단 중앙을 다시 3단으로 나누어
가장 위에는 크리슈나가 거대한
코브라의 머리 위에 올라서서 뱀
여신들의 경배를 받는 장면을 그
렸다. 그 아래에는 피리를 부는
크리슈나를 경배하는 여인들을
그리고, 상단 제일 아래에는 크
리슈나의 아내 혹은 연인으로 여
겨지는 라다와 뱃놀이를 즐기는
장면이 묘사되었다. 그리고 가장
자리의 작은 원 안에 또다시 크
리슈나의 생애를 한 장면씩 담아
내고 있다. 하단 중앙에는 나무
위에서 피리를 부는 크리슈나를
동경하는 여인들을 그렸으며, 그
가장자리는 상단과 마찬가지로
원 안에 크리슈나의 생애 한 장
면씩을 생동감 있게 표현하였다.
작품의 구도는 여백 없이 잘 짜
여 있다. 크리슈나의 생애를 묘
사한 상·하단 큰 화면의 가장자
리에는 식물 문양을 그려 넣었
으며, 작품 전체의 가장자리에
도 꽃과 앵무새를 반복해서 그
려 넣었다.

크리슈나와 뱀 여신들(Krishna and Snake Goddess), 종이에 채색, 51.5×71.0cm

크리슈나가 5개의 머리를 지닌 뱀의 수호를 받으며 두 명의 뱀 여신들의 경배를 받고 있는 장면이다. 크리슈나의 좌우에 그려진 두 명의 여신들은 상반신은 인간의 모습이고 하반신은 뱀으로, 지하세계를 관장하는 여신들이다. 여신들은 두 손을 모아 크리슈나를 향해 합장하고 있다. 작품의 여백은 대부분 식물 문양으로 채워져 있다. 배경에 그려진 나무는 공간에 맞게 얼마든지 자유자재로 구부러지며 공간을 장식하는 문양으로 잘 표현되었다. 서양인들이 공간을 장식하는 문양으로서 자유자재로 구부러지는 당초문을 활용한다면, 인도인들은 무슨 나무든지 자유롭게 공간을 장식하는 문양으로 활용한다.

크리슈나와 여인들(Krishna and Gopis), 종이에 채색, 51.0×72.0cm

크리슈나가 여인들과 함께 뱃놀이를 즐기는 장면이다. 민화에서 크리슈나는 늘 수많은 여인들에 둘러싸여 있는 모습으로 등장하곤 한다. 크리슈나를 향한 여인들의 동경은 바로 신을 향한 인간의 맹목적인 사랑을 상징하는 것이다. 작품의 색채는 황색조의 톤으로 표현되었지만, 장식적인 문양이 단조로운 색채를 지루하지 않게 보완해주고 있다.

크리슈나와 라다 (Krishna and Radha), 종이에 채색, 71.5×52.0cm

크리슈나의 가장 인상적인 모습은 피리를 연주하는 모습으로 늘 아리따운 여인들과
함께 표현되는 경우가 많다. 그러나 그가 가장 사랑하는 여인은 라다이다. 라다는
크리슈나의 아내로 불리기도 하지만, 대개는 크리슈나의 연인으로 여겨진다. 라다의
크리슈나를 향한 맹목적인 사랑은 인간의 신에 대한 절대적인 사랑을 상징한다.

크리슈나와 라다 (Krishna and Radha), 종이에 채색, 73.0×52.5cm

크리슈나와 라다가 사이좋게 나무에 매달린 그네에 앉아 있는 장면이다. 주변에는
빨간색 꽃과 초록색 잎사귀들이 마치 수놓아져 있는 것처럼 화려하게 장식되어 있
다. 크리슈나와 라다는 민화에 등장하는 가장 낭만적인 커플로 묘사되며, 비하르
(Bihar) 주 미티라(Mithila) 지역에서 가장 많이 그려지는 주제이기도 하다.

크리슈나와 라다(Krishna and Radha), 종이에 채색, 70.8×51.3cm

크리슈나는 푸른색으로 표현되었으며, 라다는 인도의 결혼식에서 신부들이 입는 빨강에 가까운 분홍색 옷을 입고 있다. 두 사람 사이에는 현실에서 볼 수 없는 아주 신비스런 나무가 묘사되어 있는데, 마치 크리슈나와 라다의 사랑이 신성함을 상징하는 것처럼 보인다. 작품의 전체적인 분위기는 마치 신랑 신부의 결혼식 장면을 보는 것 같다.

파괴의 신, 시바

천민들과 어울려 다니는 신

시바는 힌두교 신의 세 번째 신이며 파괴의 신으로 불린다. 힌두교에서 파괴 또는 죽음은 끝이 아니라 삶의 새로운 형태로의 변화이다. 그러므로 파괴자로서의 시바는 실제로는 재창조자인 셈이다.

다른 전설에 의하면, 시바는 달과 히말라야의 신이기도 하다. 시바는 히말라야 산맥의 카일라스 산 정상에 홀로 앉아서 명상하는 요기의 모습으로 자주 나타난다. 시바는 전지전능함과 위엄 있는 모습으로 묘사되는 힌두교의 다른 신과는 달리, 몸에는 화려한 의상 대신 호랑이 가죽을 걸치고, 목에는 해골목걸이를 걸고 다니며, 머리에는 늘 치명적인 독을 지닌 코브라를 두르고 화장터에서 일하는 천민들과 친하게 지내기 때문에 격식에 얽매이지 않는 신으로 표현된다. 그러나 무엇보다도 시바는 만물을 창조하고 파괴하는 위력을 지녔으므로 모든 신들이 힘을 합쳐도 그를 당해낼 수 없을 만큼 강력한 신이다. 시바는 거무스름한 피부에 네 개의 팔과 이마에 제3의 눈을 지녔다. 시바는 수도승이자 요기들의 신이기도 하며 바람과 폭풍우의 신이기도 하다. 또한 사냥과 낚시의 신이기도 하다.

전해 내려오는 신화에 의하면, 시바가 이마에 제3의 눈을 갖게 된 이야기가 묘사되어 있다. 어느 날 시바의 아내 파르바티가 술래잡기 놀이를 하면서 시바의 두 눈을 양손으로 가렸다. 그러자 그 순간 온 세상이 암흑으로 변해버렸다. 시바의 눈은 태양을 통제하는 빛을 간직하고 있기 때문에 시바의 눈이 가려지는 순간 빛이 사라지고 칠흑 같은 어둠이 시작된 것이다. 그 순간 모든 신, 악마, 인간들이 자신들을 어둠 속에서 구해달라고 동시에 소리쳤다. 그들의 비명 소리를 들은 시바는 이마에 제3의 눈을 만들고 빛을 발산하기 시작했다. 그러자 다시 태양이 빛나기 시작했다는 것이다.

시바는 힌두교 신화에 등장하는 신들 가운데 인도인들의 사랑과 경배를 가장 많이 받는 신 가운데 하나이다. 그를 경배하는 수많은 사원과 조각상, 그림의 주제로 등장하여 인도 어느 곳에서나 쉽게 접할 수 있다. 그 이유 중 하나는 시바가 위대한 신으로 경배를 받으면서도 가장 천한 계층의 사람들과 스스럼 없이 사귀며 스스로를 한없이 낮추는 모습 때문일 것이다.

그래서 시바에게는 때때로 그에게 위험하기조차 한 몇몇 추종자들이 있다. 비록 이 위대한 신이 지상에서 소외된 피조물들을 온화한 마음으로 대하긴 했지만, 이러한 연민이 때때로 그를 곤경에 처하게 만들기도 했다.

옛날에 바스마슈라라는 악마는 자신이 가장 강한 악마가 될 수 있도록 시바 신에게 도움을 요청하기로 했다. 그는 적들을 쉽게 굴복시킬 수 있는 강력한 힘을 지녔으나 그것으로 만족할 수 없었다.

"그대는 어리석다!"

명상하는 시바 (Shiva in Meditation), 종이에 채색, 69.8×49.8cm

이 작품은 검은 선으로 밑그림을 그린 다음 그 위에 채색하는 방법으로 그려졌다. 원래 시바는 푸른색으로 그려져야 하는데, 이 작품에서는 시바를 분홍색으로 묘사하고 있다. 구도는 좌우대칭이며, 장식 문양을 억제하면서 주인공인 시바 신을 더 강조해서 표현하고 있다.

악마의 스승이 말했다.

"만일 네가 시바에게 전쟁을 일으켜서 너를 거스르는 모든 것을 파괴하고 싶다고 말한다면, 시바는 네가 원하는 힘을 너에게 결코 주지 않을 것이다."

그러나 그 말을 들은 바스마슈라는 즉시 화를 냈다. 모든 악마들이 그렇듯이 바스마슈라는 자기 통제력도 없고 스승과 연장자들에 대한 어떤 존경심도 없는 악마였다. 그래서 그는 가엾은 스승에게 가혹한 채찍질을 가했다.

'바스마슈라! 언젠가 너는 너 자신을 파괴하게 될 것이다.'

스승은 마음속으로 되뇌었다.

바스마슈라는 스승의 충고에도 아랑곳하지 않고 시바 신의 신뢰를 얻기 위해 열심히 그를 쫓아다녔다. 정신없고 잊어버리기 잘하는 시바 신의 주목을 끌기 위해서라면 한평생이 걸리더라도 그 길을 가리라고 생각했다. 마치 시바 신에게는 바스마슈라보다 더 충실한 추종자는 없는 것처럼 보였을 정도였다. 명상과 단식을 하며, 시바 신의 아내인 파르바티를 위해 꽃을 꺾고 비위를 맞추기도 했다. 또한 시바가 즐겨 타고 다니는 황소인 난디를 위해 최상의 풀과 과일까지 찾아다녔다.

마침내 그의 노력이 보상을 받게 된다. 어느 날 시바 신이 그의 앞에 미소지으며 서 있었다.

"바스마슈라야, 너는 나에게 많은 헌신을 하였다. 어떤 소원이든 말해보거라. 그러면 그것을 이루도록 해주겠다."

"오, 관대한 분이시여!"

바스마슈라가 말했다.

"누구의 머리든지 제가 손대는 곧바로 재로 변하게 해 주세요."

"그렇게 될 것이다."

시바가 여전히 미소 지으며 말했다. 그 말을 들은 악마는 즉시 무시무시한 자만심으로 차올랐다.

"이제 내가 우주에서 가장 강력한 악마다."

바스마슈라가 자신에게 말했다. 은혜도 잊은 채 그는 자신의 첫 번째 희생자로 시바 신을 지목했다. 만일 그가 시바를 파괴한다면 바스마슈라의 힘은 의심 없이 증명될 것이고, 모두가 그를 두려워할 것이다.

"신이시여, 만일 당신의 축복이 진짜 효과가 있는지 제가 그것을 당신의 머리에 손을 얹어 시험하도록 허락해주십시오."

바스마슈라는 강력한 한 팔을 시바의 덥수룩한 머리채로 내밀면서 오만하게 말했다. 시바 신은 두려움으로 뒤로 물러섰다. 시바의 애완 뱀이 그의 목 주위를 감싸면서 다가오는 악마에게 쉿쉿 소리를 냈다. 바스마슈라는 이에 아랑곳하지 않고 다가왔고, 사악한 웃음이 그의 입 주변에 번졌다.

그러자 그 위대한 신 시바는 돌아서서 도망치지 않을 수 없었다. 언덕과 들판을 넘어 숲과 좁은 길을 통과하여 시바는 낮과 밤 동안을 도망쳐 달아났고, 그 사나운 악마는 그의 뒤를 맹렬히 추격하고 있었다. 도망가다가 지친 시바는 어쩔 수 없이 쓰레기 더미 속에 몸을 숨겼다. 바스마슈라는 그 위대한 신이 쓰레기 더미에 몸을 숨겼을 것이라고는 추호도 생각하지 못했다. 그래서 그는 시바가 어디에 있는지를 생각하기 위해 잠시 멈추었다.

지금처럼 시바가 곤경에 빠져 있을 때, 늘 보호의 신 비슈누가 나타난다. 그는 이 순간에 일어난 모든 일을 보고 있었다. 비슈누는 냄새 나는 쓰레기 더미에 숨어 있는 위대한 파괴의 신 시바를 구하러 가야 할 때라고 생각했다. 그래서 비슈누는 아름다운 무희로 변장하고는 바스마슈라 앞에 나타나서 매혹적인 목소리로 말했다.

"왜 당신처럼 잘생긴 분이 이 더럽고 냄새나는 곳에서 헤매고 있죠? 저와 함께 멀리 가서 술과 춤을 즐기시지 않겠어요?"

악마는 아름다운 무희를 황홀하게 바라보다가 그만 시바에 대해 까마득히 잊어버렸다. 그녀가 자신을 잘생겼다고 말해주자 매우 우쭐해져서 그녀를 따라 술집으로 갔다. 거기에서 그녀는 그에게 술을 따라주고 그를 위해 춤을 추었다. 바스마슈라는 곧 만취해버렸다. 악마들은 이럴 때 자기 통제력을 잃는다.

"당신은 왜 춤추지 않나요."

사랑스러운 무희가 외쳤다.

"제가 추는 대로 따라해보세요."

그녀가 발가락 끝으로 빙빙 돌 때마다 그녀의 밝은 색깔의 치마가 소용돌이쳤다. 바스마슈라는 그녀를 따라 돌고 또 돌았다. 술 취한 악마의 춤은 대단한 광경이었다.

"이제 거기에 발을 놓고 뛰어오르면서 허리에 팔을 대고 팔꿈치를 옆으로 펴세요! 아주 재미있어요!"

그녀는 웃었다.

"이제 내가 하는 것처럼 손을 올리고……."

이것이 바스마슈라의 종말이었다. 무희가 자신의 머리에 양손을 얹자 악마는 아주 자연스럽게 그녀의 동작을 따라했다. 그 순간 바스마슈라는 자기 스스로 자신을 재로 변하게 만들고 말았다.

창조와 파괴의 신 시바
(Shiva, the Creator and Destroyer),
종이에 선묘, 75.0×26.5cm

채색을 하지 않고 검은 윤곽선만으로
그린 작품으로, 미틸라 지역 카스티
야 계급의 여인에 의해서 그려졌다.
수직의 구도에 요기 자세의 시바를
중앙에 그리고, 시바의 두상을 위아
래에 그려 넣었다. 시바는 오른손에
무기인 삼지창을 들고 있고, 왼손에
는 코브라를 잡고 있는 것으로 묘사
되었다. 시바가 항상 코브라를 잡고
있는 것으로 묘사되는 것은 코브라가
지니고 있는 치명적인 독이 시바의
절대 권력인 창조와 파괴를 상징하기
때문이다.
그림 아랫부분에 그려진 시바의 머리
위에서는 한 송이 연꽃이 피어나고
있다. 활짝 핀 연꽃은 신이 창조한 우
주를 상징한다. 시바가 우주 창조의
신임을 상징하는 작품이다. 시바는
힌두교 신화에서 브라마, 비슈누와
함께 주요한 삼신으로 경배 받는다.
특히 시바는 이 삼신 가운데 미술 작
품의 주제로 가장 많이 등장하는 신
이다.

▶ 창조와 파괴의 신 시바 (Shiva, the Creator and Destroyer), 종이에 채색, 71.8×51.2cm

인도 미술가들이 좋아하는 인체 표현 방법은 인체를 가장 특징적인 방향에서 표현해서 가장 인체답게 보이게 하는 것이다. 미술을 따로 배우지 않은 미티라의 여인들이 가장 많이 쓰는 방법이기도 하다. 즉, 얼굴은 측면형이나 눈은 크게 뜬 정면형으로 그리고, 몸은 정면형으로 그려서 팔의 움직임을 가장 잘 표현하려고 하며, 발은 다시 측면형으로 그린다.

이 작품에서 시바는 온 몸이 회색으로 칠해져 있다. 때때로 시바는 화장터 주변을 어슬렁거리며 화장터에서 일하는 천민들과 친하게 지내는 신으로 알려져 있다. 이 때문에 시바는 온 몸에 시체를 태운 재를 바르고 춤을 추기도 한다. 그래서 시바는 회색으로 칠해지기도 한다.

또한 시바의 절대 권력은 코브라에 의해서 상징적으로 표현되었다. 코브라가 처음부터 시바의 목에 감기게 된 것은 아니었다. 늘 명상에 빠진 시바가 두려웠던 이단 성자들은 시바를 없애기 위해 치명적인 독을 지닌 코브라를 몰래 시바에게로 보내는데, 시바는 두려움 없이 코브라를 잡아서 자신의 목에 걸고는 아무 일도 없었다는 듯이 다시 명상에 빠져든다. 그때부터 코브라는 시바의 목에 감겨 시바의 절대 권력을 상징하게 된 것이다. 코브라는 시바가 어떤 유혹이나 욕망으로부터도 방해 받지 않는다는 것을 상징하는 것으로 이 코브라는 독사들의 신인 나게슈바르(Nageshvar)이다.

시바의 팔목과 다리에는 코브라 문양이 그려져 있으며, 또 다른 코브라는 그의 높이 틀어 올린 상투와 목을 감고 있다. 다른 두 마리의 코브라는 양쪽 다리에서부터 시작해 시바를 향해 위로 고개를 쳐들고 있으며, 또 다른 두 마리는 머리 주변에 그려졌다. 인도인들에게 뱀은 최초의 피조물이자 인간의 조상으로 경배의 대상이기도 하다. 더구나 코브라는 시바의 뱀인 만큼 더욱 신성시 여긴다.

파괴의 신, 시바 67

시바의 도시, 바라나시
겸손한 사람들에게만 열려 있는 도시

 시바와 파르바티는 결혼한 후에 카일라스 산에 있는 집에서 소박하고 행복하게 살았다. 그러나 어느 날 파르바티의 아버지 히말라야가 아내와 함께 그들을 방문했을 때 아버지는 그의 딸을 불쌍하게 생각했다.

"얘들이 얼마나 가난하게 사는지 봤지."

딸이 잠시 자리를 비운 사이에 히말라야가 아내에게 말했다.

"사랑스러운 내 딸이 보석 하나 치장하지 않았어. 유령과 도깨비들이 친구라니. 궁전에 살아야 마땅할 내 딸을 시바가 이런 진흙 오두막에서 살게 하다니. 왜 내 딸이 재를 바르고 뱀을 두른 이 벌거벗은 거지와 결혼했을까?"

"파르바티를 위해서 우리는 즐거운 표정을 해야만 해요. 그 아이가 아주 행복하다고 얘기하고 있잖아요."

시바와 파르바티는 신혼 기간이었기 때문에 파르바티의 부모는 오래 머물지 않았다. 그러나 몇 년이 지난 후 그들은 딸이 매우 보고 싶었다.

"그 미친 녀석이 내 딸을 죄악에 가득 찬 도시 바라나시로 데려갔소. 그곳은 끔찍한 곳이오. 모든 죽은 자와 죽어가는 자들을 바라나시로 데려가잖소. 시바가 춤출 거대한 화장터 말이오. 우리의 사랑스러운 딸이 그런 곳에 있다는 것이 믿기지 않소."

파르바티의 아버지 산의 신 히말라야가 불평했다.

"시바의 도시, 바라나시에 가서 우리 딸을 만나는 게 어때요?"

결국 히말라야는 인간의 형태를 취하고 그의 딸과 사위를 만나러 긴 여행을 시작했다. 그는 자신이 세계에서 가장 높은 산의 왕이라는 사실을 매우 자랑스러워했다. 그는 시바가 딸에게 줄 수 없는 최상의 보석들과 좋은 옷들을 선물로 가져가기로 했다.

히말라야는 바라나시로 가는 길에 덥수룩한 머리를 한 거지와 마주쳤다.

"여보시오. 이 길이 바라나시로 가는 길이 맞소?"

산의 신 히말라야가 거지에게 물었다.

"그렇소. 이 길이 천국으로 가는 문이 열려 있는 시바의 도시로 가는 길이오. 이 도시로 들어가길 원한다면 예의를 좀 더 갖추어야만 할 거요. 시바의 무시무시한 악마 칼라 바이라브가 도시를 지키고 있고 겸손한 사람만 들어갈 수 있소."

"말도 안 되는 소리! 나는 가장 높고 가장 힘센 산의 왕이고, 나의 부와 권력은 어떤 위대한 왕국의 문도 다 열 수 있을 만큼 위대하다는 것을 모르는군."

히말라야가 말했다. 사실 그 거지는 변장을 한 시바였지만 그의 장인은 그를 알아보지 못했다.

"조심하시오!"

거지가 경고했다. 그리고 낮은 목소리로 말했다.

"신이 당신에게 내린 은총으로 당신은 강한 것이오. 당신에게 내 친구인 현자 아가스트야의 이야기를 해주겠소. 빈드야스 산맥은 천국을 향해 뻗어 있는 큰 산맥이라오! 아가스트야가 빈드야스 산맥을 건널 때 그 산은 현자에게 존경심을 표하며 절을 했소. 아가스트야가 빈드야스에게 말하기를 '나는 남인도로 여행하려고 한다. 내가 돌아올 때까지 일어나지 마라.' 그러나 그는 결코 돌아오지 않았소. 그는 남쪽에 정착했고, 빈드야스는 지금까지도 낮게 절한 채로 남아 있소. 빈드야스가 그 지경에 이르지 않았다면 당신이 가장 높은 산의 왕이라고 뽐낼 수 없었을 거요."

이 말을 들은 히말라야는 조금 겸손해졌으며, 그 거지에게 감사한 후 계속해서 길을 갔다. 잠시 후에 그는 지평선이 밝아지는 것을 보았다. 바라나시에 가까이 왔을 때 그는 놀라서 그의 눈을 비볐다. 바라나시 강을 가로질러 펼쳐진 반짝이는 도시! 바라나시는 끝이 보이지 않는 높은 탑이 있는 궁전들의 도시였다. 건물에 박힌 보석들이 반짝이고 있었고, 길은 금으로 뒤덮여 있었다. 그곳은 또한 정원의 도시였다. 모든 나무들의 가지에는 신비한 열매가 달려 있고, 잎은 천국의 향기를 내는 인드라로카의 마법의 나무처럼 보였다. 도시 주변을 은목걸이처럼 감싼 천국의 강을 관장하는 여신이 금세라도 모습을 드러낼 것 같았다.

'이곳이 바라나시란 말인가. 바로 이곳이 내 방랑자 사위가 통치하는 도시인가!'

놀란 히말라야는 생각했다. 그때 갑자기 거대한 검은색 악마 같은 물체가 그의 길을 가로막았다. 칼라 바이라브!

"너는 누구이고 왜 시바의 도시에 왔느냐?"

그 거인이 고함쳤다. 히말라야는 자기가 모든 산들의 강력한 왕이고 바라나시 통치자인 시바의 장인이라고 말하려는 순간, 어떤 변화가 그에게 일어났다.

"이곳은 모든 영혼들이 자유를 구하는 시바 신의 도시라고 들었소. 나 또한 그를 만나러 왔소. 시바는 모든 창조의 신이고, 내가 가진 모든 것은 그의 은총에 의한 것이오. 그래서 나는 그에게 감사하고 그를 경배하러 왔소."

"들어오시오."

칼라 바이라브가 그에게 길을 만들어주며 말했다.

히말라야는 그의 딸에게 주기 위해 가져온 재물을 시바를 기리는 사원을 짓는 데 사용하도록 했으며, 그곳에서 시바 신을 경배했다.

파르바티와 시바는 그 소식을 듣고 즉시 그에게 달려왔다.

"이 사원은 산의 신 샤일레시바라라고 불리게 될 것입니다. 여기서 경배하는 모든 사람들은 당신이 그랬던 것처럼 그들의 영혼을 위한 자유를 찾게 될 것입니다."

시바가 경건하게 말했다.

인도의 성스러운 도시는 수많은 침략으로 파괴되곤 했으나, 히말라야가 세운 사원 샤일레시바라는 여전히 우뚝 서 있다.

▶ 난디를 타고 있는 시바(Shiva Riding on Nandi), 종이에 채색, 71.6×52.2cm

신성한 푸른색으로 채색된 시바는 호랑이 가죽으로 만든 의상을 입고 자신의 탈것인 황소 난디를 탄 채 두 마리의 커다란 코브라의 수호를 받고 있는 것으로 묘사되었다. 난디는 시바의 장인 닥샤가 시바에게 결혼선물로 주었으며, '기쁨을 주는 자'라는 뜻이다.

하인리히 짐머 박사에 의하면, 모든 신들의 탈것인 '바하나(Vahana)'는 자신이 태우고 다니는 신의 성격과 에너지를 그대로 닮은 것으로 묘사된다고 한다. 신화에 등장하는 대부분의 신들은 자신의 바하나를 가지고 있는데, 이는 신들이 타고 다니는 일종의 교통수단이다.

고대 인더스 문명에서 소는 풍요를 상징했다. 그것은 농경사회에서 소의 중요성은 물론이고 힌두교와 관련되어 소가 시바 신의 탈것이기 때문이다.

시바와 난디는 고대 인더스 문명에서부터 인장에 새겨지는 등 주요한 신으로서 경배의 대상이었다. 인장에 새겨진 시바는 네 개의 팔을 가진 것으로 표현되었다. 이것은 시바의 전지전능함을 상징하기 위한 것으로 그 후 시바는 계속 네 개의 팔을 지닌 것으로 묘사되고 있다. 상단에 위치한 두 개의 팔 가운데 오른손에는 시바가 우주의 변화 속에서 춤을 출 때 장단을 맞추는 작은 북을 들고 있고, 왼손에는 소라고동을 들고 있으며, 하단에 위치한 두 개의 팔 가운데 오른손에는 연꽃 봉오리를, 왼손에는 코브라를 잡고 있다. 이 신성한 시바 주변을 두 마리의 커다란 코브라가 수호하고 있다.

시바의 탈것인 난디는 화려하게 치장되었으며, 바탕은 여백 없이 꽃무늬로 채워져 있다. 이처럼 바탕에 여백을 두지 않은 이유는 인도인들의 생각에 여백은 채워져야만 하는 것이기 때문이다.

시바와 링검

우주의 본질을 담고 있는 영원불멸의 씨앗

시바가 링검으로 숭배 받게 된 신화적 배경은 흥미롭다.

한 번은 시바가 성자들의 수행을 시험하고자 그들이 명상하고 있는 오래된 소나무 숲을 지나게 되었다. 그는 벌거벗은 몸에 온통 재를 바르고는 정신없이 춤을 추었다. 그런데 성자들의 부인들이 시바의 춤에 반해 그와 어울려 노는 모습을 보자 성자들은 분노하며 화를 냈다. 성자들은 그의 초라한 옷차림과 격식 없는 행동을 보고는 감히 그가 위대한 시바 신이라는 생각은 하지 못하고 시바에게 저주를 퍼부었다. 그들은 자신들의 아내들을 단속하고는 시바의 남근이 사라지도록 주문을 내렸다. 이에 분노를 억제하지 못한 시바는 자신의 성기를 거세해버리고는 사라졌다. 그 순간 온 세상이 어두워지면서 성자들의 생식 능력도 함께 사라지게 되었다. 이로 인해 더 이상 자손들을 만들어내지 못하자 당황한 성자들은 시바의 화를 억누르기 위해 샥티(우주의 여성적 창조력)를 찾아가 도움을 청한다. 그러자 샥티는 요니(여성 생식기)의 형태로 변해서 시바

시바 링검을 숭배하는 여인들(Women Worshipping the Shiva Lingam), 종이에 채색, 51.0×71.0cm

두 명의 여인이 시바의 상징인 링검을 가운데 놓고 경배하는 장면을 묘사하고 있다. 링검은 연꽃 받침대 위에 세워져 있는데, 이 연꽃은 여성의 생식기인 요니를 상징한다.

를 유인해서 그를 달래주었다. 그때서야 성자들은 자신들이 무시한 그 신이 바로 우주의 창조자 시바라는 사실을 알고는 그 앞에 엎드려 경배하게 되었다.

이때부터 시바는 남성의 생식기 형태인 링검으로 경배되었다고 한다. 힌두교 사원의 경우 입구에 링검과 요니로 장식된 사원은 모두 시바의 사원이다.

링검의 문학적 의미는 '특성'이다. 《우파니샤드》에 의하면 브라마는 우주의 영혼으로서 영원불멸하며, 결코 우주에 태어나지 않는 영혼으로 특성도 형태도 무게도 없는 것으로 묘사된다. 다른 표현으로 하자면 '특성 없음'인 것이다. 그러나 대부분의 경배자들은 신을 더 가까이 모시기 위해서 어떤 형상을 필요로 했다. 그래서 위로 치켜 솟은 형태의 돌은 링검 혹은 브라마의 상징으로 받들여진다.

인도의 대서사시 《마하바라타》와 《마트스야 푸라나》에 의하면 시바의 링검은 신성한 남근상이며 우주의 본질을 담고 있는 영혼불멸의 씨앗이다. 그것으로부터 모든 생명이 탄생하고, 생명이 파괴되면 다시 시바의 남근으로 돌아온다는 것이다.

시바의 링검과 링검을 받치고 있는 요니는 남녀의 결합을 상징하며, 시바와 샥티를 의미한다. 요니는 두 가지 기능을 상징하고 있다. 첫째는 링검을 세우는 기능이며, 둘째는 링검 위에 쏟아지는 물을 받기 위한 용기로서의 역할이다. 그래서 요니는 시바의 아내로서 마하데비(위대한 여신)의 의미를 갖기도 한다.

시바 링검을 경배하는 가네샤
(Ganesha Worshipping the
Shiva Lingam), 종이에 채색,
33.2×22.0cm

부와 명예의 신 가네샤가 아버지 시바를 상징하는 링검에 향유를 뿌리며 경배하고 있다. 상단
두 개의 손에는 각각 부채와 연꽃을 들고 있으며, 하단 양손으로는 작은 토기 병의 향유를 시바
링검에 뿌리고 있다. 가네샤는 빨강과 파랑으로 채색된 관을 쓰고 있으며, 붉은색의 망토를 걸
치고 있다. 시바 링검은 시바를 상징하는 상징물로 인도인들이 신성한 색채로 여기는 푸른색으
로 채색되었다. 작품의 색채는 빨강과 파랑의 원색 효과를 활용하고 있으나 전체적인 분위기는
화려하기보다는 오히려 상서로운 분위기를 느끼게 한다. 요즘 드물게 볼 수 있는 주제이며, 표
현 기법도 뛰어난 좋은 작품이다. 그리고 천연안료의 사용도 작품의 전체적인 분위기를 한층
더 세련되게 보이도록 해준다.

코끼리 머리를 가진 신, 가네샤

시바와 파르바티의 아들

 가네샤는 인간에게 매우 우스꽝스럽고 친근감 있게 느껴지는 신이다. 그는 '장애물의 제거자'이다. 그래서 인도인들은 크고 작은 문제나 어려움이 있을 때 그에게 의지한다. 그는 숭배자들에게 행운을 가져다주기 때문에 많은 인도의 상인들과 상점주들은 그들의 집과 사무실, 차량 내부에 그의 그림이나 작은 조각상을 모신다.

또한 가네샤는 '지혜의 신'이기도 하다. 가네샤가 지혜의 신이 된 것은 코끼리 머리와 관련이 있다. 그는 코끼리 머리를 얻은 후에야 지혜의 신이 되었다. 그러면 어떻게 가네샤가 코끼리 머리를 얻었을 수 있었을까.

가네샤는 시바와 파르바티 사이에서 태어난 장남이다. 파르바티는 북인도를 덮고 있는 눈 덮인 산맥인 히말라야의 딸이다. 그녀는 매우 아름답고 우아한 여신이며 사랑을 주는 어머니이자 헌신적인 아내이다. 시바는 이상적인 아버지나 남편은 아닐지라도 자신의 방식으로 가족을 끔찍이 사랑한 신이다.

단지 그는 항상 집에 머무르는 것을 참을 수 없어 했다. 그는 방랑벽이 있어서 황소 난디를 타고 여행하기를 좋아했다. 그는 가족을 데리고 갈 만한 장소보다는 멀고 위험한 산에 오르는 것을 즐겨했다.

시바는 또한 화장터의 정적을 좋아했다. 그러나 그가 가장 좋아한 것은 요가 명상이었다. 그가 명상에 빠져들 때는 지진조차 그를 방해하지 못했다. 시바에게는 또 다른 이상한 습관이 있었는데, 그는 옷을 입는 것을 싫어해서 허리둘레에 오직 호랑이 가죽만을 두르고 맨발로 돌아다녔다. 당연히 많은 신들은 그가 미쳤다고 생각했는데, 파르바티가 그와 결혼한다고 하자 그녀 또한 제정신이 아니라고 수군댔다.

파르바티와 결혼한 얼마 동안 시바는 히말라야 산맥의 정상 카일라스 산에 위치한 작은 오두막에서 파르바티와 함께 행복하게 살았다. 그러나 얼마 후 파르바티는 남편이 지루해하는 것을 느낄 수 있었다. 시바는 창문을 열고 높은 산봉우리를 갈망하듯이 보곤 했으며, 꿈꾸는 듯한 표정을 짓곤 했다. 파르바티는 그를 깊이 사랑했기 때문에 그의 내면의 갈망을 이해했다.

어느 날 그녀는 시바에게 말했다.

"잠시 동안 여행을 떠나시지 그래요. 우리가 결혼하기 전에 당신이 누렸던 자유를 누려보세요. 당신은 명상하거나 때때로 유령들과 밴시(죽음을 예고하는 여자 요정)들과 함께 화장터에서 춤을 추었죠. 지금 그 모든 것들이 그리울 거예요."

"아니오, 내 사랑."

시바는 그녀를 안심시켰다.

"그것은 옛날 일이라오. 옛 친구들일 뿐이지."

"그렇지만 당신의 동료들이 보고 싶지 않나요?"

파르바티가 재차 물었다.

시바와 파르바티 (Shiva and Parvati), 종이에 채색, 18.0×53.0cm

이 작품은 시바의 아내 파르바티가 아들 가네샤를 먼지와 흙으로 만드는 장면을 암시적으로 묘사하고 있다. 시바는 파르바티 뒤에 표현되었다. 전체적인 화면은 식물 문양과 상서로운 물고기 문양 등으로 가득 채워져 있다. 물고기 문양은 힌두교에서는 상서로운 문양이다. 비슈누의 첫 번째 현신 마트스야가 바로 물고기이기 때문이다. 그리고 또한 다산과 풍요를 상징하는 문양이기도 하다. 색채는 붉은색과 녹색 대비로 화면이 보다 화려하게 느껴지는 민화 작품이다.

"나는 당신만 있으면 충분하오! 사실은 유령, 악마, 밴시들이 이 집 여기저 기에 있소. 그들은 나와 결코 떨어질 수 없기 때문이오. 난 당신을 두렵게 만들 기를 원하지 않았소. 그래서 나는 그들에게 보이지 않도록 하고 아주 조용히 지낼 것을 명령했소. 그들이 얼마나 내 명령에 잘 복종하는지……."

시바는 장난스럽게 그녀에게 미소 지었다.

시바의 말에 파르바티는 놀라움과 당혹감을 동시에 느꼈다. 지금까지 악령 의 세계에서 온 생물체들에게 둘러싸여 있었다니 놀랍기도 하고, 그의 친구들 에 대한 시바의 어리석은 자신감에 어처구니가 없기도 했다. 시바는 애원했다.

"나에게 그들을 내쫓으라고 하지는 마오. 그들은 때때로 장난이 심하지만 어떤 해악도 의도하지 않는 어린애들과 같소. 그들 모두는 이미 그대를 사랑하 고 있소. 그대가 나의 아내라는 것을 알고 있기 때문이오. 그리고 나는 당신이 누구에게도 잔인할 수 없을 거라는 것을 알고 있소."

파르바티는 시바가 동료들과 함께 머물도록 했다.

"명상은 하지 않으실 건가요? 명상은 당신의 주요한 일과였어요. 당신은 신 들 중 가장 위대한 요가 수행자죠. 당신이 요가 명상에 빠지면 황소 난디마저 도 몇 년 동안 움직이지 않았잖아요."

그녀가 물었다.

시바는 그녀의 말이 옳다는 것을 알았다. 그는 다시 한 번 명상의 기쁨에 빠져들기를 갈망했고, 그가 앉아서 명상했던 장소들이 몹시 그리워졌다. 그를 위대한 신으로 만들어준 것은 요가 덕분이기도 했다.

"내가 가면 그대는 외롭지 않겠소?"

파르바티는 혼자서도 완벽하게 행복할 거라고 그를 안심시켰다. 그녀는 텅 빈 헛간에 지나지 않는 그들의 오두막을 편안하고 사랑스러운 집으로 변화시키기를 원했다.

너무 행복한 시바는 호랑이 가죽을 걸치고 그가 가장 좋아하는 뱀을 목에 두르고는 황소 난디를 소리쳐 불렀다. 작별인사를 하고 나서 시바는 난디를 타고 그의 이상한 친구 무리들과 함께 떠났다.

"오래 있지는 않을 거요."

떠나는 시바를 바라보며 파르바티는 모든 무리들에게 호소하듯 말했다.

"내 남편을 잘 지켜줘!"

그런데 시바는 매우 잘 잊어버리는 신이다. 그가 명상을 하고 있을 때 그를 깨우는 것은 사실상 불가능하다. 성스러운 갠지스 강이 내려다보이는 강고트리의 높은 곳에 앉아 시바가 명상을 시작했는데, 인간 세상의 시간으로 수천 년이 지나서야 명상에서 깨어날 수 있었다. 그제서야 시바는 아내가 카일라스 산에서 자신을 기다리고 있다는 것을 기억하고는 그녀에게로 서둘러 돌아가고 싶어졌다.

그동안 파르바티는 오두막 주변에 사랑스러운 정원을 가꾸고, 쉬지 않고 집을 꾸미면서 시바가 돌아오기만을 기다렸다. 시바가 없는 사이 잘생긴 아들을 만들기도 했다. 몇 년이 지나 아들은 그의 엄마를 매우 잘 따르고 돕기를 좋아하는 조용하고 사려 깊은 소년으로 성장했다. 소년은 종종 파르바티에게 그의 아버지에 대하여 물었고, 그녀는 시바가 신들 중에 가장 위대한 신으로 천국의 왕인 인드라보다 훨씬 더 위대하다고 말해주었다.

어느 봄날 아침 파르바티가 목욕을 즐기고 있는 동안 아들은 정원의 문 옆에 서 있었다. 그때 길고 덥수룩한 머리를 하고 목에는 꿈틀거리는 뱀을 걸치고 허리에는 호랑이 가죽만을 두른 큰 키의 낯선 남자가 문으로 성큼성큼 걸어 들어왔다. 황소 난디가 그 뒤를 따랐다. 그 낯선 사람은 다름 아닌 시바였다.

그는 단숨에 정원으로 들어왔다. 꽃이 핀 덩굴과 관목과 향기로운 허브에 둘러 싸여 햇빛을 받고 있는 오두막을 보았을 때 시바는 잠시 주저했다. 이 아름다운 집이 진짜 자신의 집이란 말인가. 그리고 그의 길을 막고 있는 이 잘생긴 소년은 누구란 말인가.

시바는 소년에게 거칠게 말했다.

"지나가야겠구나. 얘야."

시바는 사랑하는 아내를 보고 싶어 참을 수가 없었다. 하지만 소년은 그 더러운 방랑자가 집 안으로 함부로 들어오려고 하자 눈살을 찌푸리며 말했다.

"안 됩니다. 당신은 들어올 수 없습니다."

그러나 시바는 그 소년을 무시하고 정원을 가로질러 똑바로 집으로 걸어갔다. 소년은 파르바티가 집 안에서 목욕을 하고 있다는 것을 알고 있었다. 그래서 이 무례한 사람이 들어가는 것을 어떻게든 막아야만 했다. 이에 분노한 시바는 문으로 돌진하며 소년을 향해 삼지창을 내리쳤다. 가엾은 소년이여!

시바는 성격이 매우 급한 신이었다. 그는 너무나 화가 나서 이마 중앙에 있는 제3의 눈에서 불을 뿜었고, 소년은 몇 초 후에 머리가 없이 몸뚱이만 속수무책으로 바닥에 뒹굴었다.

아들의 비명소리를 듣고 파르바티가 재빨리 욕조에서 뛰어나왔다. 그녀가 문을 열고 나왔을 때 머리 없는 아들의 몸뚱이가 뒹굴고 있었고, 오랜만에 돌아온 남편은 그녀를 보자 반가움으로 껴안으려고 했다. 그녀는 시바의 팔을 뿌리치며 슬프게 울부짖었다.

"당신, 무슨 짓을 한 거예요? 당신이 죽인 저 애는 우리 아들이에요."

파르바티의 비통은 차마 볼 수 없을 정도였다. 시바는 난처해하며 그녀를 위로하려고 애썼다.

시바, 파르바티, 아들 가네샤(Shiva, Parvati and Ganesha), 종이에 채색, 50.5×71.0cm

파르바티가 남편 시바의 부재중에 만들어낸 아들을 시바가 조급한 성격 때문에 죽이게 된 장면을 묘사하고 있다. 작품 왼쪽에는 파르바티가 눈물을 흘리며 남편에게 어서 아들의 목숨을 다시 되돌려놓으라고 울부짖고 있으며, 당황한 시바는 어찌할 줄 몰라 하는 장면이다. 바닥에는 파르바티의 아들이 죽어 있다. 작품을 잘 들여다보면 파르바티의 눈에서 눈물이 흘러내리고 있는 것을 볼 수 있다. 그리고 이때 시바가 숲으로 달려가서 가장 먼저 만난 동물인 코끼리의 머리를 잘라 와서 아들에게 붙여주자 부와 명예의 신 가네샤가 탄생하게 된다.

이러한 신화의 장면을 채색을 하지 않고 선으로만 표현한 작품이라 자칫 단조롭게 느껴질 수 있으나, 정성 들인 선의 묘사와 배경을 가득 채운 과일과 꽃이 핀 나무의 묘사는 그림 감상에 즐거움을 주고 있다.

"우리 아들은 신이요. 그래서 그 아이는 죽지 않아요. 그 아이는 단지 잠시 동안 굳어 있는 거요. 나는 그 아이를 파괴한 게 아니라 그 아이의 머리만을 파괴한 거요."

그러나 파르바티는 아무 말도 들으려 하지 않았다.

"당신이 그를 파괴했어요. 미친 신인 당신이! 머리 없는 신이 무슨 소용이에 요?"

시바는 자신의 아들이 머리가 잘렸기는 했지만 생명과는 아무런 상관이 없음을 그녀에게 확신시키려고 최선을 다했다. 그는 사랑의 신 카마의 몸이 파괴되었음에도 카마가 얼마나 활동적인 신인지에 대해 설명했다. 카마가 화살을 쏘면서 온 우주를 쏘다니는 데 몸은 필요하지 않다는 것이었다. 그러나 파르바티는 시바가 아들의 머리를 복구해야 한다고 주장했다.

"그러나 나는 이미 한 일을 되돌릴 수는 없소."

시바가 항변했지만 소용이 없었다. 파르바티가 우는 소리를 들으니 견딜 수가 없었고 절박함이 느껴졌다. 마침내 시바는 자고 있는 사람의 머리를 가지고 돌아올 것을 약속하고는 다시 길을 떠났다.

수 킬로미터를 찾아 헤맨 후 시바는 자고 있는 아기 코끼리를 발견했다. 그는 생각할 겨를도 없이 아기 코끼리의 머리를 가지고 가기로 결정했다. 오두막으로 재빨리 돌아온 시바는 아들의 어깨 위에 코끼리 머리를 얹어놓았다. 이제 길고 꿈틀대는 코와 커다란 부채 같은 귀가 아들의 머리가 되었다.

아기 코끼리의 머리는 너무 크고 무거워서 머리의 균형을 잡기가 너무 어려웠다. 이러한 아들의 새로운 머리를 보고는 파르바티는 소스라치게 놀랐다. 시바가 미치지 않고서야 어찌 이렇게 할 수 있단 말인가. 가엾은 나의 아들! 그는 분명히 신들의 놀림감이 될 것이다! 그녀는 아들을 위하여 다른 신과 여신들에게 도움을 요청하기로 결심했다.

파르바티는 팔로 아들을 들어 올리고 천국으로 날아올랐다. 그녀는 인드라 궁전에 도착할 때까지 쉬지 않고 날았다. 모든 신과 여신들이 코끼리 머리를 한 낯선 소년을 데리고 울고 있는 파르바티를 보았을 때 한 차례의 침묵이 엄습했다. 인드라 왕과 샤치 왕비는 파르바티를 맞이하기 위해 황금 옥좌에서 일어났다.

"우아한 여신이여, 우리는 당신이 결혼한 이후 몹시 당신을 그리워했습니다. 이제 당신은 아름다운 눈에 눈물을 머금고 우리에게 왔습니다. 어떤 방법으로 우리가 당신을 도울 수 있을까요?"

천국의 왕 인드라가 말했다.

모든 신들이 파르바티 주변으로 몰려들었다. 그녀는 천국과 지상에서 매우 사랑받고 있었다. 파르바티는 그들에게 아들의 사고에 대해 말해주었다. 그러고는 인드라에게 아들을 위한 적당한 머리를 다시 달아줄 수 있게 해달라고 간청했다.

"당신의 심정을 이해합니다. 그러나 당신이 제안한 일은 불가능합니다. 나는 모든 신과 여신들의 왕입니다. 그러나 시바와 당신은 나보다 더 위대합니다. 당신들의 힘의 범위 안에 있지 않은 일은 나도 마찬가지로 할 수 없습니다. 만일 시바가 자신의 아들에게 코끼리 머리를 주었다면, 그것이 그 소년에게는 가장 좋은 것일 겁니다."

인드라가 말했다.

파르바티는 너무나 슬퍼서 아들에게 무엇이 최상일지 침착하게 생각할 수가 없었다. 그때 샤치 왕비가 시바와 동등한 다른 두 신이 있음을 떠올렸다. 바로 창조의 신 브라마와 보호의 신 비슈누였다. 샤치가 한 가지 제안을 했다.

"브라마 신이나 비슈누 신에게 요청하면 어떨까요?"

샤치가 그들의 이름을 언급하자마자 두 위대한 신들이 나타났다.

"성스러운 신이시여! 나의 죄 없는 아들을 불쌍히 여겨주세요."

파르바티가 애원했다.

"시바의 급한 성미와 광기로 아이가 살아가면서 고통당할 것을 생각하면 참을 수가 없습니다."

신들은 파르바티에게 모든 것이 잘될 것이므로 눈물을 거두라고 말했다. 아이들을 사랑하는 브라마 신은 인드라의 왕좌에 앉아서 시바의 아들을 그의 무릎 위에 앉혔다. 비슈누 신은 파르바티에게 미소 지으며 남편을 용서하라고 말했다.

"시바는 삼지창으로 아들의 머리를 자르고 제3의 눈으로 머리를 태워버릴 때 자신이 무엇을 하고 있는지 알지 못했소. 그러나 그대의 아들은 그 일로 잃은 것이 아무것도 없다오. 시바와 파르바티의 아들은 행운을 가져다주는 가네샤라는 이름으로 불리는 지혜의 신이 될 것이오. 가네샤는 잘생긴 신은 아닐지 모르지만 모두가 그의 선함을 알고 그를 사랑할 것이오. 신과 여신들 중에 오직 가네샤만이 코끼리 머리를 가지게 될 것이오. 그래서 그는 신과 인간들에게 잊혀지거나 무시되지 않을 것이고, 하늘과 땅의 모든 피조물의 마음속에 특별한 자리를 차지하게 될 것이오."

사실 브라마는 인간의 머리보다 코끼리 머리가 훨씬 더 매력적이라고 생각했다. 브라마와 비슈누는 가네샤에게 축복을 내려주고 특별한 재능을 부여했다.

"코끼리 머리를 가진 가네샤는 지혜의 신이 될 것이다."

브라마가 말했다.

"가네샤는 천국의 서기이자 문학의 신이 될 것이며, 장애물의 제거자가 될 것이다. 그리고 어떠한 종교의식에서도 어떤 다른 신들이 경배되기 이전에 제일 처음 경배될 것이다. 가네샤는 새로운 사업을 여는 이들에게 성공을 가져다 줄 신이 될 것이다."

비슈누가 덧붙였다.

그때서야 파르바티는 가네샤가 코끼리 머리를 갖고 있을지라도 행복할 거라고 느꼈다. 그녀는 모든 신과 여신들에게 예를 갖춰 감사를 표했다.

시바는 카일라스 산에 있는 오두막에서 파르바티를 기다리고 있었다. 그는 인드라의 궁전에서 어떤 일이 일어났는지 알고 있었다. 그는 제3의 눈으로 모든 것을 볼 수 있었기 때문이다. 파르바티가 아들과 함께 돌아왔을 때, 시바는 온 마음으로 그들을 환영했다. 그 이후로 가네샤는 그의 부모와 함께 행복하게 살았으며, 오늘날에도 경배자들의 마음속에 살아 있다.

지금은 코끼리 머리를 지탱할 수 있는 뚱뚱한 신이 되어 인도인들은 모든 축제의 날에 가네샤를 경배하며, 인도인들이 쓴 많은 책의 첫 장은 코끼리 머리를 가진 지혜의 신 가네샤에 대한 헌사로 시작한다.

브라마와 비슈누가 옳았다. 코끼리 머리의 신은 인도인들에게 매우 사랑받고 있다. 인도인들은 또한 가네샤의 친절함과 다정함, 지혜에 대한 이야기를 듣는 것을 좋아한다.

지혜의 신, 가네샤

경주에서 이긴 지혜

가네샤와 카르티케야는 시바와 파르바티의 아들들이다. 가네샤가 코끼리 머리를 한 뚱뚱한 신이라면, 남동생인 카르티케야는 매우 잘생긴 신으로 키가 크고 날렵하여 전쟁의 신으로 불린다. 그는 모든 무기를 사용하는 데 능숙한데다가 외모와 능력이 뛰어나 다소 자만심이 있다. 그의 상징이자 타고 다니는 자가용은 모든 새들 중에서 가장 아름다우며 인도의 국조인 공작이다. 카르티케야는 경쟁하는 것을 좋아했는데, 특별히 그의 형과 경쟁하는 것을 즐기곤 했다.

어느 날 카르티케야는 그의 뚱뚱한 형을 졸라대면서 경주를 하자며 도전했다. 하지만 가네샤는 미소 지으며 계속해서 책만 읽었다.

"보세요, 어머니! 형은 아무것도 하지 않고 하루 종일 책 속에 코를 박고 있어요. 우리 신들은 가끔씩 세상을 날아서 돌아다니며 순찰해야 한다고 말해주세요. 저는 공작과 함께 항상 날아다니고 있으니 제가 분명히 형보다 더 뛰어난 신이죠?"

"그래, 어디 한 번 해보렴."

파르바티는 두 아들에게 내기를 제안하고 누구든 먼저 이 세상을 세 바퀴 돌고 오면 축복을 내려주겠노라고 했다. 그 말이 떨어지자마자 카르티케야는 자신의 탈것인 공작을 타고 창공으로 날아갔다.

"나는 내 공작을 타고 가서 지체 없이 곧 돌아올 거예요."

그는 형 가네샤의 탈것인 작은 생쥐를 상상하며 잘난 척했다. 가네샤가 우주를 돌아오는 것은 백만 년, 어쩌면 십억 년 또는 수백억 년이 걸릴지도 모른다.

"형은 이길 희망이 없으니까 당장 포기하는 편이 나을 텐데."

그 순간 가네샤는 생각했다. 자신의 뚱뚱한 몸으로 생쥐를 타고 세상을 세 바퀴 돌려면 카르티케야에게 뒤질 것은 너무도 뻔한 일이었다. 가네샤는 앉아서 잠시 동안 조용히 생각했다. 그는 양손을 모으고 머리를 숙여 파르바티 여신에게 기도했다. 그러고 나서 그는 생쥐 위에 올라타고는 매우 천천히 어머니 주위를 세 바퀴 돌기 시작했다.

카르티케야가 전 우주를 한 번 날아서 도는 데는 하루 낮과 하루 밤이 꼬박 걸렸다. 그는 너무 빨리 날았기 때문에 지나가는 행성들, 별들과 달들을 거의 보지 못했다. 마침내 카르티케야는 우주를 세 번 돌고는 행복하고 자랑스러워하면서 어머니 앞에 나타났다.

"안됐구나, 카르티케야야. 먼저 온 사람은 너의 형이란다."

파르바티는 카르티케야가 성장하려면 지혜를 배워야 한다고 생각했다.

"너의 속도는 형의 지혜에 맞먹을 수 없구나."

카르티케야는 어머니의 말을 믿을 수 없었지만, 어머니가 항상 진실을 말한다는 것을 알고 있었다. 그는 가네샤에게 돌아서서 호기심에 차 물었다.

"어떻게 형이 생쥐를 타고 그렇게 빨리 우주를 돌 수 있었지?"

"어린 동생아. 우리를 낳으시고 돌보신 어머니가 우주에 있는 모든 사물과 사람들의 창조주이시다. 오직 우리 어머니만이 그렇게 하시기 때문에 태양은 동쪽에서 뜨고, 별은 밤에 빛나고, 새는 노래하고, 강물은 흐른다. 사람, 동물, 나무, 산은 모두 어머니의 손길로 다듬어진단다. 어머니는 행면을 주셨으니 곧 우주이시다. 그래서 나는 단지 어머니 주위를 세 번 돌았을 뿐이란다."

가네샤가 설명해주었다. 카르티케야는 형이 무엇을 말하려고 하는지 이해했고, 그의 자만심과 잘난 체했던 마음에 대해 부끄러움을 느꼈다. 그는 겸손하게 형에게 자신을 용서해 줄 것을 요청하고 나서 파르바티에게 절을 했다.

"어머니, 어머니도 저를 용서해주실 거죠? 어머니는 다정하시고, 저는 어리고 어리석기 때문에 어머니를 단지 제 자신의 어머니로만 생각했습니다. 이제 저는 어머니가 우주의 어머니라는 것을 알게 되었습니다."

파르바티는 우아하게 팔을 뻗어서 부드럽게 두 어린 신을 불렀다.

"나의 아들들, 너희들 모두 이겼다. 어머니의 사랑은 대가 없이 주어진단다. 엄마의 축복을 받지 못하는 아이들은 없단다. 너희 둘 다 모두에게 축복을 내려주마. 따라서 너희도 곤란에 처한 사람들이 너희를 부를 때 그들에게 축복이 되거라."

이 경주에서 가네샤의 지혜에 감탄한 시바와 파르바티는 비시와루파의 아름다운 두 딸 시디(성공을 뜻함)와 부디(지혜를 뜻함)를 가네샤의 두 아내로 맞이하도록 했다.

▶ 부와 명예의 신, 가네샤(Ganesha, the God of Wealth and Fame), 비단에 채색, 87.0×50.6cm

부와 명예의 신이자 지혜의 신이기도 하고 문학의 신으로 불리기도 하는 가네샤가 화면의 대부분을 차지하고, 그의 아름다운 두 아내 시디와 부디가 작품의 하단에 아주 작게 묘사되어 있다.

이 작품은 비단에 석채와 금분으로 그려져 색채 조화가 뛰어난 작품이다. 검은 바탕에 형광빛이 도는 옅은 민트색의 색채 조화는 다른 어떤 세부 장식보다 화려하게 느껴진다.

금분으로 그려진 두 개의 화려한 기둥을 배경으로 여덟 개의 팔을 가진 가네샤는 각각의 손에 지물을 들고 서 있다. 그 가운데 가장 상단의 두 손에는 뱀을 들고 서 있는데, 이러한 모습은 이란 서쪽 루리스탄 지역에서 발굴된 코끼리 상(像)과 유사하다. 연대는 대략 기원전 1200년과 1000년 사이로 추정되고, 인도의 후기 베다 시기와 일치한다.

고대로부터 인도에서는 동물 가운데 코끼리를 신성시했다. 코끼리가 인간의 영혼을 실어 나른다고 생각했기 때문이다. 코끼리는 크고 육중한 몸매를 지녔으나 성격이 온순하고 순종적이어서 선과 미덕을 상징해왔고, 그러한 천성 때문에 동물 가운데 가장 신성하게 여겨졌다. 그래서 코끼리의 머리를 가진 이가 곧 지혜를 가진 것으로 동일시했는지도 모른다. 이는 자연 숭배 사상에 근본을 두었던 초기 종교에서 동식물의 성격적 묘사를 통해 인간 세상의 선과 악의 이미지를 발견하려고 했던 것과 연관 지어 생각할 수도 있다.

2

여신들의 이야기

신들에게는 영원한 동반자가 있다

교육과 문화의 여신, 사라스바티

브라마의 아내가 된 사연

힌두교에서는 무수히 많은 여신이 있
는데, 대부분은 마하데비의 화신으로 여
긴다. 여신을 생겨나게 하는 근원적 힘을
샥티라고 하며, 그 샥티의 존재가 힌두교
삼신인 브라마, 시바, 비슈누와 만나 그
신들의 특성에 따른 여신으로 탄생한다.
브라마의 아내로는 사라스바티가 있고,
비슈누에게는 락슈미가 있으며, 시바에
게는 파르바티가 있다. 이 여성적 힘의
샥티인 사라스바티, 락슈미, 파르바티를
흔히 데비라고도 부른다.

브라마의 아내 사라스바티는 교육, 문
화, 예술의 여신이며, 베다의 어머니이
며, 네 개의 팔을 가진 아름다운 젊은 여
신이다. 특히 인도 중부와 북부에서는 사

교육과 문화의 여신 사라스바티 (Sarasvati, Goddess of
Knowledge and Culture), 종이에 채색, 65.5×44.0cm

라스바티를 중요한 여신으로 경배한다. 흰색이나 노란색 옷을 입은 사라스바티는 흰 백조를 타고 네 손에는 각각 비나(현악기), 책, 기도용 염주와 연꽃 봉오리를 들고 있는 아름다운 여신으로 그려진다. 교육을 담당하는 여신인 만큼 학교나 아이들과도 관련이 깊다. 그래서 학교에 다니는 아이들이 있는 집에선 사라스바티를 기리는 푸자 의식에 꼭 빠지지 않고 참석한다.

하지만 사라스바티 신화는 인도인들에게 딜레마를 야기하기도 했다. 그것은 창조의 신 브라마와 관련되어 있다. 그녀는 브라마가 창조한 딸이었는데, 브라마가 딸과의 결혼을 감행하자 다른 신들은 이들을 죄악시하게 되었다고 한다.

그러나 벵골의 비슈누를 숭배하는 종파에서는 그녀가 원래 락슈미나 강가처럼 비슈누의 아내였다는 전설이 전해 내려온다. 그런데 다른 여신들이 잔소리가 많다는 이유로 사라스바티를 싫어하게 되자 결국 비슈누는 락슈미만을 아내로 삼고, 사라스바티는 브라마에게 보내고, 강가는 시바에게 보냈다고 한다.

또한 사라스바티는 강의 여신이기도 하다. 《리그 베다》에는 사라스바티 강과 더불어 갠지스 강과 야무나 강을 인도의 3대 신성한 강으로 언급하고 있다. 사라스바티는 지구에 풍요와 지혜를 주는 강의 여신이며, 또한 데바나가리(인도의 알파벳) 글자의 창시자이기도 하다.

부와 행운의 여신, 락슈미

여성미로 칭송 받는 비슈누의 아내

락슈미는 비슈누의 아내로 부와 행운을 가져다주는 여신이며, 아울러 여성미를 상징하는 여신이다. 보통 스리(성공, 행복의 뜻)라는 이름으로도 불린다. 비슈누의 다양한 화신과 관련하여 그녀 또한 다양한 이름들로 나타난다.

하리(비슈누)가 아디티의 아들인 난쟁이로 태어났을 때 락슈미는 파드마 또는 카말라로서 연꽃에서 태어났다. 그가 브리구족의 파라슈라마(비슈누의 여섯 번째 화신)로 태어났을 때 그녀는 다라니였다. 그가 라마였을 때 그녀는 시타였고, 그가 크리슈나였을 때 그녀는 루크미니였다. 만일 비슈누가 천상의 신으로 나타나면, 그녀도 신으로 나타난다. 만일 신이 아니면, 그녀 또한 신이 아니다. 그녀는 비슈누가 어떠한 특징으로 나타나든지 비슈누를 기쁘게 하는 존재로 그녀 자신을 기분 좋게 변화시킴으로써 정절의 여인상으로 숭배된다.

비슈누의 동반자인 락슈미는 세상의 어머니이고 영원하다. 비슈누가 어디에나 있듯이 그녀 또한 어디에나 존재한다. 신, 동물, 인간들 중에서 비슈누가 남성으로 불리는 모든 것이라면, 락슈미는 여성으로 칭해지는 모든 것이다.

락슈미의 기원에 대해서는 두 가지 신화가 전해 내려온다. 그녀는 브리구와 크야티 사이에서 태어난 딸로 절대자인 나라야나(비슈누의 현신)의 아내라는 기원과, 신들이 불사의 감로수(암리타)를 만들기 위해 우유의 대양을 휘저을 때 거기에서 태어났다고 하는 기원이 있다. 감로수 신화에서 락슈미는 신들과 악마들이 감로수를 기다리는 장면에서 등장한다.

옛날에 두르바라스라는 이름의 한 성자가 여행을 하고 있었다. 그때 그는 향기가 나는 화관을 쓴 천상의 요정을 만났다. 그는 요정에게 그녀의 화관을 써보고 싶다고 요청했다.

"아름다운 요정이시여, 그 화관을 저의 머리에 써볼 수 없을까요?"

성자가 공손한 태도로 요청하자 그녀는 그에게 화관을 씌워주었다. 화관에서 향기로운 향기가 나자 흥분한 그는 춤을 추기 시작했다. 그때 코끼리 위에 앉아 있는 인드라가 나타났다. 전능한 신을 기쁘게 하기 위해 그 성자는 인드라에게 그 화관을 선물했다.

"전능한 인드라 신이시여, 이 화관에서는 기분 좋은 향기가 납니다. 당신에게 이 화관을 선물로 바치겠습니다."

인드라 신은 화관을 받아서는 자신의 탈것인 코끼리 머리 위에 놓았다. 그 순간 코끼리가 흥분하여 코로 화관을 잡아서 땅 위로 내던져버렸다. 이에 두르바라스는 자신의 선물이 업신여김을 당하는 것을 보고 화가 나서 인드라에게 저주를 내렸다.

"나의 성의를 무시한 당신과 당신의 왕국은 파괴될 것이오."

그때부터 인드라의 힘은 약해지기 시작했다. 비록 인드라가 성자에게 용서를 구했지만, 그의 분노는 쉽사리 달래지지 않았다. 악마들은 이 틈을 노려 하늘을 차지하기 위해 전쟁을 시작했다. 오랜 세월 동안 인드라와 신들은 악마들과 대항했지만 두르바라스의 저주 때문에 악마들을 이길 수 없게 되었다. 이에 신들은 악마들이 자신들을 지배할 것을 두려워하여 시바에게 달려가 도움을 청했으나, 시바는 들은 척도 하지 않았다. 할 수 없이 신들은 메루 산의 브라마에게 도움을 청하러 몰려갔다. 하지만 브라마는 자신이 그들을 도울 수 없으며, 비슈누만이 이 문제를 해결할 수 있다고 말하면서 비슈누를 찾아가라고 조언했다.

"너희들은 비슈누 신을 찾아가서 도움을 요청하는 것이 마땅하다. 그는 우주의 질서를 유지하는 신으로 항상 그를 믿는 자들을 도와준다."

브라마는 신들을 비슈누에게로 안내했고, 우주의 질서를 위해 신들의 요청을 들어주도록 비슈누를 설득했다.

도움을 요청하는 신들에게 비슈누가 말했다.

"가서 우유의 대양을 휘저어 거기서 나온 불사의 감로수를 마시도록 하라. 그것을 마신 자는 누구든지 결코 죽지 않을 것이다."

이렇게 해서 신들은 천 년이 넘게 우유의 대양을 휘저으며 불사의 감로수가 나오기만을 끈질기게 기다리고 있었다. 마침내 천 년의 세월을 휘저은 끝에 우유의 대양에서 감로수가 흘러나오기 시작했다. 그러나 맨 처음 흘러나온 것은 바다의 불순물이 응축된 죽음의 독약이었고, 이 독약은 결국 파괴의 신인 시바가 마셔버렸다. 그러나 시바는 그 독약을 삼키지 않고 목에 그대로 저장해 놓음으로써 오늘날에도 시바의 목 부분은 파랗게 멍든 것처럼 보인다고 한다.

이윽고 아름다운 암소 수라비가 나타나 살아 있는 모든 생명체의 어머니가 되었다. 다음에는 취기로 가득 찬 술의 여신 비루니가 나타났고, 그녀는 신들에게 자신을 바쳤다. 그때부터 신들을 위한 제사의식에서 술을 사용했다고 한다.

그때 손에 연꽃을 들고 연꽃 위에 앉은 채로 락슈미가 등장했고, 성자들은 황홀하게 그녀를 바라보았다. 하늘의 성가대원들이 그녀를 찬양하는 노래를 불렀고, 천상의 요정들은 춤추었다. 강가와 다른 신성한 강들이 그녀를 따랐고, 하늘의 코끼리들이 황금단지의 물을 그녀의 머리 위로 부었다. 우유의 대양은 그녀에게 시들지 않는 꽃들로 꾸민 화환을 선물했다. 아름답게 치장한 그 여신은 비슈누의 가슴에 기대어서 그녀에게 홀린 신들을 바라보았다. 이번에도 악마들은 그녀의 환심을 사려고 노력했으나 그녀는 눈길도 주지 않았다. 그녀가 악마들로부터 돌아서자 행운이 사라졌고 비참해졌다. 그 결과 악마들이 불사의 감로수 잔을 잡았으나 비슈누가 아름다운 여인의 모습으로 변신하여 그들 앞에 나타나 관심을 끄는 동안 신들은 신성한 감로수를 벌컥벌컥 마셨다. 신들과 악마들의 싸움에서 신들이 승리한 것이다. 마침내 신들은 영원한 생명을 얻을 수 있었고, 언제나 악마들을 이길 수 있었다.

부유하고 행복한 사람들은 락슈미가 그들과 함께하고 있다고 생각하며, 역경 속에 있는 사람들은 락슈미에게서 받았다고 생각한다. 그림 속에서 그녀는 밝은 황금색으로 묘사되어 연꽃 위에 앉아 있는 것으로 나타나곤 한다. 락슈미는 사랑, 미와 번영의 여신으로 숭배된다.

히말라야 산의 딸, 파르바티

사티의 화신으로 태어난 시바의 아내

파르바티는 '산의 딸', '히말라야의 처녀'라는 이름의 평범한 여인이었다. 그런 그녀가 어떻게 시바 신의 아내가 되어 여신인 데비의 자리에까지 올랐을까. 파르바티는 흔히 브라마의 아들인 반신반인 닥샤의 딸 사티의 화신으로 여겨진다. 사티는 아버지의 반대를 무릅쓰고 시바와 결혼하는데, 아버지가 시바를 모욕하여 명예를 더럽히자 제식의 불길 속으로 자신의 몸을 던지게 된다. 그 후로 남편을 화장하는 불길 속으로 뛰어드는 의식을 '사티'로 부르며 열녀로 칭송하게 되었다. 사티가 파르바티로 다시 태어나 죽음을 초월하여 시바와 영원히 재결합하는 이야기는 사랑의 진혼곡을 들려준다.

브라마의 아들인 닥샤에게는 60명의 딸들이 있었다. 막내딸 사티만을 빼고 59명의 딸들은 모두 하늘의 신들과 결혼하여 종교의식에 초대될 때면 화려한 보석과 의상으로 치장하고 참석했다. 그리고 닥샤의 영향력도 날로 커져 하늘나라의 신들까지도 그를 경배하기에 이르렀다. 그러나 닥샤에게는 한 가지 큰 고민거리가 있었는데, 그것은 막내딸 사티 때문이었다.

사티는 어려서부터 오직 시바만을 명상하며 사랑해왔다. 하지만 닥샤는 시바를 극도로 싫어했다. 시바가 동물 가죽을 몸에 걸치고 해골을 목에 걸고는 화장터의 재를 몸에 바르고 다니는 등 이상한 차림새로 다니는 것도 용납할 수 없었지만, 모든 사람들과 신들로부터 존경받길 원했던 닥샤에게 눈길 한 번 주지 않은 것은 더욱 용서할 수 없었다. 닥샤는 이러한 시바의 행동이 자신을 무시하는 것이라고 생각했다. 닥샤는 사티의 마음을 돌리려 하였으나, 시바에 대한 사티의 사랑이 변함이 없자 자신의 뜻을 밀어붙이는 수밖에 없었다.

"당장 하늘나라의 결혼하지 않은 젊은 신들을 초대해야겠어. 이대로 사티가 시바와 결혼하게 놔둘 수는 없어."

닥샤가 그의 아내 프라수티에게 말했다.

"시바도 초대해야 하지 않을까요? 그렇지 않으면 사티의 마음이 아플 거예요."

하지만 닥샤는 시바를 초대하지 않았다. 이러한 사실을 까마득하게 모르고 사티는 자신을 위해 잔치를 준비한 아버지께 감사를 드리며 시바와의 만남을 기다리고 있었다.

잔치가 시작되고 혼례복을 입은 사티가 나타났다. 사티는 구혼자들 중에서 시바의 모습을 찾았으나 어디에도 보이지 않았다. 그때서야 아버지가 일부러 시바를 초대하지 않은 것을 알게 되자 사티는 혼신의 힘을 모아 시바를 향해 기도를 올린다.

"오! 사랑하는 시바여, 저의 진실한 사랑을 받아주신다면 이 화환을 받으시고 제게 나타나시어 진실을 밝혀주소서."

기도와 함께 사티는 화환을 공중으로 던졌고, 그 순간 사티의 기도를 들은 시바가 나타나서 그녀가 던진 화환을 목에 걸었다. 그렇게 해서 닥샤의 반대에도 불구하고 사티는 시바의 아내가 되었다.

사티와 시바는 시바의 충실한 종인 황소 난디와 함께 그들의 집이 있는 눈 덮인 히말라야 산속 카일라사 정상을 향해 행복한 출발을 하였다. 그들의 생활은 소박했다. 시바는 사티를 진심으로 사랑해주었다.

어느 날 하늘나라로부터 게으르고 수다쟁이인 나라다가 사티를 방문했다. 나라다는 닥샤의 59명 딸들과 모든 신들이 제식 행사에 참여한다는 소식을 전해주었다. 물론 시바와 사티는 초대하지 않은 행사였다. 나라다가 돌아간 후 사티는 시바에게 제식 행사에 참석하고 싶다고 간청했다.

"우리도 제식 행사에 참석하면 안 될까요? 언니들도 보고 싶고, 부모님도 이젠 우리의 결혼을 인정하실 거예요."

"하지만 우리는 초대장도 받지 못했잖소. 더구나 참석한다고 해도 장인의 뜻을 거역하고 결혼했기 때문에 환영받지 못할 것이오."

시바가 고개를 저으며 거절했다. 그러나 사티는 오로지 친정에 대한 그리움으로 가득 차서 밤을 보냈다.

다음 날 사티는 다시 시바를 졸라댔다. 하지만 시바가 더욱 강경하게 거절하는 순간 사티의 눈이 이글거리며 머리 뒤로 광채가 생기더니 아름다운 처녀 칸야쿠마리로 변했다. 다시 전염병을 옮기는 여신 시탈라로 변하고, 다시 여전사 칼리와 두르가 등 수천 가지 모습으로 변하였다. 이에 놀란 시바가 용서를 빌자 금세 사티의 모습으로 돌아왔다. 결국 시바는 사티 혼자만 참석하는 데 동의했다.

사티는 오랜만에 가족들을 만난다는 기쁨에 들떠 난디를 타고 아버지의 집으로 출발했다. 제식 장소에 도착한 사티는 많은 사람들이 모여 있는 것을 보았다. 값비싼 옷과 화려한 보석으로 치장한 언니들과 형부들이 있었다. 그리고 제식 장소 정면에는 아버지와 늘 그리워하던 어머니가 있었다. 사티는 너무나 기쁜 마음에 부모님께로 달려 나갔다. 그러나 사티를 본 닥샤는 분노에 떨며 그녀가 나타난 것을 책망했고, 시바를 저주하기 시작했다.

"너는 초대 받지도 않았는데 왜 왔느냐? 이 신성한 제식에 너와 시바는 참석할 자격이 없다. 나는 너희들 결혼을 결코 허락하지 않았다. 당장 거렁뱅이 미치광이 시바에게 돌아가거라."

순간 모든 사람들의 시선이 차가워졌고, 어머니마저도 그녀를 외면해버렸다. 아버지가 시바를 모욕하는 말을 하자 갑자기 사티가 일어나 외쳤다.

"제가 시바와 결혼한 것이 아버지를 이처럼 노하게 했다면 속죄의 길을 가겠습니다."

이 말을 마치자마자 사티는 순식간에 활활 타는 제식의 불길 속으로 뛰어들었다. 너무나 순식간에 일어난 일이었다. 이미 때는 늦었고, 이를 보고 있던 난디가 사티를 다시 살려내려고 주문을 외웠지만, 사티의 몸은 불길 속에서 화석처럼 굳어버렸다.

난디는 즉시 시바가 있는 카일라사로 돌아와서 사티의 죽음을 시바에게 알렸다. 사티가 자신 때문에 죽게 된 이유를 듣게 되자 시바의 마음속엔 참을 수 없는 슬픔과 분노의 불길이 타올랐다. 시바는 분노의 화신이 되어 비라바드라는 거대한 몸집의 악마로 변해서는 닥샤의 왕궁으로 향했다. 비라바드라는 프라수티 뒤에 숨어 있는 닥샤를 찾아내서는 한 치의 연민도 없이 그의 목을 잘랐다. 하지만 발아래 엎드려 닥샤의 목숨만은 살려달라는 프라수티의 애원을 듣고는 분노를 풀고 다시 시바로 돌아와 닥샤에게 숨결을 불어넣었다. 그러나 닥샤가 목이 잘린 채 살아나자 프라수티는 머리를 달아달라고 다시 애원했고, 악마들은 염소의 머리를 잘라 닥샤의 머리 위에 얹어주었다. 이제 닥샤는 염소의 머리를 갖게 되었고, 그의 목에서는 염소 울음소리가 나기 시작했다.

시바는 사티의 주검을 업고 카일라사로 향했다. 이제 시바가 가는 곳은 어디든지 슬픔과 고통뿐이었다. 시바가 내딛는 곳마다 슬픔으로 황폐해지자 우주의 질서를 유지하기 위해 보호의 신 비슈누가 나타난다.

비슈누가 사티의 몸에 화살을 쏘자 사티의 조각이 떨어지는 곳마다 비로소 만물이 생기를 찾기 시작했고, 사람들은 그곳에 여신을 위한 사원을 세우고 그녀를 찬미했다. 비슈누가 화살로 사티의 마지막 조각을 떨어뜨리자 비로소 시바도 꿈에서 깨어나 집으로 돌아왔다.

하지만 다시는 카일라사에서 사티를 볼 수 없게 되자 시바는 그리움으로 그녀의 이름을 부르며 오로지 기도와 명상에 잠기게 된다. 그는 카일라사 정상에서 수세기가 지나도록 변함없이 앉아 사티에 대한 사랑을 간직한 채 명상에서 깨어나지 않았다. 그렇게 시간이 흐르고 수백 년이 지난 후 사티는 파르바티라는 아름다운 여인으로 부활해 시바 앞에 나타난다. 사티는 히말라야의 신 히마바트와 메나카의 딸로 다시 태어난 것이다.

어느 날 파르바티는 히말라야 산에서 명상하던 시바 신에게 반해버린다. 하지만 시바는 사티만을 그리워하며 깊은 명상에 잠겨 어느 누구에게도 눈길조차 주지 않자 파르바티는 사랑의 신 카마에게 시바의 시선을 자신에게 끌어달라고 부탁한다. 이에 카마는 화살을 쏘아 시바의 가슴에 명중시켜서 그를 명상에서 깨어나게 했지만, 수행을 방해한 것에 분노하여 시바의 제3의 눈에서 섬광이 일어나자 카마는 그 자리에서 타 죽어버린다(이후 카마는 새로운 생명체로 재탄생한다). 그리고 사랑의 화살을 맞은 시바의 눈에 비로소 아름다운 파르바티가 들어온다. 결국 시바는 그녀에게 매혹되어 결혼하게 되었고, 사티의 화신인 파르바티는 여신의 반열에 오르게 되었다고 한다.

시바와 샥티 (Shiva and Shakti), 종이에 채색,
73.0×25.0cm

시바와 관련된 신화는 패러독스와 환상으로 가득 차 있다. 그는 모든 긍정과 부정, 창조와 파괴, 선과 악, 기쁨과 근심, 탄생과 죽음과 관련된다. 우주에 존재하는 모든 상반되는 것들의 신이라고 해도 과언이 아니다. 그런 위대한 신 시바가 명상에 몰두하느라 파괴를 진행하지 않자 세상의 질서에 불균형이 야기되었다. 이에 브라마와 비슈누가 아름다운 여인을 시바에게 바치며 파괴를 요청한다. 이 일로 시바는 파괴의 힘을 사용할 때 여성적 힘과 에너지인 샥티와의 결합을 요하게 되었다. 위대한 신 시바라 할지라도 샥티가 없이는 아무것도 할 수 없고 완전하지 못하다. 이후 신들의 반려자를 샥티라 부르게 되었다고 한다.

시바의 아내 또는 지혜의 여신으로 시바를 도와 그가 신성한 임무를 수행하는 것을 돕는 시바의 샥티로는 그의 아내인 사티와 파르바티가 있고, 또한 칼리와 두르가 등도 인정되고 있다.

이 작품은 시바와 그의 힘 또는 에너지를 상징하는 샥티가 한 몸임을 나타내고 있다. 이처럼 시바의 반쪽 아내를 샥티라고 부르고, 시바와 함께 그의 부인을 지칭할 때는 데비(Devi)라고 부른다. 데비는 남성과 여성이 하나의 형태로 결합하는 상징이며 가장 이상적인 결합을 의미한다.

마치 피카소의 추상화를 보는 듯한 현대적 느낌으로 샥티의 의미를 표현한 작품이다.

▶ 시바와 파르바티 (Shiva and Parvati), 면에 채색, 58.5×110.2cm

이 작품은 시바와 그의 아내 파르바티가 충성스런 황소 난디를 타고 행렬하는 장면을 묘사하고 있다. 행렬의 앞에는 두 명의 악사들이 악기를 연주하고, 뒤쪽에는 기수와 하늘의 왕인 인드라가 행렬을 따르고 있다. 시바는 목에 코브라를 두르고 있고, 오른손에는 그의 무기인 삼지창을 들고 있으며, 왼손으로는 그의 헌신적인 아내 파르바티의 허리를 껴안고 있다. 시바와 파르바티의 주변에는 커다란 광배가 그 둘을 감싸고 있으며, 등장인물 모두에게도 광배를 묘사하여 신성한 행렬임을 암시하고 있다.

작품은 거의 여백 없이 표현되었다. 인물의 배경에는 꽃이 활짝 핀 두 그루의 나무가 그려지고, 하늘에선 신성한 행렬을 축하하기 위해 하얀 꽃이 흩뿌려지고 있으며, 바닥에는 그 꽃이 가득 쌓여 있다. 이처럼 작품의 배경에 꽃을 흩뿌리는 방식은 인도 회화에 나타난 오랜 전통이다. 최초의 불화인 아잔타 동굴 2번 벽화를 보면 이 작품처럼 화면의 배경에 꽃을 흩뿌려 상서로움을 암시하고, 서정적이며 낭만적인 분위기가 나타난다. 또 이러한 전통은 이후 둔황의 벽화로도 이어지고, 우리나라의 고려시대에 그려진 〈사경변상도〉에서도 그 예를 찾을 수 있다. 오늘날에도 인도의 사원에선 신에게 꽃을 바치는 것을 소중한 의식으로 여긴다.

이 작품에서 주인공들의 화려한 장신구와 의상 문양의 정교함은 작품 감상에 한층 재미를 더해주고 있다. 인도에서는 전통적으로 여인들이 많은 장식을 해야 한다고 생각한다. 남편을 잃은 미망인을 제외하고 여인들은 아름답게 꾸며야 한다. 또 인도인들은 자신들이 숭배하는 신상도 인간과 똑같이 화려하게 장식하는 것을 중요시 여긴다. 그래서 의식이나 축제 때 신의 의상을 갈아입히고 장신구로 화려하게 치장한다. 그러나 신화에 의하면 시바는 신들 가운데 가장 서민적인 신으로 묘사되고 있다. 시바는 장신구를 거의 하지 않고 남루한 옷차림을 하며, 화장터 주변에서 재를 몸에 바르고 천민들과 몰려다닌다는 이유로 파르바티의 아버지 즉 장인인 닥샤(Daksha)로부터 많은 수모를 당한다. 결국 사랑하는 아내인 파르바티가 남편의 신성함을 증명해 보이기 위해 의식의 불길 속으로 뛰어드는 불행을 초래하게 된다.

이 작품은 인도 남부 지방에서 생산된 면에 천연염료로 그려진 작품이다. 그래서 색채는 붉은 계열과 황토, 약간의 녹색과 파랑으로 제한되어 있지만, 짜임새 있는 구도와 인물의 동작, 정성들인 세부의 묘사가 아주 돋보인다. 마치 신화의 한 장면이 우리의 눈앞에서 펼쳐지고 있는 듯 착각을 불러일으키는 작품이다.

정복할 수 없는 여인, 두르가

모든 악마와 싸워 이기는 여신

두르가는 힌두교의 어머니 신으로 '결코 정복할 수 없는 여인'의 의미를 지니고 있으며, 또한 시바의 샥티로 우주 그 자체를 상징하는 존재이다.

두르가는 물소 괴물 마히샤가 신들을 위협할 때 태어났다. 두르가의 탄생 신화를 기념하기 위해 인도에서는 9월에서 10월 사이에 '두르가 푸자' 축제가 열린다. 벵골, 비하르, 오리사 등에서 나흘간 열리는 이 축제는 이 지역에서 가장 큰 연례행사로 자리 잡고 있다.

전설에 의하면, 괴물 마히샤는 브라마 신에 대한 신앙심이 충만하여 브라마로부터 어떤 남신에게도 죽임을 당하지 않는 축복을 받았다. 그런데 이러한 특권을 누리게 되

사자를 탄 여신 두르가 (Durga Riding on a Lion), 종이에 채색, 64.5×43.0cm

자 이 괴물은 지상세계와 지하세계를 정복하고 천국마저 정복하기를 원했다. 그래서 신들의 왕인 인드라와 전쟁을 벌이게 되는데, 브라마의 축복 때문에 신들의 힘으로는 그 괴물을 죽이기가 역부족이었다. 신들은 브라마 신을 찾아가 도움을 청하지만, 브라마는 아무것도 할 수 없었다. 그래서 우유의 대양에서 아난타 뱀 위에 누워 있는 유지의 신 비슈누를 찾아갔다. 브라마는 신들을 대신해서 지상과 지하, 그리고 천상에서 마히샤가 저지르고 있는 악행에 대해 말해주었다. 그러자 비슈누와 시바, 그리고 다른 모든 신들이 분노하여 에너지를 내뿜었다. 그 에너지가 점점 커지면서 아름다운 여신 두르가로 변신했다.

그렇게 해서 여신 두르가 악마와 싸워 신들을 구하기 위해 태어난다. 그리고 신들은 두르가에게 괴물을 물리칠 수 있도록 자신들의 무기를 하나씩 건네준다. 시바는 삼지창을, 비슈누는 영원한 힘을, 야마는 투창을, 쿠베라는 원반을, 칼라는 칼을, 수리야는 바유가 준 신비한 화살과 활을 그녀에게 주었다. 바루나는 그녀의 승전을 알리기 위한 소라고둥을 준비했다. 인드라는 번개를 주었고, 히마반은 사나운 사자를 탈것으로 제공했다. 그녀는 또한 아름다운 보석들로 치장했다.

맨 처음 두르가가 대적한 괴물은 여신이라는 이유로 그녀를 무시했다.

"나는 우주의 삼신 브라마, 비슈누, 시바까지 파괴시켰는데, 어찌 여자인 네가 나를 잡겠다는 거냐?"

괴물이 말을 마치자마자 두르가는 신들이 준 무기를 사용하여 악마를 공격하기 시작했다. 결국 여신의 강력한 힘이 괴물을 사로잡았고, 괴물은 밧줄을 당기고 발버둥을 치면서 사자에서 인간으로 변신하기도 하고, 인간에서 다시 코끼리로 변신하기도 하면서 끝까지 버텼다. 괴물이 변신할 때마다 그녀는 밧줄을 잡고 괴물을 공격했다. 이윽고 괴물이 원래의 물소 모습으로 돌아오자 그녀는 삼지창으로 괴물을 잡고 칼로 머리를 두 동강 냈다. 어떤 신도 죽일 수 없었던 괴물을 두르가 여신이 단숨에 처치한 것이다.

한두교의 주요한 여신 가운데 하나인 두르가는 비슈누와 시바도 두려워하는 악마와 대항해 싸워서 늘 승리하는 여신이다. 두르가는 아름다운 얼굴을 지닌 여신으로 묘사되나 6개, 8개 혹은 10개의 팔을 가지고 있다. 신들에게서 받은 강력한 무기를 지닌 채 무시무시한 사자를 타고 전쟁터를 누비는 여전사이다.

그림에 등장하는 여신의 이미지는 인도인들이 원하는 다중적 이미지의 여인상을 함축적으로 보여주곤 한다. 시바의 아내인 사티처럼 남편의 명예를 위해 불길 속으로 자신을 던지는 헌신적인 아내, 라마의 아내 시타처럼 순종적인 여인, 저승까지 남편을 따라가 남편의 목숨을 살려내는 강인한 여인 사비트리, 그리고 두르가처럼 여전사의 이미지인 강인한 여성상이 있다. 아마도 현대판 원더우먼보다 더 완벽한 여성의 이미지를 원하는 인도 사회의 풍토를 말해주는 듯하다. 따라서 두르가의 강인한 성격과 달리 그 외모를 아름답게 표현한 것은 강인함과 부드러움을 동시에 겸비해야만 하는 전통적 여성의 상징일 것이다.

사자를 탄 여신 두르가 (Durga Riding on a Lion), 종이에 채색, 73.4×25.2cm

여신 두르가는 측면형의 얼굴에 정면형의 눈과 신체로 표현되었고, 발은 측면형으로 표현되었다. 이러한 인체의 표현 방식은 인체를 가장 인체답게 보이게 하기 위해 하나의 인체를 여러 개의 다른 시각으로 표현한 것이다.

이러한 오랜 전통은 아직도 마두바니 회화를 그리는 시골 마을의 여인들에게 마치 하나의 규칙처럼 잘 이어져 내려오고 있다. 작품의 전체적인 색채는 오렌지색 계열과 황토색 색조로 마무리되었다. 천연물감을 사용하는 시골 사람들은 주변에서 얻을 수 있는 색채이면 무엇이든 사용하고, 만약 물감이 떨어지면 때로는 채색을 하지 않고 비워두기도 한다. 물감이 허락하는 내에서 그림을 완성하기 때문이다.

두르가의 상단 6개의 팔 가운데 네 개에는 무기가 들려 있고, 하단 두 개의 팔에는 무기는 없고 손바닥에 그녀의 성스러움을 상징하는 스와스티카 문양이 찍혀 있다. 두르가의 탈것인 사자도 두르가와 같은 방향으로 달리는 모습으로 표현되었으나, 정작 두르가의 몸은 사자의 몸 위에 살짝 닿았을 뿐 태우고 달리는 것과는 별개로 표현되었다. 하지만 회화의 이러한 어설픈 표현은 오히려 감상자에게 웃음을 자아내게 하는 요소로 작용하고 있다.

사자를 탄 여신 두르가(Durga Riding on a Lion), 종이에 채색, 71.0×51.0cm

두르가 여신은 열 개의 팔을 지닌 모습으로 묘사되었다. 여신의 머리에는 작은 광배가 묘사되었으며, 얼굴은 측면형으로 그려졌지만 눈과 몸은 정면형으로 표현되었다. 두르가 여신이 타고 있는 사자 역시 측면형의 얼굴에 정면형의 눈으로 표현되었다. 색채는 대체로 붉은색과 밤색의 톤으로 이루어졌으나, 색채의 단조로움에도 불구하고 화면의 장식적인 문양과 빈틈없는 구도로 인해 민화 감상에 재미를 더해주는 작품이다.

사자를 탄 여신 두르가(Durga Riding on a Lion), 종이에 채색, 72.0×53.0cm

두르가 여신은 악마를 무찌르는 전쟁터에서 늘 승리하는 여신이지만, 아름다운 모습으로 묘사되곤 한다. 아름다움과 강인함은 서로 거리가 멀어 보이지만, 인도 신화에서 신들은 시바가 창조와 파괴를 동시에 관장하는 것처럼 서로 상반되는 모습으로 묘사되곤 한다. 두르가는 머리에 왕관을 쓰고 있으며, 여덟 개의 팔 가운데 하나에는 악마의 머리를 들고 있다. 색채는 노랑과 주황, 녹색이 주류를 이루고 있으며, 단순한 구도로 여신과 사자를 묘사하였다.

죽음과 파괴의 검은 여신, 칼리

세상의 모든 악을 물리친 용감한 여신

칼리는 '검은 이'라는 뜻이다. 검은 피부에 검은 머리채를 흩날리며 피 묻은 붉은 혀를 길게 내밀고, 한 손에는 죽은 악마의 목을 들고 다른 한 손으로는 죽은 악마의 피를 사발에 받고 있다. 칼리는 무시무시한 외형에 걸맞게 목숨을 앗아가는 죽음과 파괴의 여신이다.

칼리는 지나는 길에 마주치는 모든 인간과 모든 것을 다 파괴한다. 그녀가 검은색으로 상징되는 것은 검은색이 모든 색채를 다 빨아들이듯이 그녀가 지닌 파괴의 위력이 모든 것을 사라지게 하기 때문이다. 모든 이름과 형태를 사라질 수 있게 하는 것이 바로 칼리이다.

칼리 여신이 옷을 걸치지 않는 것은 모든 환영의 베일로부터 자유롭기 위해서라고 한다. 그녀의 검은 머리카락은 바로 죽음의 커튼이다. 칼리 여신의 목에 걸린 50개의 해골은 산스크리트 알파벳 50개를 상징하며, 그녀가 가지고 있는 힘과 지식을 상징하는 목걸이이다. 그녀가 허리에 걸치고 있는 허리띠는 인간의 손을 엮어서 만든 것이다. 손은 모든 행위의 기본적 도구로서 그 모든 행위가 카르마(업)를 만들어낸다는 것을 상징한다. 즉, 인간이 행위를 통제하지 않는 한 궁극의 자유를 얻을 수 없다는 것을 암시하고자 한다. 그리고 3개의 눈은 과거, 현재, 미래를 통치하는 그녀의 영원히 변치 않는 힘을 상징한다.

칼리가 죽음을 부르고 악마의 피를 마시는 여신의 역할을 담당하게 된 신화적 배경은 참으로 흥미롭다.

아주 오래전 사악한 악마 락타비자가 세상을 황폐하게 만들며 갖은 만행을 저지르던 때가 있었다. 그 악마는 누구도 죽일 수가 없을 만큼 강력했다. 그가 흘리는 피 한 방울이 땅에 떨어지면 천 명이 더 넘는 악마들이 태어나 그의 부하가 되어 세상을 어지럽히기 때문이다. 하늘나라의 신들은 그 악마를 없애기 위해 갖은 수단과 방법을 다 써보았으나 번번이 실패하고 오히려 악마의 숫자는 더 늘어만 갔다. 그러자 신들은 고민 끝에 여신 칼리를 불러 그 악마를 없앨 것을 명령한다.

그러나 칼리는 신들의 명령에 너무도 놀라 두려움에 떨었다. 이때 남편인 시바가 칼리에게 용기를 북돋우며 오직 그녀만이 이 일을 할 수 있고, 이 악마를 없애지 않으면 모든 것이 다 사라지게 될 거라고 말했다. 시바의 설득에 못 이긴 나머지 그녀는 신들에게서 물려받은 무기를 들고 쏜살같이 전쟁터로 달려가 악마의 부하들을 단숨에 무찌르고 그들의 피를 한 방울도 남김없이 마셔버린다. 칼리가 악마의 피를 마신 이유는 또 다른 악마가 태어나는 것을 막기 위해서였다. 그리고 마지막엔 그 사악한 악마마저도 무찌르고 그 피를 받아 마셨다. 그 후 칼리는 주체할 수 없는 광란의 춤을 추기 시작한다. 수많은 악마의 피를 마신 후 추는 칼리의 춤은 그 광기가 너무도 지나쳐서 모든 생명체가 악마를 없애버린 기쁨을 누릴 사이도 없이 두려움에 떨게 만들었다. 마치 우주를 파괴해버릴 듯한 공포에 신들은 재빨리 칼리의 남편인 시바를 불러 저 섬뜩한 광란의 춤을 멈추게 해달라고 사정했다.

그러나 칼리는 시바의 애원에도 아랑곳하지 않고 파괴의 춤을 춘다. 그러자 생각다 못한 시바는 자신의 몸을 던져 칼리의 제물이 된다. 단숨에 시바의 목숨을 빼앗은 칼리는 그가 남편인지도 모르다가 그 위에 올라서서야 비로소 시바임을 알아차리고 그 광기 어린 파괴의 동작을 멈추게 된다. 시바의 희생이 칼리가 추는 파괴의 춤으로부터 우주를 구한 것이다.

어떤 신화에선 칼리가 시바를 죽인 후 그 위에 올라서서 춤을 추다가 그 시신이 바로 남편임을 알아차리고 놀란 나머지 혀가 밖으로 튀어나온 후 다시는 들어가지 않았다고 한다. 그래서 칼리는 늘 혀를 내밀고 있는 모습으로 나타난다.

죽음과 파괴의 여신 칼리 (Kali, the Great Mother Goddess of Death and Destruction), 종이에 채색, 68.5×48.0cm

칼리는 여신 가운데 가장 무시무시해서 한 번 보면 결코 잊을 수 없는 이미지이다. 그런 무서운 여신이 시바 신의 아내인 것을 알고 나면 인도 신화의 다양성에 놀랍기만 하다. 신화에서 칼리가 처음부터 죽음과 파괴의 여신으로 등장하지는 않는다. 칼리는 자신의 의지와는 다르게 어쩔 수 없이 죽음과 파괴의 임무를 부여받게 된 것이다.

죽음과 파괴의 여신 칼리(Kali, the Great Mother Goddess of Death and Destruction), 종이에 채색, 70.5×52.5cm

이 작품에서 칼리는 발밑에 시바를 밟고 있는 모습으로 묘사되어 있다.

죽음과 파괴의 여신 칼리(Kali, the Great Mother Goddess of Death and Destruction), 종이에 채색, 69.0×49.5cm

이 작품에서 칼리는 붉은 혀를 내민 다섯 개의 머리를 지닌 모습으로 묘사되어 있다.

3

자연신 이야기

신은 우주와 자연 어디에나 있다

태양의 신, 수리야
삶의 풍요로움을 가져다주는 신

베다의 신들 가운데 인드라, 아그니 다음으로 경배되는 신이 태양신 수리야이다. 수리야는 황금색 눈, 황금색 손, 황금색 혀를 가지고 있다고 알려져 있다. 그는 빛나는 흰색 말이 끄는 전차를 타고 하늘을 날아 다닌다. 수리야는 세 개의 눈과 네 개의 팔을 가진 새빨간 빛깔의 인간 모습으로 묘사되기도 한다. 두 손에는 연꽃을 들고 있고, 세 번째 손으로는 축복을 내리고, 네 번째 손으로는 숭배자들을 격려한다. 그리고 붉은 연꽃 위에 앉아 있는 그의 몸에서는 찬란한 빛이 주의를 밝힌다. 수리야는 암흑을 물리치고 사람들을 잠에서 깨워 활동하게 하고, 모든 신들의 눈 역할을 하며, 이승에 사는 생명체의 행동을 감시한다.

수리야는 숲이 타들어가고 강이 바짝 말라버리게 할 정도로 숨 막힐 듯한 강렬한 태양빛을 내려 보내는 신이다. 그는 비스바카르마의 딸인 상기야와 결혼해서 마누(인류의 시조), 야마(죽음의 신), 야무나(강물의 여신)를 낳았지만, 그의 뜨거운 열기 때문에 상기야는 그를 떠나고 만다. 그녀는 떠나기 전에 자신을 대신할 존재로 차야(그림자)를 데려다 놓았다. 이로 인해 수리야는 몇 년 동안 아내가 떠났다는 것을 눈치 채지 못했다.

태양신 수리야 (Surya, the Sun God), 종이에 채색, 52.0×71.0cm

태양신 수리야는 모든 생명체를 자라게 하므로 늘 나무, 새, 물고기, 꽃과 더불어 묘사된다. 인도 민화에서 사랑받는 주제 가운데 하나가 바로 인도인들의 자연예찬이다. 실제로 인도 인구의 절반 이상이 아직도 도시보다는 시골에서 자연과 더불어 살고 있다. 그들이 농사를 짓고 가축을 키우며 살아가는 데 있어 가장 중요한 삶의 원천은 바로 자연이다. 신화에 등장하는 태양신 수리야를 숭배하지 않는다 하더라도 그들은 나무를 자라게 하고, 열매를 맺게 하며, 곡식을 영글게 하는 등 모든 생명체에게 자양분을 주는 것이 바로 태양이라고 생각한다.

그러던 어느 날 늘 그림자로 사는 자신의 처지에 화가 난 차야가 상기야의 아들인 야마에게 저주를 내렸고, 그 저주는 즉시 효과가 있었다. 그때서야 수리야는 상기야가 자신을 속이고 떠난 것을 알게 된다. 어떠한 엄마도 그 자식을 파멸시킬 수 없었기 때문이다.

아내가 차야에게 그녀의 자리를 넘겨주고 자신을 떠난 사실을 알게 된 수리야는 아내를 원망하기보다는 다시 제자리로 데려오기로 마음먹고는 마법 같은 명상의 힘을 통해 상기야가 숲속에서 암말의 모습으로 살고 있는 것을 발견할 수 있었다. 그는 즉시 말로 변신해서는 그녀와 다시 사귀기 시작했다.

몇 년 후 말로 살아가는 자신들의 모습에 싫증이 난 그들은 다시 옛날의 모습으로 돌아가기로 했다. 수리야는 자신이 내뿜는 뜨거운 열기를 아내가 견딜 수 있게 하기 위해 신들의 설계자인 그의 장인 비스바카르마를 찾아갔다. 비스바카르마는 수리야의 태양을 돌에 갈아서 그의 밝기를 8분의 1만큼 줄여주었다. 수리야로부터 갈려진 조각은 버려지지는 않고 비슈누의 원반과 시바의 삼지창과 카르티케야(전쟁의 신)의 창과 쿠베라(재물의 신)의 무기들을 만드는 데 사용되었다.

또 다른 신화에서 수리야의 아내 상기야는 남편의 뜨거운 열기 때문에 잠시 그를 외면하게 되는데, 이로 인해 남편의 저주를 받아 세 명의 자식인 마누, 야마, 야무나가 하늘나라에서 추방당했다고 한다. 그래서 마누는 인간들의 시조로 지상에서 태어나고, 야마는 지하세계로 추방당해 죽음을 관장하는 신이 된다. 그리고 딸인 야무나는 강물을 관장하는 여신이 되었다고 한다.

태양신 수리야 (Surya, the Sun God),
종이에 채색, 73.5×24.3cm

태양신 수리야로부터 뿜어져 나오는 강
력한 에너지가 만물을 생동시켜 성장하
게 하는 것은 자연의 순리이자 태양신의
축복이다. 수직의 구도로 그려진 이 작품
에는 태양신 수리야가 강렬한 햇빛을 내
려주어 아주 작은 곤충들에게까지도 생
명력을 부여해주는 것으로 묘사하고 있
다. 인도인들은 태양신 수리야가 만물을
자라게 한다고 믿는 것이다.

태양신 수리야 (Surya, the Sun God), 종이에 선묘, 71.0×51.0cm

인도인들에게 태양신 수리야는 자주 등장하는 민화의 주제이다. 화면의 중앙에 사람의 얼굴 형태로 묘사된 수리야로부터 나온 수많은 선들이 태양에서부터 뿜어져 나오는 광선을 묘사하는 듯하다. 인도인들에게 태양신 수리야는 삶의 풍요를 가져다주는 직접적인 영향력을 지닌 신으로 간주된다.

태양신 수리야(Surya, the Sun God), 종이에 선묘, 65.0×49.0cm

이 작품에 묘사된 것처럼 인도인들은 태양신이 나무를 자라게 하며, 그 그늘에서 새들이 즐겁게 지저귀며, 물고기들이 자라고 만물이 생명을 얻는다고 생각한다. 짧고 가는 선으로 묘사된 이 작품에는 인도인들 특유의 자연에 대한 생각과 태양신에 대한 믿음과 예찬이 잘 담겨 있다. 그들이 표현해내는 새 한 마리나 물고기 한 마리에도 자연에 대한 관찰과 애정이 느껴진다. 생명을 지닌 그 어떤 것이라도 소중히 여기며 더불어 살아가는 인도인들의 생명 존중 자세가 잘 표현된 작품이다.

태양신 수리야와 달의 여신 찬드라(The Sun God Surya and the Moon Goddess Chandra.) 종이에 선묘, 74.7×26.5cm

작품의 상단에는 태양신 수리야를, 하단에는 달의 여신 찬드라를 그렸다. 태양신 수리야는 민화의 주제로 많이 그려지는 반면, 달의 여신 찬드라에 대한 신화는 그 내용이 풍부하지 않으며, 이 작품처럼 수리야와 같이 민화로 그려지는 경우도 매우 드물어서 귀한 작품이라고 볼 수 있다.

달의 여신 찬드라 (Chandra, the Moon Goddess), 종이에 채색, 70.5×51.5cm

작품의 중앙에 달의 여신 찬드라가 동그란 얼굴에 주황색으로 묘사되었으며, 그 주변은 단순화된 인간, 동물 등 다양한 문양으로 장식되었다. 인도의 민화를 그리는 장인들은 화면을 여백 없이 채워 넣어야만 그림이 완성되는 것으로 생각하는 경향이 있다. 그 이유는 정확히 알 수 없지만 그들은 민화에 여백을 남기는 것을 좋아하지 않는다. 달의 여신 찬드라를 그린 이 작품도 그러한 특징이 잘 드러나 있다.

불의 신, 아그니
신과 인간의 매개자

베다의 신들은 태곳적 원시의 신으로 자연의 힘을 인격화한 신이다. 베다의 신들 중 삼신은 대지에 존재하는 불의 신 아그니, 대기에 존재하는 비의 신 인드라, 그리고 하늘에 존재하는 태양의 신 수리야이다. 그중에서도 불의 신 아그니는 베다 시대의 신들 중 가장 독특한 신이다. 인드라 다음으로 많은 찬가가 그에게 바쳐졌다. 아그니의 기원에 대해서는 다양한 신화들이 있다.

아그니는 디아우스(천공의 신)와 프리티비(대지의 여신)의 아들이라고 전해진다. 그가 브라마의 아들로 불릴 때에는 아비마니라는 이름으로 불린다. 후대의 기록에서는 피트리스(인류의 아버지)의 왕인 앙기라스로 묘사되기도 한다. 그래서 아그니는 하늘의 신이며 대기의 신이며 동시에 지상의 신으로서 제식을 위한 불을 만든 신이다.

그림 속에서 그는 세 개의 다리와 일곱 개의 팔, 붉은 눈과 눈썹, 두 개의 얼굴을 가진 빨간 남자로 나타난다. 그는 양을 타고 있고, 포이타(브라만의 옷)를 입고 있으며, 과일 화관을 쓰고 있다. 불꽃이 그의 입에서 나오고, 일곱 줄기의 찬란한 빛이 그의 몸에서 빛나고 있다.

아그니의 특징은 다음과 같이 전해진다.

"아그니는 인간과 함께 사는 불멸의 신이다. 그는 새벽이 되기 전에 일어나는 집안의 사제이며, 인도인들의 제식에서 다양한 희생의식을 수행한다. 그는 현자들 가운데 가장 신성한 자로 숭배 받는다. 그래서 현명한 지도자나 신심 깊은 경배자가 신을 섬기는 모든 행사에서 그는 수호자로 숭배된다. 그는 천국과 지상 사이를 재빠르게 움직이는 전달자로서 신들과 인간들 사이에서 상호 의사소통을 담당한다. 또한 아그니는 경배자들이 불멸의 신들에게 찬가를 바치거나 숭배자들이 봉헌물을 올릴 때 신들을 하늘에서 희생의식이 치러지는 장소로 안내하는 권한을 임명받았다. 그는 신들이 지상을 방문할 때 신들과 동행함으로써 그들이 받는 존경과 찬양을 공유한다. 그는 봉헌물을 향기롭게 만든다. 그래서 아그니 없이는 신들을 만족시킬 수 없다."

아그니는 또한 인간의 신이며 수호자의 왕이다. 그는 모든 거주지에 거주하는 집신이다. 그는 모든 가정에 존재하는 신이다. 그는 어떤 사람들도 무시하지 않으며 모든 가족들 속에 살고 있다. 따라서 그는 신과 인간의 매개자로 여겨지며, 그들 행동의 증인으로 여겨진다. 오늘날까지도 그는 숭배되고 있으며, 결혼이나 죽음 등과 같은 모든 엄숙한 행사에서 그의 축복을 추구한다.

오래된 찬가에서 아그니는 두 개의 나뭇가지 속에 거주한다고 하는데, 이것은 그 나뭇가지들이 비벼질 때 불이 발생하기 때문이다. 마른(죽은) 나무 껍질

속에서 불길이 일어나는 것은 놀라운 현상이다. 이러한 현상 때문에 아그니 신을 숭배하게 된 기원이 되었을 것이다.

아그니는 베다의 신 중 가장 높은 신의 자리를 차지했다. 어떤 문헌에서는 그를 천공의 신과 대지의 여신 사이의 아들로 말하고 있지만, 또 다른 문헌에서는 그가 천국과 땅을 창조한 후 날아다니거나 걷거나 하는 모든 움직이는 것들을 창조했다고 한다. 그는 태양을 만들고 별들로 하늘을 장식했다. 사람들은 그의 전능한 행동에 몸을 떨었고, 대지와 하늘의 모든 것들이 그의 명령에 복종했다. 모든 신들은 그를 두려워하고 그에게 경의를 표했다. 그는 죽어가는 사람들의 비밀을 알고 있고, 그들이 마지막 순간에 하는 기도를 들을 수 있다.

아그니의 숭배자들은 번영하고 부유하며 장수한다. 그는 음식과 봉헌물을 가져오는 경배자를 천 개의 눈으로 지켜본다. 또한 그는 어리석음 때문에 저지르는 모든 죄들을 용서해주는 정화의 신이기도 하다.

비의 신, 인드라

신들의 왕

인드라는 비의 신이며 손에는 천둥과 번개를 쥐고 있다. 그의 명령에 따라 시원한 소나기가 내려서 땅을 풍요롭게 만들어준다. 몇 달 동안 태워버릴 듯이 뜨거운 태양 광선에 노출되어 있던 땅은 너무나 단단해서 쟁기로 갈거나 씨를 뿌리는 것이 불가능하다. 그래서 비를 내려주는 신을 숭배하고 그에게 기도를 올린다. 숭배자들의 기도에 대한 대답으로 비를 내리면 땅은 사막에서 옥토로 바뀌고, 농부들은 그를 칭송하는 노래를 부른다.

인드라는 창조 이전에 있었던 신으로 보지 않는다. 어떤 찬가에서는 그를 아그니와 쌍둥이 형제간으로 설명하기 때문에 인드라가 하늘의 신이라면, 아그니는 대지의 아들이라고 한다. 또 다른 찬가에서는 하늘과 땅이 모두 인드라에 의해 만들어졌다고 말하기도 한다. 그는 신들의 왕으로 베다 시대 이후 그의 통치가 100년 동안에 걸쳐 이루어졌다고 전해진다.

《리그 베다》의 대부분의 내용은 아리안족을 수호해주는 인드라에 대한 찬가로 가득할 정도로 그는 신들 중 가장 영웅적인 신이다. 하지만 인드라의 탄생 신화는 자못 비극적이다.

인드라의 어머니는 오랫동안 그를 태내에서 잠자게 하고는 태어나자마자 그를 버렸다고 한다. 하지만 이것은 신들의 질투로부터 아들을 지키게 위한 위장술이었다. 심지어 인드라의 아버지조차도 그에게 적의를 품고 있었기에 인드라는 살기 위해 아버지를 살해하는 운명에 처한다. 이 일로 인드라는 신들에게서 소외당하고 방황하며 어린 시절을 보냈다. 하지만 비슈누는 그에게 우정을 보여주었으며, 독수리는 신들의 음료인 소마를 가져다주기에 이른다. 그렇게 인드라의 시대가 그 막을 열게 된다. 베다 시대에는 그에 대한 숭배가 지금보다 훨씬 더 컸다.

인드라는 아버지를 죽이고 강력한 힘을 가진 신이 되어 신들의 왕의 자리에까지 올랐지만, 인드라와 크리슈나 사이의 충돌에 대한 신화에서는 크리슈나가 승리하고 인드라가 패배한다.

크리슈나의 아내 사트야브하마는 인드라의 하늘 정원에 심어져 있는 파리자타 나무를 너무나 갖고 싶어 했다. 어느 날 크리슈나는 아내와 함께 하늘에 있는 인드라를 방문한다. 파라자타 나무는 인드라가 우유의 대양을 휘저을 때 만들어진 나무인데, 그 모습이 아름답고 달콤한 향이 나는 꽃들이 피어나며, 매우 달콤한 열매를 맺는다. 그 꽃을 여인들이 머리에 꽂으면 남편의 사랑을 유지할 수 있다고 믿었다. 또한 이 나무의 열매를 먹은 사람은 전생에 어떤 일이 있었는지 기억해낼 수 있는 신비의 나무였다. 아내의 요청에 따라 크리슈나는 나무를 뽑아서 그의 날렵한 탈것인 가루다는 새 위에 놓았다. 그 즉시 하늘에서는 대소동이 일어났고, 인드라와 시종들은 나무를 지키려고 안간힘을 썼다. 인드라는 화가 나서 자신의 번개를 던졌는데, 크리슈나가 이 번개를 맨손으로 잡았고, 결국 크리슈나의 승리로 끝났다. 크리슈나는 무사히 집으로 돌아와서 자신의 정원에 이 나무를 심었다고 한다.

그림에서 인드라는 종종 네 개의 팔과 손을 가지고 있는 것으로 표현된다. 두 손으로는 창을 쥐고 있고, 세 번째 손은 번개를 쥐고 있으며, 네 번째 손은 빈손이다. 때로는 두 개의 팔을 가지고 있고, 몸 전체에 사하스라크샤(천 개의 눈)라고 불리는 눈들을 가지고 있는 것으로 그려져 있기도 하다. 이 천 개의 눈은 인드라가 저지른 죄에 대한 표식인데도 마치 이것이 전능의 표시로 전해져 온 아이러니한 신화도 있다.

《라마야나》에는 인드라가 중대한 불멸의 죄를 지었다는 이야기가 있다. 그가 영적인 스승의 아내를 유혹했다는 것이다. 그는 가우타마 현자의 아내를 유혹하기 위해 현자의 모습으로 변장해서 그의 집을 방문했다. 그의 아내인 아할리야는 그가 인드라인 것을 알았지만, 그의 유혹에 굴복했다. 인드라가 막 떠나려고 할 때 가우타마가 돌아와 무슨 일이 일어났는지 알게 되자 그는 인드라와 아내를 저주했다. 그 결과 인드라에게는 죄의 낙인이 찍히게 되고, 아할리야는 라마가 그녀를 이전 상태로 회복시켜주기까지 숲에서 몇 년 동안 숨어 살게 되었다.

가우타마의 이 저주에 대한 또 다른 증거는 인드라의 몸 위에 표시된 천 개의 불명예스러운 표시로 알 수 있다. 이 표식을 지니고 다님으로써 모든 사람들은 인드라가 지은 죄를 알 수 있게 되었다는 것이다. 인드라의 간절한 요구에 따라 이 표식들은 최초의 형태에서 눈의 형태로 변했는데, 무지한 사람들이 이것을 그의 전능의 표시로 여기게 되었다는 것이다.

4

자연예찬

나무와 새와 마을과 사람이 어울려 살아간다

자연 숭배

동물들의 물그릇에도 물을 비우지 않는다

인도의 토착신앙은 자연물 숭배사상이다. 인도의 시골 마을 사람들은 아직도 자연의 모든 살아 있는 생명체를 존중하며 살아간다. 연중 비 한 방울 떨어지지 않는 사막 한가운데 외딴 집에서는 동물들이 먹는 물그릇에도 물을 비우지 않고 늘 채워둔다. 집에서 키우는 가축이나 수시로 날아드는 비둘기와 공작 등 거의 주변의 동물들과 더불어 살아가는 그들의 삶의 모습에서 자연 존중 사상을 엿볼 수 있다. 인도인들에게 자연은 살아 있는 신처럼 숭배되어지는 대상이다. 담도 없고 울타리도 없는 탓에 사람이나 동물할 것 없이 어디든 자유롭게 드나들며 더불어 살아가는 것이다.

인도는 아직도 도시보다 시골에서 농경을 생업으로 해서 살아가는 사람들의 숫자가 훨씬 더 많다. 아마도 이러한 환경적 요인이야말로 그들의 오랜 전통과 관습이 오늘날까지 고스란히 살아남아 전해지는 이유인지도 모른다.

자연은 신이 인간에게 내려준 축복이기 때문에 자연과 더불어 살아가며 늘 고마움을 느끼는 것은 당연하다. 어찌 보면 인도인들에게는 자연의 거의 모든 생명체가 신으로 경배된다고 해도 과언이 아닐 정도다. 자연의 생명체 중에서 중요하지 않은 것은 하나도 없다. 인도인들이 민화의 주제로 즐겨 그리는 마을 풍경을 잘 들여다보면 그들이 얼마나 자연과 가까이에서 호흡하고 조화를 이루며 살아가는지 잘 나타나 있다.

마을 풍경 (Village Scene), 종이에 채색, 50.5×70.0cm

시골 농촌 마을의 다양한 풍경을 잘 표현한 작품이다. 인도의 시골 마을에는 대부분 크고 작은 연못이 여러 개 있다. 이 작품에서처럼 연못에서는 아이들이 목욕을 하고, 소를 목욕시키기도 하며, 그릇을 씻기도 한다. 한쪽에서는 방아를 찧는 여인들이 보이고, 다른 한쪽에서는 소에게 여물을 먹이고 짚단을 운반하는 여인들이 있다. 초가집 지붕에는 덩굴식물이 자라고, 집 앞에는 흙으로 만든 화덕이 놓여 있다. 전형적인 인도 시골의 풍경을 느낄 수 있는 작품이다.

마을 풍경 (Village Scene), 종이에 채색, 51.0×70.0cm

인도 시골 마을의 풍경을 잔잔하게 묘사하고 있다. 큰 나무 가지에는 꽃이 피어 있고, 앵무
새들이 요란하게 지저귀고 있다. 큰 나무 밑을 흐르는 시냇물에는 거북이, 물고기, 가재, 게,
나룻배 등이 한가로움을 더해주고 있다. 나무 아래 섬세한 필치로 그려진 공작은 인도 시골
어디에서나 쉽게 볼 수 있다. 그래서 시골 집 마당을 수시로 드나들어도 아무도 신경 쓰지
않는다. 이 작품에서 집은 거북이나 게, 가재와 똑같은 크기로 표현되었다. 작품을 그린 이
에게는 집, 거북이, 물고기의 비중이 같은 것이다. 어떤 의미에서는 그들이 사는 집보다 나
무나 꽃, 동물들이 더 중요한 의미를 갖는 것처럼 보인다. 자연의 모든 생명체가 다 소중하
고 나름대로의 가치를 가지고 있다고 믿기 때문이다.

뱀 (A Snake), 종이에 채색, 19.5×56.0cm

인도인들은 지하세계를 관장하는 신이 바로 뱀이라고 생각해서 민화에 자주 그려진다. 그들에게 뱀은 무서운 파충류가 아니라 신이기 때문에 뱀을 해치려고 하지도 않는다. 회화에 묘사된 뱀은 징그러운 이미지 보다는 귀엽고 친근한 이미지로 느껴진다. 또 어떤 힌두교 신화에 의하면 뱀신(Nagas)은 땅 위의 보물을 수호하는 강력한 이미지로 여겨진다. 그것은 뱀이 가지고 있는 치명적인 독 때문이다. 불교에 등장하는 뱀은 그의 똬리 위에 부처를 앉히고 그의 머리를 세워 명상 중인 부처를 홍수로부터 구한 것으로 전해진다. 이처럼 뱀은 힌두교나 불교 모두에서 다양한 역할을 하고 있다.

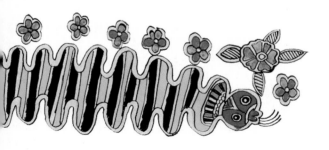

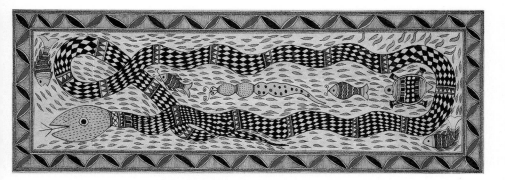

뱀 (A Snake), 종이에 채색, 18.5×56.2cm

고대로부터 뱀은 힌두교의 창조 신화와 연관이 있어 그림의 주제로 많이 사용되었다. 뱀은 힌두교 신화의 천지창조에서 비슈누 신을 수호하는 중요한 역할을 하고 있다. 그리고 고대로부터 뱀은 최초의 피조물로 숭배되며, 인간의 종족 보존과 관련되어 다산과 풍요를 상징한다. 인도인들에게 뱀은 아주 친근하다. 그러한 인도인들의 사고방식이 이 작품에 잘 나타나 있다. 이 작품에서 뱀은 전혀 독을 지녔을 것 같지 않은 모습으로 귀엽게 그려졌다. 뱀은 그 주변에 표현된 거북이, 물고기와 올챙이 등과 서로 사이좋게 어우러져 노는 모습으로 표현되었다.

농사일 (Farming), 종이에 채색, 51.0×71.5cm

인도 민화의 주제가 주로 신화와 관련되기는 하지만, 부분적으로는 당시 풍속이나 삶의 모습들이 주제로 표현된다. 이러한 주제는 어느 나라 민화에서나 볼 수 있다. 이 작품은 논을 갈고 모를 심고 과일을 수확하는 장면이 그려져 있다. 인체의 표현에 있어서 얼굴은 늘 측면을 보이고 있고, 신체의 표현은 대부분 정면을 향하고 있다. 이들에게 인체의 표현은 동작을 통해서 어떠한 장면을 보여주는 주요한 수단이다. 인체의 사실적인 묘사에 대해서는 전혀 관심을 보이지 않는다.

자연예찬

아름다움과 기쁨을 가져다주는 자연

 인도인들은 자연에 대한 지극한 경배와 사랑을 다양한 작품으로 표현했는데, 이는 인간이 살아가는 데 필요한 모든 것들을 자연으로부터 제공받기 때문이기도 하고, 자연이 끊임없이 변화하면서 인간에게 아름다움과 기쁨을 가져다주기 때문이기도 할 것이다. 하지만 자연은 늘 선하고 인간에게 도움만 주는 것은 아니었다. 때로는 가뭄이나 홍수 혹은 태풍과 같은 인간이 원하지 않는 재앙을 가져다주기도 한다. 인간에게 자연은 두려움의 대상이기도 했다. 그래서 신에게 제물을 바치고, 신을 찬양하며, 기도와 소원을 빌면서 모든 것이 순조롭기를 기원하는 것이다. 특히 인도인들은 자연재해가 일어나거나 가족 가운데 누가 질병에 걸리게 되면 자신들의 기도가 부족했기 때문이라고 생각하는 경향이 많다. 그리고 누군가 복을 받는 사람들이 있으면 분명 그들의 조상들이 신을 잘 섬기고 착하게 살았기 때문이라고 생각한다.

인도인들이 주어진 환경에 늘 순응하는 자세를 가지는 것은 아마도 신화와 더불어 살아가면서 얻은 체험에서 얻어진 것은 아닐까. 그래서 인도인들에게

는 자신과 더불어 살고 있는 주변의 나무, 꽃, 새, 심지어는 작은 벌레 한 마리도 하찮게 생각하지 않는다. 그래서 인도 시골 마을 사람들이 그리는 민화에 늘 등장하는 것이 바로 자연이다.

특히 마하라슈트라 주 타네 지방의 왈리 부족은 힌두교의 신들을 숭배하지 않는다. 그 대신 그들은 모든 자연물 속에 정령이 깃들어 있다고 믿는다. 그들이 그리는 왈리 민화에는 나무가 빠지지 않고 등장하는데, 마치 바람이 불어와 나뭇가지를 흔드는 것 같은 섬세한 표현은 그들이 나무를 단순한 자연으로 바라보기보다는 그 속에 깃든 정령의 움직임을 포착하고자 하는 감각을 보여준다. 이는 보는 이에게 친근한 즐거움을 제공하기도 한다.

왜 왈리 부족 그림에서 나무는 이처럼 중요한 역할을 하는 것일까? 고대로부터 이 지역 사람들은 나무 없이는 살지 못했을 것이다. 나무는 잘 익은 과일과 땔감을 제공하고, 목재를 제공하며, 더운 여름에는 시원한 그늘을 제공하는 등 인간 생활에 있어 소중한 자산이다. 나무의 이 같은 기능은 마치 엄마가 아기에게 모유를 제공하는 것과 같은 것으로 왈리 부족은 나무를 모신母神으로 숭배한다.

왈리인들은 나무를 그리고 그 나뭇가지에 원숭이뿐 아니라 다람쥐, 새 등 동물들을 표현하는 것이 곧 풍요의 상징이라고 생각한다. 잘 익은 과일이나 곡식을 함께 나누는 것은 순리이다. 그들에게 나무는 마치 정글과 같은 한적한 생활에 계절의 변화를 느끼게 하고 일상에 필요한 많은 것을 가져다주는 삶의 자양분과도 같은 것이다.

자연예찬(The Cult of Nature),
종이에 채색, 72.2×53.3cm

인도 민화 가운데 필자가 개인적으로 가장 좋아하는 작품 가운데 한 점이다. 그린 이의 자연에 대한 교감과 정성이 느껴져서 아주 정이 가는 작품이다. 나무에 그려진 두 개의 붉은 눈은 나무에 상주하는 신을 상징한다. 두 마리 황소는 신화와 관련된 시바의 황소 난디를 묘사했으며, 나무를 지키기라도 하듯이 나무를 향해 서로 마주보고 눈을 부릅뜨고 있다. 아래 두 마리 물고기는 비슈누의 첫 번째 현신 마트스야이다. 물고기가 황소보다 더 크게 그려져 있으며, 물고기는 마치 웃고 있는 것처럼 묘사되었다. 주제는 채색 없이 거의 가는 선으로 묘사되었으며, 아주 약간의 주황색으로 변화를 주었다. 작품 전체 외곽에 빨간색으로 테두리를 둘러서 그림에 신성한 이미지를 느끼게 한다. 나뭇가지를 표현한 가늘고 짧은 수많은 선들은 작가가 얼마나 많은 정성을 들여서 마지막까지 최선을 다하는 자세로 이 작품을 제작했는지 알 수 있다. 나무, 황소, 물고기를 눈에 보이는 대로 표현한 것이 아니라 그린 이가 자신의 생각대로 묘사했다. 자신이 경험하고 보고 알고 있는 대로 표현한 것이다. 이처럼 이름 없는 이들이 그린 민화가 더욱 친근하고 즐거움과 웃음을 가져다주는 이유는 그린 이의 사심 없는 마음이 작품에 그대로 우러나 있기 때문이다.

자연예찬(The Cult of Nature), 종이에 채색, 37.0×13.0cm

이 작품은 화면을 2단으로 나누어 상단에는 나비와 물고기를 그리고 하단에는 추상적인 나무를 그렸다. 나무와 물고기는 풍요와 관련되어서 자주 그려지는 주제이지만, 나비는 새나 공작 등과 비교하면 드물게 표현된다. 대부분 그림의 배경에는 나무가 그려진다. 풍요를 상징하고자 하기 때문이다. 나무에 꽃이나 열매가 가득 달려 있거나 앵무새나 공작이 그려지는 것도 모두 풍요를 상징하고자 하는 의도가 담겨 있다. 새나 공작이 찾아오는 것은 나무에 먹을 것이 풍부하기 때문이라는 것이다. 그래서 나무는 늘 새나 벌레와 함께 그려야 한다고 생각한다.

자연예찬 (The Cult of Nature), 종이에 채색, 80.4×26.8cm

두 그루의 나무, 두 쌍의 황소와 물고기가 화면을 가득 채우고 있다. 잎사귀가 가득 달린 나무는 생명력의 상징으로 태양신이 베풀어준 은혜라고 생각한다. 황소는 시바 신이 타고 다니는 난디를 상징한 것이자 농촌 사람들에게는 농사일을 돕고 우유를 제공하는 소중한 재산으로서 풍요를 상징하기도 한다. 어떤 지역에서는 흰 황소를 시바의 상징으로 숭배한다.

자연예찬(The Cult of Nature),
종이에 채색, 41.0×17.8cm

작품의 중앙에는 한 쌍의 공작
이 그려져 있으며, 위아래 2단
으로 나누어진 부분에는 사람과
새의 합성으로 보이는 인물과
식물이 그려져 있다. 색채는 거
의 단조롭고 반복되는 문양으로
그려졌지만, 그 문양의 독특함
때문에 재미있는 작품이다. 고
대 인도 문명에서나 볼 수 있음
직한 문양이기 때문이다.

자연예찬(The Cult of Nature),
종이에 채색, 37.5×15.0cm

옆의 작품과 거의 유사한 분위
기이지만, 여기서의 인체는 보
다 더 인체와 유사한 모습으로
표현되었다. 바나나 나무와 마
치 팔을 벌린 듯한 인체의 표현
이 아주 재미있다. 이 작품에서
인체는 자연을 관장하는 신을
표현한 것일 수 있다. 그래서
인간의 형상이 아닌 새와 인간
의 합성으로 표현한 것인지도
모른다. 아마도 인간의 형상을
그대로 묘사하는 것보다는 식
물이나 새의 형상과 합성해서
묘사하는 것이 더 초인적인 표
현이라고 생각하기 때문일 것
이다.

자연예찬(The Cult of Nature), 종이에 채색, 40.4×19.9cm

거의 선묘로 이루어진 작품이다. 작품의 중앙에는 신성한 푸른색으로 그려진 4마리의 물고기가 화면 좌측에서 우측으로 바라보며 그려져 있고, 위아래 2단에는 새와 인간의 합성으로 보이는 인물들이 물고기와 반대 방향을 보며 그려져서 단조로움을 피하였다. 장식적이고 섬세한 선의 표현이 고운 작품이다.

자연예찬(The Cult of Nature),
종이에 채색, 37.7×16.2cm

작품의 중앙에는 두 그루의 나
무가 그려져 있고, 위아래 2단
으로 나눠진 공간에는 식물을
가운데 두고 좌우에 새와 인체
의 합성으로 보이는 인물을 묘
사하고 있다. 그림의 주제는
새와 인간의 합성으로 보이는
형상과 식물, 그리고 새로 구
성된다. 색상은 대체로 단조롭
고, 구도 또한 단순하며, 문양
은 반복되지만, 자연예찬의 감
상을 느낄 수 있는 작품이다.

자연예찬(Cult of Nature), 종이에 채색,
55.0×18.0cm

화면을 가득 차지한 나무는 듬성듬성 잎사귀가 달린 가지를 온통 드러내고 있고, 그 위에는 커다란 공작 한 마리가 앉아 있다. 나무 아래에는 네 명의 사람들이 묘사되었다. 여기서 사람은 공작보다 훨씬 더 작게 그려졌다. 그린 이가 가장 강조하고 싶은 것은 나무와 공작이기 때문이다. 작품의 선은 다른 작품들과는 달리 장식적이지 않고 자연스러우며 색채 또한 은은한 색조를 띠어서 마치 한국의 회화를 보는 듯 소박하고 자연스러운 느낌이 드는 작품이다. 그리고 약간의 여백을 두어 다른 작품들과는 달리 은근한 멋을 풍기고 있다.

자연예찬(The Cult of Nature), 종이에 채색,
56.3×18.4cm

이 작품도 옆의 작품과 거의 같은 분위기
의 작품이다. 색채에 있어서는 거의 유사
하나 구도적인 면에서는 조금 더 멋을 부
린 흔적이 역력하다. 땅 위에 그려진 나무
위에는 나무를 수호하는 수호신의 눈이 그
려져 있고, 나무 바로 아래에는 시냇물이
표현되어 물고기와 뱀이 묘사되었으며, 앵
무새가 물고기를 잡으려고 하고 있다. 그
아래에는 한 쌍의 앵무새가 그려져 있다.
단순한 선과 색채로 그려진 이 작품에서
인도인들의 자연예찬의 마음을 느낄 수 있
어서 행복한 작품이다.

자연예찬(The Cult of Nature),
종이에 채색, 27.0×13.0cm

부드럽게 곡선을 그리며
수직으로 뻗은 나무에 노
랑과 빨강의 꽃이 피어 있
고, 그 꽃 위에 붙어 있는
앵무새들을 그린 작품이
다. 나무와 새는 늘 같이
그려지는 주제이다. 이처
럼 나무는 인도인들에게
는 자연을 상징하는 대명
사처럼 중요한 대상이다.
나무를 신으로 숭배하는
것은 나무가 그들의 생활
에서 중요한 자양분이기
때문이다.

자연예찬(The Cult of Nature),
종이에 채색, 25.0×11.0cm

옆의 작품과 마찬가지로 부
드러운 곡선을 그리며 솟아
오른 나무와 꽃을 그린 작품
이다. 그리고 그 꽃 위에는
각기 앵무새들이 한 마리씩
앉아 있다. 실제로 인도 시골
마을에서는 고운 빛깔의 앵
무새들을 흔하게 볼 수 있다.
이 작품에 그려진 나무는 현
실의 어떤 나무라기보다는
풍요를 상징하고자 하는 바
람 속에서 태어난 상서로운
나무라는 생각이 든다.

자연예찬(The Cult of Nature),
종이에 채색, 26.2×12.0cm

화면을 가득 채운 나무 위에 화려한 색상의 앵무새들이 앉아 있다. 앵무새는 사랑을 상징하는 새이다. 나무 아래 그려진 소는 앵무새보다 훨씬 더 작게 그려졌다. 대상의 실제 크기는 별로 중요하지 않다. 다만 그리고자 하는 대상의 중요성에 따라 위치나 크기가 달라지는 것이다.

자연예찬(The Cult of Nature),
종이에 채색, 26.2×12.3cm

다른 작품들과 마찬가지로 나무와 새를 그린 작품이다. 인도의 시골 마을에서는 아직도 대부분의 사람들이 자신의 집 벽면에 직접 벽화를 그리거나 의식에 필요한 문양들을 그린다. 그리고 그들이 그림을 그리는 행위는 너무도 자연스럽고 간단하게 이루어져서 그것이 마치 일상의 한 부분으로 느껴진다는 것이다. 위에서 살펴본 여러 점의 작품들도 모두 그렇게 해서 그려진 작품들이라고 생각하면 더욱 애정이 간다.

자연예찬(The Cult of Nature), 종이에 채색, 40.0×12.6cm

이 작품 역시 나무와 새, 꽃, 새와 인간을 합성한 인물을 주제로 그린 작품이다. 작품의 중앙에 독특한 형태의 나무와 한 쌍의 새를 중심으로, 위아래에는 마치 거꾸로 세워 그린 듯한 나무의 표현이 무척이나 독특하고 재미있다. 이 작품에서도 인체의 형상은 가장 크기가 작고 별로 눈에 띄지 않게 표현되었다. 인도인들은 자연만물 가운데 가장 중요한 것은 아마도 나무와 새라고 생각하는 듯하다. 나무와 새를 제외하고는 거의 채색을 하지 않았으나 망설임 없이 그려낸 활달한 솜씨 때문에 돋보이는 작품이다.

자연예찬(The Cult of Nature), 종이에 채색, 42.3×29.1cm

이 작품의 구도는 참 재미있다. 화면의 중앙에는 가지 끝에 꽃이 매
달린 나무를 중심으로 좌우에 각각 새와 인간의 합성으로 보이는 2
명의 형상이 그려져 있다. 그 위아래에는 거북이와 물고기가 그려져
있는 것으로 보아 강이나 시내를 표현하고자 한 것이다. 특히 이 작
품에서 거북이를 위에서 내려다보고 그린 점이 아주 재미있다. 마치
아이들의 시각 표현과 닮았다. 자연에서 인도인들이 가장 소중하게
여기는 것은 물, 나무이다. 여기서 새와 인체를 합성한 형상은 아마
도 자연을 관장하는 신을 묘사한 것으로 생각된다.

자연예찬(The Cult of Nature), 종이에 채색, 28.8×21.8cm

왈리 부족에게 나무는 그들의 일상에 필요한 모든 것을 제공해주는 모신의 의미이자 가장 친근한 이웃이기도 하다. 나무에 올라가기도 하고, 나무 그늘에 드러눕기도 할 수 있으니 나무야말로 그들의 일상에서 없어서는 안 될 중요한 대상이다. 대부분의 그림에 나무를 그려 넣는 것도 바로 이러한 이유 때문이다.

자연예찬(The Cult of Nature), 종이에 채색, 28.0×40.5cm

화면 한가운데 나지막한 언덕 위에 화려하게 깃털을 펼친 공작이 그려졌다. 공작의 깃털은
마치 하트형의 형태로 펼쳐져 있으며, 섬세하게 묘사되어 있다. 공작을 주제로 그려진 다른
어떤 작품보다 더 정제되고 정성 들여 그려진 작품이다. 그야말로 왈리인들이 생각하고 원하
는 이상적인 공간을 표현한 것이다. 이런 장면은 그들의 생활 공간과는 달리 보다 이상적으
로 표현된다. 다른 일상의 모습을 그린 대부분의 그림에 등장하는 수많은 사람들이 언덕 위
에는 보이지 않는 것으로 보아 그들이 생각하는 이상향은 아무나 들어갈 수 없는 곳이 아닐
까 하는 생각이 든다.

자연예찬(The Cult of Nature), 종이에 채색, 20.8×29.6cm

왈리 부족의 그림 주제로 수없이 등장하는 자연은 그들에게는 바로 신이 내린 축복이다. 그들에게는 계절이 바뀌고 태양이 곡식을 자라게 하며 과일이 익는 것, 비가 대지를 적셔주고 바람이 꽃씨를 날아오는 것, 동물들이 짝짓기를 하는 것, 낙엽이 지는 것 등 이 모든 것이 신기하고 기적처럼 느껴지는 것이다. 그래서 그들은 그것들을 관장하는 각각의 신들이 있다고 생각한다. 그리고 자신들에게 좋지 않은 일이 생기게 되면 그것은 분명 신을 화나게 만들었기 때문이라고 생각한다. 그래서 자연의 아주 사소한 것 하나도 소중히 여기며 더불어 살아가려고 하는 것이다.

자연예찬(The Cult of Nature), 종이에 채색, 22.8×29.1cm

왈리 부족은 자연에서 보고 듣는 거의 모든 것들을 그림으로 표현한다. 그림에 등장하지 않는 것은 그들의 일상에서 찾아볼 수 없을 정도로 그림은 그들의 일기장이나 마찬가지이다. 왈리인들은 자연에서 만나는 거의 모든 대상을 숭배한다고 해도 과언이 아니다. 숲속의 호랑이, 공작, 뱀, 개미, 달팽이, 소, 닭, 나무, 꽃, 풀, 바람, 구름, 태양, 달, 비 등 그들이 더불어 살아가는 자연을 숭배하고 예찬한다. 그래서 자연은 그들이 그리는 그림에 가장 많이 등장하는 주제이다.

자연예찬 (The Cult of Nature), 면에 채색, 43.5×62.0cm

그림을 그리는 왈리인들에게 무엇을 그릴지 어떻게 결정하느냐고 물으면 그들은 자신의
꿈에서 아이디어를 얻는다고 말한다. 어떤 종류의 꿈이냐고 물으면 말로 설명할 수는 없지
만 자신의 꿈에서 생각나는 것을 그린다고 말한다. 아마도 그들의 꿈은 그들의 마음속에
있는 이상향이라는 생각이 든다. 그래서 그런지 그들의 그림은 때로는 현실과는 다른 환영
을 보여주는 듯한 느낌을 준다. 이 작품에서도 다양한 장면들이 하나의 공간 안에서 서로
조화를 이루고 있다.

자연예찬 (The Cult of Nature), 면에 채색, 31.0×57.5cm

하나의 공간 안에 태양과 달이 함께 그려져 있다. 즉 낮과 밤이 동시에 그려져 있는 것이다. 이 작품에서도 여러 가지 장면들이 서로 얽히고설켜 있다. 왈리인들에게 그림은 사람과 나무와 동물들이 만들어내는 하나의 판타지이다. 또한 자연에 대한 그들의 동경과 사랑을 담아내는 방식이기도 하다.

자연예찬(The Cult of Nature), 종이에 채색, 24.4×25.8cm

왈리 부족의 그림에 등장하는 대상은 무엇이든 그들이 생활하면서 보고 경험한 것이다. 그림에 자주 등장하는 나무, 공작, 호랑이 등은 그들이 더불어 살아가는 자연의 한 부분이다. 특히 나무나 공작은 늘 일상에서 보는 대상으로 아마 눈 감고도 그릴 정도이다. 같은 주제들이 자주 등장하는 것도 바로 이런 이유 때문이다. 그들은 자신들이 자주 접하지 않고 알지 못하는 대상은 그리지 않는다. 왜냐하면 그림을 누군가에게 배워서 그리는 것이 아니라 스스로 자연과 더불어 살면서 알고 있는 것을 그리기 때문이다. 대체로 인도의 시골 사람들이 공작이나 여러 가지 동물들을 쓱쓱 그리는 것을 보면 참으로 놀랍다는 생각이 든다. 대상의 가장 중요한 특징을 놓치지 않고 정확하게 표현할뿐더러 생명력이 느껴지기 때문이다.

자연예찬 (The Cult of Nature),
종이에 채색, 17.8×19.0cm

화면의 상단에는 호랑이, 사슴, 다
람쥐, 토끼, 공작, 쥐 등 땅 위에 사
는 동물을 그리고, 하단의 물속에는
거북이, 메기, 물고기, 게를 그렸다.
대상의 사실적인 표현보다는 왈리인
들 특유의 조형 감각과 재치가 느껴
지게 묘사되고 있다. 사물의 사실적
인 표현보다는 그 대상의 특징을 본
능적으로 묘사하고 있어서 마치 어
린 아이들의 그림에서나 느껴지는
천진난만함이 느껴진다. 그래서 그
들의 작품은 늘 웃음을 가져다준다.

과일을 따 먹는 동물 (The Fruit Eater),
면에 채색, 17.0×18.0cm

왈리 부족의 그림에는 처음부터 정
해진 몇 가지 규칙들이 있다. 나무
를 그리는 기법에 있어서 나무 위에
는 항상 새나 동물을 그려야만 한다.
그래야만 나무가 풍성하게 열매를
맺고 있으며, 그 과일이 잘 익었다
는 것을 상징한다고 여긴다. 이 작
품은 나뭇가지 위에 동물이 기어올
라서 열매를 따 먹는 장면을 그렸다.

나무와 꽃과 새에 대한 사랑
베다 시대부터 내려온 자연 숭배

인도인들이 미술 작품에 다양한 나무와 꽃 등 식물을 표현하는 것은 자연에 대한 지극한 사랑에서 기인한다. 고대로부터 인도인들은 자연의 살아 있는 생명체를 존중하고 그것을 경배의 대상으로 삼아왔던 것이다. 고대 베다 시대부터 존재해온 나무와 그 외 식물에 대한 경배 사상이 바로 그것이다.

이러한 사상은 베다 시대의 문학 작품에서도 잘 나타나 있다. 경전 《베다》, 《라마야나》, 《마하바라타》, 《푸라나》(옛날이야기) 등에 식물에 대한 언급 많다. 뿐만 아니라 산스크리트어로 쓰인 많은 시구에서 숲을 경이로운 세계로 표현하고 있다. 식물 가운데 가장 널리 경배되었던 것으로는 연꽃, 보리수나무, 툴시, 망고나무 등이 있다.

활짝 핀 연꽃은 신이 창조한 우주를 상징하는 것으로 모든 신들은 이 활짝 핀 연꽃의 주춧대 위에 서 있거나 연좌 위에 앉아 있다. 보리수나무는 불교 미술에서 부처의 탄생, 깨달음과 연관 지어져서 보통 부처를 상징하는 문양이다. 고대 인더스 문명에서 사용되었던 인장에 새겨진 아홉 개의 보리수 나뭇잎은 오늘날까지도 북인도나 벵골 주에서, 특히 두르가 푸자에서 경배의 대상이 되고 있다. 힌두교의 중요한 식물인 툴시는 식물나라의 신으로 상징되며, 대부분

나무와 새(A Tree and the Birds),
종이에 채색, 28.7×21.2cm

이 나무는 왈리인들의 그림에서 가장 많이 등장하는 나무이다. 화면의 중앙에 그려진 나무에는 좌우로 두 마리의 공작이 나란히 그려져 있다. 공작은 인도의 시골에서 가장 쉽게 볼 수 있어서 그런지 인도인들에게는 아주 친근하다. 공작은 여성의 아름다움을 상징하기도 하고, 특히 크리슈나와 라다의 사랑 이야기에 많이 등장한다. 그래서 공작을 신으로 숭배하는 이들도 있다.

의 힌두교도들이 집에서 키우는 식물이다. 특히 비슈누 신의 경배자들에게 신으로 경배된다.

나무 등의 식물과 더불어 표현되는 것이 새를 비롯한 동물들이다. 동물 역시 자연의 묘사에서 빼놓을 수 없는 부분이다. 특히 힌두교와 관련해서 아주 중요한 상징성을 가지며 경배의 대상이 된다. 고대 인더스 문명에서부터 산치 스투파, 아잔타 석굴, 바그 석굴 사원과 남부 인도 해안 마하발리푸람 사원, 그리고 무굴제국 세밀화에서도 새를 비롯한 많은 동물들이 그려져 있다. 특히 공작은 화려하고 우아한 자태로 인해 봄을 알리는 상징이고, 크리슈나와 라다의 사랑과 관련되어 신성한 사랑의 상징이며, 시바의 둘째아들 카르티케야의 탈것이기도 하다. 앵무새는 힌두교의 사랑의 신 카마의 탈것이며, 성적 욕망의 상징이다.

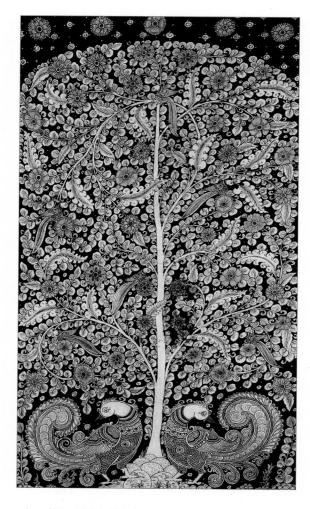

신성한 나무와 공작
(The Holy Tree and the
Peacock), 면에 채색,
185.0×108.7cm

인도 남부는 풍부한 천연자연과 더불어 회화의 재료와 기법이 다양하다. 이 작품은 화면 전체를 가득 채운 신성한 나무와 그 아래 좌우대칭으로 한 쌍의 공작을 묘사하였다. 작품 중앙에 수직으로 뻗어 오른 나무는 뿌리부터 묘사되었으며, 활짝 핀 연꽃과 이름 모를 두 가지 꽃으로 나무 주위를 가득 채워 화면을 장식적으로 활용하고 있다. 나뭇가지 여기저기에는 여섯 마리의 앵무새를 그려 넣었다. 색채는 꽃과 공작을 그린 옅은 붉은색 계열과 바탕의 검은색으로 단조롭지만, 은은한 나무의 색채와 검은 바탕색이 세련된 조화를 이룬다.

신성한 나무 (The Holy Tree), 면에 채색,
145.0×58.4cm

 면에 천연염료로 채색한 작품이며, 신
성한 나무를 표현하고 있다. 고대로부
터 나무는 신의 축복이자 풍요의 상징
으로서 경배의 대상이었다. 이 작품의
나무는 푸른색으로 채색되었는데, 푸른
색은 인도인들이 신성시 여기는 색으로
크리슈나와 라마 신을 그릴 때 사용된
다. 나뭇가지에는 열 가지가 넘는 다양
한 꽃들이 다양한 색채로 표현되어서
나무가 지닌 상서로움을 암시적으로 나
타내고 있다.

5

신과 인간의 이야기

신과 인간이 공존하는 신화의 세계

가네샤와 늙은 시인
위대한 서사시의 탄생

코끼리 머리를 가진 가네샤 신을 자세히 보면 어금니들 중 하나가 부러진 것이 보일 것이다. 여기에 얽힌 재미있는 이야기가 있다.

가네샤는 지혜의 신일 뿐 아니라 천국의 서기이기도 하다. 천국의 왕 인드라가 중요한 선서문을 쓸 때, 또 신들이 여신에게 연애편지 쓰기를 원할 때 그들은 모두 가네샤에게 도움을 요청한다. 그가 아름다운 필체로, 특히 철자에 능숙하고 놀라울 정도로 빨리 쓸 수 있기 때문이다. 가네샤가 오른손에 들고 있는 펜은 바로 그의 한 쪽 어금니로 만든 상아펜이다.

아주 먼 옛날 포도주의 현자 브야사는 민족의 역사를 아름다운 시로 써서 그들이 고귀한 삶을 살도록 가르치고자 했다. 그러나 그것은 너무나 긴 시였고, 그는 이미 나이가 들어 그 시를 다 쓸 때까지 살 수 없다는 것을 알았다. 브야사는 그의 어려움을 가네샤에게 털어놓았다.

"가네샤, 당신은 신들의 서기입니다."

"저를 위해 일하실 수는 없나요? 만일 당신이 저의 구술을 받아 적지 않으면 내 작품은 완성될 수 없습니다. 저는 가난하고 당신에게 지불할 것이 아무것도 없지만 이 세상에 단 하나밖에 없는 위대한 서사시를 기록하는 일을 당신이 아니면 누가 할 수 있겠습니까? 당신이 내 말을 가장 먼저 듣는 즐거움을 위해서 일해주시면 좋겠군요."

가네샤는 매우 관대한 신이었다. 비록 그 작업이 시간과 인내를 필요로 하는 일이라는 생각을 하면서도 늙은 현자를 돕고 싶었다. 단 한 가지 조건하에 브야사를 돕는 데 동의했다.

"일단 구술을 시작하면 끝날 때까지 멈추어서는 안 됩니다. 나는 당신이 그것들을 암송하는 만큼 빨리 당신의 말을 받아 적을 것입니다. 그러나 만일 당신이 멈추면 나는 지루해져서 즉시 쓰기를 멈출 것이고, 그렇게 되면 당신의 일이 미완성으로 남게 될지도 모릅니다."

현자는 지혜의 신이 그의 서기로 일한다고 하니 너무나 기뻤다. 그는 가네샤가 지루해지거나 마음을 바꿀까봐 잠시 동안이라도 지체하는 것을 두려워하며 서둘러 구술을 시작했다. 그가 너무 빠른 속도로 구술하기 시작하자 당황한 가네샤는 재빨리 그의 주변에서 필기구를 찾아보았다. 늙은 시인의 말은 놀라운 힘과 아름다움을 가지고 있어서 감동적이었다. 지혜로운 브야사의 구술을 단 한 마디도 놓치지 않기 위해 가네샤는 그의 왼쪽 어금니의 반을 부러뜨려서는 그것을 잉크에 담가 저술을 시작했다.

인간과 신의 이러한 특별한 협력에 의해 세상에서 가장 길고 아름다운 서사시가 탄생한 것이다. 이 서사시는 약 18만 줄이나 되는 훌륭한 시로 《마하바라타》로 불리는데, 이것은 '인도의 위대한 이야기'를 의미한다.

▶ 가자무카를 탄 가네샤(Ganesha Riding on Gajamukha), 면에 채색, 120.0×89.5cm

부와 명예의 신 가네샤가 자신의 탈것인 쥐 가자무카(Gajamukha)를 타고 있는 작품이다. 면에 천연염료로 채색된 이 작품은 황색, 적색, 푸른색, 검정색의 제한적인 색채로 제작되었음에도 불구하고 감상자의 시선을 압도하는 단순한 구도로 신화의 한 장면을 잘 재현하였다. 가네샤가 타고 있는 쥐는 현실과는 달리 육중한 몸집으로 과장되어서 뚱뚱한 신 가네샤를 태우기에 충분하게 묘사되었다. 가네샤의 얼굴 주변의 작은 광배와 몸을 감싸고 있는 원형의 붉은 광배는 그의 신성함을 강조하는 역할을 하고 있다. 가네샤를 태운 가자무카가 고개를 돌려 뒤를 바라보는 자세는 가네샤를 숭배하는 자세이자 작품에 운동감을 불어넣어 주는 역할을 한다.

가네샤의 그림들에는 항상 이 생쥐가 등장한다. 이 생쥐에 얽힌 이야기도 흥미롭다. 그는 한때 오만하고 사악한 괴물이었다. 두려움에 떠는 사람들은 이 무서운 거인으로부터 그들을 구해달라고 가네샤에게 기도했다. 가네샤는 그 괴물에게 사람들을 괴롭히는 것을 그만두라고 말했다. 하지만 그는 가네샤의 말을 비웃기만 했다. 그래서 그 가네샤는 한 발을 들어 올려 그 거인을 땅으로 납작하게 찌그러뜨려서 초라한 생쥐로 만들었다. 그러나 가네샤는 너무나 착한 마음씨를 갖고 있어서 그 괴물이 작은 생쥐가 된 후에도 그를 버리지 않았다. 게다가 그 괴물은 자신이 그렇게 사악했던 것에 미안해하면서 개과천선할 것을 약속했다. 따라서 가네샤는 그 생쥐를 그의 애완동물로 항상 그의 근처에 두기로 결정했다.

또 다른 이야기에서는 원래 가자무카는 악마의 부하로서 가네샤를 무찌르기 위해 전쟁터에 나왔다가 그를 불쌍히 여긴 가네샤의 자비로 가네샤의 탈것이 되었다고 한다. 신화에서 가네샤는 자신의 어금니를 뽑아서 가자무카에게 던져 쥐로 변하도록 했고, 그의 등 위에 올라타 자신의 탈것이 되도록 했다고 전해진다. 또 다른 신화에서 가자무카는 간다르바였으나, 하늘나라에서 성자를 모욕했다가 그의 저주를 받아 쥐가 되었고, 이를 가엾이 여긴 가네샤가 자신의 탈것으로 인정해주었다고 한다.

힌두의 신과 여신들은 타고 다닐 특별한 동물들을 갖고 있다. 시바의 애완동물은 물론 황소 난디다. 인드라는 흰 코끼리를 탄다. 여신 두르가는 호랑이를 탄다. 그리고 생쥐는 가네샤의 애완동물이 되었다. 믿을 수 없겠지만 가네샤가 어디에 가야 할 때마다 그는 그 생쥐를 타고 다닌다.

가자무카의 이야기처럼 인도에는 시대에 따라, 지역에 따라 조금씩 다른 다양한 신화가 있다. 무엇보다 신기한 것은 아직도 그 많은 신화가 사람들에게 기억되고 책으로 쓰여 읽혀지며, 그림이나 조형물로 제작되어 사랑받고 있다는 것이다. 어느 나라든 신화가 재미있고 우리의 상상력을 자극시켜주는 이유는 신화 속에서는 현실과 달리 무엇이든 가능하기 때문이다. 현실에서는 전혀 불가능한 일도 신화 속에서는 얼마든지 일어날 수 있고, 그 해답을 찾을 수 있다.

바람의 아들, 비마와 하누만

인간의 아들과 신의 아들

드리타라슈트라와 판두 형제는 아주 오래
전 북인도의 왕들이었다. 형인 드리타라슈트
라는 그의 왕비인 간다리로부터 100명의 아
들을 두었다. 이 아들들은 카우라바 형제들
로 불린다. 한편 판두는 다섯 아들만을 두었
다. 그러나 판다바 형제들로 불리는 이 다섯
왕자는 진짜 판두의 아들들이 아니었다. 그
들은 신의 선물들이었다. 판두가 오래전 아버지가 될 수 없도록 저주를 받았
기 때문에 판두와 그의 왕비인 쿤티와 마드리 사이에서는 아이들이 없었다.
그래서 쿤티는 자신과 마드리를 위해서 신들의 아들들을 낳을 수 있는 축복
을 위한 특별한 기도를 했다. 그렇게 해서 낳은 이 다섯 아들들은 판다바 형
제로 불렸다.

정의의 신 다르마가 판두의 첫째 부인 쿤티에게 와서 유디슈타라를 낳게 하
였다. 이 아들은 고귀한 왕자로 자라났다. 두 번째로 바람의 신 바유와 쿤티
사이에게 비마가 생겨났고, 이 아들은 가장 힘이 센 왕자가 되었다. 세 번째로

인드라와 쿤티 사이에서 아르주나가 생겨났고, 이 아들은 훌륭한 궁수가 되었다. 이렇게 해서 판두의 첫째 부인 쿤티는 세 명의 아들을 두었다. 그리고 판두의 둘째부인인 마드리에게서 잘생긴 쌍둥이 나쿨라와 사하데바가 태어났다.

판두 왕이 죽었을 때, 다섯 명의 판다바 형제들은 하스티나푸라에서 그들의 100명의 카우라바 사촌들과 함께 양육되었다. 판다바 형제들은 곧 그들의 사촌들이 탐욕스럽고 질투심이 많고 정직하지 못하며 자신들을 죽이려는 한다는 것을 깨달았다. 카우라바 왕자들은 거대한 힘을 가진 비마가 두려웠기 때문에 그들의 적개심을 공개적으로 표현하지는 않았다. 하지만 시간이 지나면서 카우라바 형제들은 판다바의 다섯 사촌들을 죽이기 위해 음모를 꾸몄다. 그들의 시도는 실패했지만, 판다바 형제들과 왕비 쿤티를 숲으로 추방하는 데는 성공했다.

숲에서 생활하는 판다바 형제들에게 비마의 힘은 매우 유용하게 쓰였다. 뱀들의 왕인 바수키는 비마의 힘과 관대한 성품에 감명 받아 그에게 타고난 힘을 배가하도록 축복해주었다. 그래서 비마는 1만 마리 코끼리의 힘을 합친 만큼의 힘을 가지게 되었다고 한다.

때때로 비마는 그의 형제들과 어머니가 숲속에서 걷다가 지칠 때면 그들 모두를 들어 올려서 한꺼번에 데려가곤 했다. 그는 또한 그들을 보호하려고 많은 야생 동물들이나 괴물들과 싸우기도 했다.

그러나 비마는 용감하고 착하긴 했지만 자신의 엄청난 힘에 대해 매우 자랑스럽게 느끼면서 자기 자신을 형제들보다 더 위대한 영웅으로 여기기 시작했다.

"나는 세상에서 가장 강한 사람이다. 분명히 신들조차 내 힘에 맞설 수 없을 거야."

어느 날 비마는 음식을 구하러 사냥을 떠났다. 그가 좁은 길을 따라 걷고 있을 때 깡마르고 더러운 늙은 원숭이 한 마리가 길을 막고 누워 있는 것을 보았다. 비마는 급하게 가다가 그만 그 원숭이를 밟을 뻔했다. 원숭이는 눈을 감고 부드럽게 코를 골고 있었다. 마치 꿈을 꾸고 있는 듯 꾸불꾸불하게 뻗어 간 갈색 꼬리가 땅 위에서 가볍게 흔들렸다.

"성가신 일이군."

비마는 그 원숭이를 밟거나 넘어서 간다면 무례한 일이 될 것이라고 생각했다.

"어이, 원숭이!"

비마가 소리쳤다.

"길을 비켜다오."

그러나 그 원숭이는 꼼짝도 하지 않았다. 오히려 그의 코 고는 소리가 더 커졌다. 이로 인해 비마는 더 화가 나서 원숭이에게 소리쳤다.

"일개 원숭이인 네가 감히 내 길을 막겠다고."

그 원숭이가 한 눈을 떴다.

"왜 이리 소란스러워."

원숭이는 느리게 점잔을 빼며 말했다.

"어서 일어나서 길을 비키라고."

비마가 분노로 호통을 쳤다.

"네 목을 조르기 전에 어서 일어나지 못할까. 나로 말하자면 무시무시한 비마 판다바다."

"아, 위대한 이여, 저를 용서해주세요."

원숭이가 말했다.

시타와 원숭이 신 하누만(Sita and Monkey Deity Hanuman), 종이에 채색, 52.0×72.0cm

이 장면은 하누만이 라바나의 왕국에 납치된 시타를 찾아가 그녀가 진정 시타의 아내인지를 알아보는 장면이다. 나무 아래 앉아 있는 시타와 시타보다는 훨씬 더 큰 몸집으로 표현된 하누만은 붉은색 위주로 채색되었다. 배경은 보색 대비의 효과를 강조해 초록색 잎이 가득 달린 나무를 묘사하여 한층 화려하게 느껴진다. 불교 신화에서 하누만의 업적을 찬양하는 이야기는 힌두교 신화와는 사뭇 다르다. 그중 가장 잘 알려진 것은 《서유기》에 등장하는 손오공 이야기이다. 여기에서 손오공은 불경을 얻으려고 멀리 인도로 여행하는 삼장법사를 보좌하는 역할을 한다. 손오공은 좌충우돌하며 삼장법사를 돕지만 충성스럽기는 하다. 그러나 인도 신화에서 하누만은 거의 신으로 숭배 받는다. 인도 뉴델리 도심 한가운데 하누만 신을 경배하는 커다란 힌두교 사원이 있을 정도이다.

"당신의 강한 분노에 두려워서 온 몸이 떨립니다."

그러나 원숭이의 눈은 장난기로 반짝거렸고, 몸을 일으키려고 하지도 않았다. 비마는 이런 일이 그에게 일어나고 있는 것을 믿을 수 없었다. 그가 발로 땅을 치자 작은 지진이 일어났다.

"고귀한 왕자님. 자비를 베푸세요."

원숭이가 조롱하는 목소리로 말했다.

"늙어서 듣는 것도 힘들고 너무나 힘이 없어서요. 움직일 힘도 잃어버린 것 같아요. 내 가엾은 꼬리를 당신의 길 밖으로 움직일 힘조차 없어요. 제발 저의 약함을 용서해주세요. 그렇지만 당신은 강한 분이니 저 같이 늙고 허약한 원숭이를 들어서 길 밖으로 옮기기는 쉬울 텐데요."

"내 팔로 너를 들어서 옮기라고."

비마가 고함쳤다.

"차라리 너의 그 지저분한 꼬리를 빙빙 돌려서 던져버리는 게 낫겠지."

비마는 그 가냘픈 꼬리를 잡으려고 몸을 굽혔다. 그러나 그 꼬리는 너무나 무거워서 들어 올릴 수도 없었다. 그는 그 늙은 원숭이의 얼굴을 의심스럽게 보았지만, 순수한 갈색 눈이 그를 쳐다볼 뿐이었다. 그는 다시 힘을 내서 시도했지만 역시 실패하고 말았다. 힘에 있어 자신만만한 비마가 쉽게 포기할 리 없었다. 그러나 그 원숭이의 거대한 무게는 단단한 산의 무게처럼 그의 길을 막고 있는 것 같았다. 마침내 비마는 지쳐서 더 이상 원숭이를 들어 올리려는 시도를 포기하고 겸손하게 그의 양손을 맞잡은 채 서 있었다.

"이제 당신이 나보다 더 강하다는 것을 알았습니다. 내가 이전에 잘난 체했던 것이 부끄럽습니다. 저에게 교훈을 가르쳐주신 당신이 누구인지 말해주시겠습니까?"

시타와 원숭이 신 하누만 (Sita and Monkey Deity Hanuman), 종이에 채색, 50.3×70.0cm

이 작품에 그려진 시타와 하누만은 서사시 《라마야나》의 등장인물이다. 시타는 라마의 아내
이고, 하누만은 바람의 신인 바유의 아들이다. 《라마야나》에서 하누만은 라마를 도와 악마
왕 라바나를 무찌르고 전쟁을 승리로 이끌어 시타를 구출해낸다. 하누만은 인간의 성격을
지닌 원숭이 신으로 원하기만 하면 다양하게 변할 수 있으며, 몸집이 무한정 커지기도 한다.
또한 바람의 신 바유의 아들인 탓에 하늘을 날 수도 있다. 하누만은 부상당한 병사들을 위해
약초를 찾아내서 치료해주는 치료사로도 알려져 있다. 뿐만 아니라 시와 과학의 신이기도
하다.
이 작품은 《라마야나》의 한 장면으로 하누만이 악마 왕 라바나의 왕국에 납치당한 시타를
몰래 찾아가 그녀가 진정 라마의 아내인지를 확인하는 장면이다. 하누만은 시타의 손에 낀
라마의 반지를 확인한 다음 시타에게 악마의 왕국을 함께 빠져 나가자고 제안한다. 그러나
시타는 남편이 찾으러 오기 전까지는 어느 누구도 믿을 수 없다면서 거절한다. 그러자 하누
만은 라마에게 달려가 시타의 위급한 상황을 알리고 군대를 조직해 라바나의 군대를 무찌르
도록 하다. 《라마야나》에서 하누만은 지혜가 뛰어나고 용맹하며 동작이 민첩하고 충직함의
대명사로 여겨진다. 또한 장난기 있는 외모로 인해 신으로 경배되면서도 많은 이들에게 웃음
을 선사한다.

그는 겸손하게 물었다. 그 원숭이는 놀라울 정도로 재빠르게 뛰어올라 변신을 했다. 비마가 놀라서 그 광경을 바라보았다. 꼬리는 뚜렷하게 구부러져 있고, 근육질의 어깨 위로 거대한 곤봉을 들고 있는 키 크고 번득이는 원숭이가 그 앞에 서 있는 것이었다. 비마는 놀라움과 경배심으로 무릎을 꿇었다.

"당신이 내 앞에 나타나시다니 믿을 수 없습니다. 당신의 놀라운 힘에 대한 이야기는 익히 들어 알고 있습니다. 어린 시절부터 당신을 숭배해왔고, 당신처럼 되고 싶었습니다. 라마 왕의 전사이자 친구인 강력한 하누만, 당신은 바람의 신 바유의 유명한 아들이시며……. 그리고 또한 나는 당신의 형제입니다."

비마가 미소 지으며 말을 끝냈을 때, 강철같이 강한 하누만이 그의 몸을 들어 올려서 강력하게 포옹했다.

"형제여!"

하누만이 비마에게 말했다.

"너는 지상에서 너의 의무가 있다. 우리의 아버지이신 바유와 나는 항상 너를 지켜보고 있었다. 나는 네가 자만심에 빠지는 위험이 더 크다는 것을 경고해주려고 왔다. 너는 본래 강인하고 정직하고 겸손하며 용감한 성품을 부여받았으니 이러한 힘으로 상대를 제압하기보다는 위엄과 덕으로 다스려야 한다."

지혜로운 원숭이 신 하누만은 비마에게 이 첫 만남에서 서로에게 많은 충고를 해주었다. 그리고 마침내 다정한 작별인사를 나누었다. 하누만은 그의 전투용 곤봉을 비마에게 선물로 주고는 사라졌다.

크리슈나가 치른 대전쟁

때로는 인간으로, 때로는 신으로

크리슈나와 관련된 신화는 카우라바 형제들과 판다바 형제들 사이에 일어난 대전쟁에서 시작한다.

크리슈나는 4천 년 전 드와르카의 고귀한 왕이었다. 그는 지혜로운 왕으로 유명해서 사람들은 그를 '철학자' 왕이라고 불렀다. 그는 정의와 자비로 통치해서 많은 사람들이 그의 조언을 구했고, 그는 진실로 도움을 요청하는 사람들을 외면하지 않았다. 왕실의 권위와 왕으로서의 많은 업적을 쌓았음에도 크리슈나는 소년 시절 소를 돌보며 목동들과 함께 어울렸던 브린다반 숲에서의 소박한 가르침을 잊지 않았다. 그는 행복했던 어린 시절의 추억 때문에 여전히 검은 곱슬머리에 공작 깃털을 꽂고 왕의 옷을 벗고는 어린 시절의 소박한 삶으로 돌아가는 것을 무척이나 즐거워했다.

크리슈나는 모든 사람들에게 매우 인기가 있었다. 예를 들면 판두 왕의 다섯 왕자인 판다바 형제들은 크리슈나의 좋은 친구였다. 특히 아르주나는 크리슈나와 가장 절친한 사이였다. 그러나 크리슈나는 더 많은 권력과 영토에 대한 탐욕으로 다섯 왕자들의 생명을 위협했던 그들의 사촌들이자 공공연한 적인 100명의 카우라바 형제들에게도 다정했다. 카우라바 형제는 속임수와 사기를 통해 수년 동안 판다바 형제들을 숲으로 추방하는 데 성공했고, 그 사이에 그들은 왕국을 강탈했다.

숲에서 생활하면서 다섯 왕자들은 많은 이상한 모험을 했는데, 이중 가장 큰 사건은 그들이 아름다운 드라우파디 공주와의 결혼 승낙을 얻게 된 일이었다. 그녀는 다섯 형제들을 위한 아내가 되었다. 판다바 형제들은 드라우파디 공주를 얻는 과정에서 크리슈나를 만났다. 이때부터 판다바 형제들과 크리슈나의 우정은 일생 동안 지속되었다.

고대 인도에서는 귀족 가문의 아가씨들은 많은 구혼자들이 참석한 특별한 행사에서 자신의 남편을 선택하는 것이 관습이 있었다. 구혼자들은 어렵고 위험한 과제를 수행하여 그들의 용맹과 지혜를 증명해 보였다. 최종 승자는 그 행사를 주관한 공주와 결혼할 수 있었다.

판차라의 드루파다 왕의 딸 드라우파디는 아름답고 정숙했다. 그녀는 또한 강직한 성품을 지니고 있었고, 어린 시절부터 열심히 신을 경배했다. 그녀가 남편을 구할 때가 되었을 때, 그녀의 아버지는 전국의 왕자들에게 초청장을 보냈다. 그들 가운데 카우라바 형제들의 맏형 두르요다나가 있었고, 거지들로 위장한 판다바 다섯 형제들도 있었다. 또한 크리슈나도 손님으로 초대되었다.

구혼자들에게 부여된 과제는 수행하기에 불가능한 것처럼 보였다. 각자에게 주어진 큰 활에 줄을 매어 우물 속의 그림자로만 볼 수 있는 물고기 모양의 작은 과녁을 다섯 개의 화살로 쏘아 맞추는 것이었다. 뛰어난 구혼자들이 한 사람씩 시도했지만 모두 실패했다. 그들 대부분이 줄을 매기는커녕 강한 활을 구부릴 수조차 없었다. 두르요다나도 실패하는 바람에 자존심에 타격을 입게 된다.

"어떤 인간도 이 과제를 수행할 수 없어."

두르요다나는 불평했다.

"공주와 결혼할 사람은 아무도 없을 거야."

이어서 아르주나가 활을 올리려고 앞으로 걸어 나가는 순간, 두르요다나와 그의 친구들은 거지가 대회장에 들어오는 것을 허락해서는 안 된다고 항의했다. 그러나 공주는 누더기 옷을 입은 다섯 거지들에게서 영웅적인 용모를 즉시 알아보고 아르주나가 대회에 참가하도록 허락했다. 크리슈나 또한 다섯 명의 거지들을 보자마자 이들이 추방당한 판다바 왕자들로서 두르요다나와 그의 추종자들에 의해 발각되는 것을 피하기 위해 변장한 것을 알아차렸다.

판다바 형제들이 군중 앞으로 나서자 구혼자들 사이에서 비난이 쏟아졌다. 그러자 크리슈나가 부드럽게 그들을 향해 말했다.

"왕과 구혼자들이여. 당사자인 드라우파디 공주가 동의하니까 이 사람이 시험을 받도록 합시다. 사람의 진정한 성품은 그가 왕자든 거지든 분명히 나타나는 것이오. 겉모습만으로 사람을 판단할 수는 없는 것이오."

아르주나는 크리슈나의 친절한 눈을 들여다보며 그에게 소리 없는 감사의 인사를 보냈다. 그러고 나서 그는 마음속으로 비슈누에게 기도하면서 거대한 활을 집어 구부리고 쉽게 그 위에 줄을 매었다. 지금까지 아무도 활에 줄을 매는 데 성공하지 못했기 때문에 군중은 놀라서 숨을 죽이고 있었다. 이때 아르주나는 줄에 화살을 고정시키고는 머리 위로 활을 들어 올려서 우물 속의 그림자를 면밀하게 보면서 과녁으로 화살을 날렸다. 그의 화살은 회전판 속의 작은 구멍을 통해 날아서 높이 매달려 있는 물고기를 명중했다. 아르주나는 멈추지 않고 또 다른 화살을 쏘았다. 다섯 개의 화살은 그 과녁을 명중했고, 물고기는 땅으로 떨어졌다.

청혼 그림 코바르(Kobhar, Marriage Proposal), 종이에 채색, 52.0×72.0cm

인도 비하르 주 미틸라 지역에서 여성들에 의해 그려지는 청혼 그림을 코바르(Kobhar)라고
부른다. 자신이 좋아하는 남성에게 청혼하기 위해 코바르 그림을 그려 구애해야 한다. 대체
로 남성이 여성에게 구애하지만, 이 지역에선 거꾸로 여성이 남성에게 이 그림을 주며 자신
의 감정을 표현하는 것이다. 청혼의 그림 코바르는 세계 어느 나라의 미술사에서도 그 유례
를 찾을 수 없을 만큼 독특하다. 그림을 그려서 구애한다는 것 자체가 참으로 낭만적이다.
뿐만 아니라 이런 창작 행위가 고대로부터 오늘날까지 이어져서 전통으로 자리 잡고 있다는
것도 놀랍다. 이 지역 여성들은 어려서부터 코바르 그림을 그리기 위해 가정에서 할머니, 어머
니 혹은 이웃으로부터 그림을 배운다. 이때 손으로 만든 종이는 비싸기 때문에 대부분 다 쓴 공
책이나 낡은 책에 연습하곤 한다. 때로는 그림의 화면을 넓게 만들기 위해 천 위에 여러 장의
종이를 붙이기도 한다. 만약 물감을 가지고 있지 않으면 솥단지나 등잔의 그을음을 긁어서
물감 대신 사용하기도 한다. 이 경우 그을음을 소 오줌이나 물, 아라빅 고무, 염소젖과 섞어
서 사용한다. 붓은 볏단에서 뽑아낸 몇 개의 가는 막대이거나 낡은 사리에서 뽑아낸 실을
엮어서 만든 것을 사용한다. 이처럼 힘들게 얻어진 재료로 그림이 그려지기 때문에 그들에게
그림을 그리는 행위는 아직도 신성한 행위로 여겨진다.

청혼 그림 코바르 (Kobhar, Marriage Proposal), 종이에 선묘, 50.5×71.0cm

코바르의 구도는 대부분 같은 형식을 취한다. 그림 중앙의 수직 기둥은 남성의 생식기인 링검을 나타내며, 기둥 중앙의 연꽃 문양과 거기에서 뻗어 나온 6개의 활짝 핀 연꽃 문양은 여성의 생식기인 요니를 상징한다. 링검 주변에 묘사된 뱀, 거북이, 물고기 등은 다산과 풍요를 기원하는 상징적 문양이다. 남성은 여성으로부터 이 청혼의 그림을 받게 되면 자신의 의사에 따라 청혼을 받아들이거나 거절할 수 있다. 연습으로 그려진 코바르 그림들은 대부분 화장품, 향신료, 장신구, 옷을 포장하는 포장지로 활용된다. 한 여인이 가장 마지막으로 그리는 코바르는 바로 결혼 첫날밤을 보내는 방의 벽에 그려지는 대형 코바르이다. 그리고 결혼식을 치르는 집의 벽에는 다양한 신들의 형상이 그려지고 아름다운 문양의 벽화들이 그려진다. 이때 그려지는 신들은 그 집의 계급이나 특정한 달과 관련되어져 그려진다. 사람들은 신의 축복을 구하고, 나쁜 기운을 물리치기 위하여, 또는 행복한 신혼부부를 질투하는 신들의 괴팍함으로부터 안전하기를 기원하는 의미로 다양한 신의 형상을 그린다. 이처럼 미틸라 지역의 사람들은 모든 의식이나 축제에서 그림으로 장식하는 과정을 가장 중요시한다. 그 그림은 모두 가족의 구성원들이 그리는 것이다.

인도인들에게 결혼이란 남성과 여성의 합일이기도 하지만, 본질적으로는 우주적인 의식의 하나이다. 이러한 생각은 이와 같은 그림의 형식에서 잘 표현된다. 결혼은 단순히 남녀의 결합이 아니라 태양도 달도 축복하는 가장 소중한 의식이라는 의미가 나타나 있다. 인도와 같은 보수적인 사회에서 여성에 의해 이러한 청혼의 그림이 그려져서 남성에게 구애의 수단으로 활용된다는 것은 인도의 다양한 문화의 한 측면을 들여다볼 수 있게 한다. 또한 이처럼 낭만적인 구애의 방법을 통해 사랑을 고백한다는 사실이 재미있기도 하다.

드라우파디 공주는 아르주나의 목에 화환을 둘러주고 그를 남편으로 선택했다. 그렇게 해서 아르주나는 그의 네 형제들과 함께 아름다운 공주를 데리고 떠났고, 두르요다나는 수치심을 안고 하스티나푸라에 있는 자신의 왕궁으로 돌아갔다.

판다바 왕자들은 서로 모든 것을 나누는 습관이 있었다. 그들은 미망인이 된 어머니 쿤티와 함께 숲에서 살았다. 대부분의 음식은 아르주나의 사냥 솜씨로 얻었는데, 주로 사슴고기나 토끼고기였다. 이날 아르주나는 궁술로 자신이 얻게 된 상에 대하여 자랑하려고 그의 어머니를 불렀다. 하지만 쿤티는 고개를 돌려 돌아보지 않은 채 다정한 목소리로 말했다.

"오, 좋아! 평소처럼 너의 형제들과 그 상을 나누어야 한다."

드라우파디와 판다바 형제들은 충실한 아들들로서 늘 어머니의 말에 복종해왔기 때문에 어머니의 이 말에 충격을 받았다. 쿤티도 자신이 말한 것이 무엇인지 깨달았을 때 똑같은 충격을 받았다. 그러나 그들 모두 드라우파디를 공동의 아내로 맞이해야만 명예를 지키는 것임을 알고 있었다. 이 순간에 크리슈나가 나타났다. 그는 숲속 깊은 곳에 있는 오두막까지 몰래 그들을 따라 왔었다.

"걱정하지 마라, 공주야."

크리슈나는 공주를 안심시켰다.

"이 다섯 명의 남자들은 어떤 여자라도 원할 가장 고귀한 남자들이다. 이제 그들을 네 남편들로 섬기는 것이 그대의 운명이다. 그대는 여자들 중에서 가장 운이 좋은 여자가 될 것이며, 행복은 다섯 배로 증가될 것이다."

장난스러운 미소와 함께 웃기를 좋아하는 크리슈나는 그의 거룩한 모습을 드라우파디에게 보여주었다.

"최근 여러 해 동안 네가 나에게 매일 기도한 것을 기억하느냐? '신이시여!

이 세상에서 가장 고귀한 남자와 결혼하게 해주세요!'라고 말이다. 너는 매일 그것을 다섯 번 반복하지 않았느냐. 이제 드디어 너의 기도가 이루어진 것이다!"

드라우파디는 자신이 경배하는 비슈누의 빛나고 아름다운 모습에 황홀하기만 했다. 그녀는 지금 비슈누가 철학자 왕인 크리슈나로서 자신 앞에 있는 것이 믿기지 않았다. 크리슈나는 그녀가 곤란에 처할 때 보호하러 올 것임을 약속하면서 드라우파디와 쿤티와 그녀의 아들들을 축복했다.

크리슈나의 예언이 실현되었다. 형제들은 서로를 매우 사랑하고 존중했기 때문에 그들의 왕비인 드라우파디는 이 비정상적인 결혼 생활을 완벽하게 수행했다. 그들 모두는 평화롭고 기쁘게 함께 살았다.

그러나 힘든 시기가 그들에게 닥쳐왔다. 판다바 형제들은 추방의 시기를 끝내고 왕국으로 돌아왔지만, 두르요다나 왕은 판다바 형제들을 다시 한 번 내쫓았다. 그리고는 그들을 모욕하는 짓을 저지르고 말았다. 그는 드라우파디를 강제로 끌고 와 옷을 벗기도록 명령했다.

드라우파디는 슬픔과 분노 속에서 눈을 감고는 크리슈나가 자신의 명예를 구해주기를 기도했다. 그 순간 하스티나푸라의 궁전에 있는 모든 사람은 기적을 목격했다. 거친 손들이 드라우파디의 사리(인도 전통 여성옷)를 벗기려고 잡아당기는 순간 부드러운 비단 사리가 실타래처럼 풀려났지만, 결코 그녀의 알몸은 드러나지 않았다. 참석한 모든 사람들은 눈을 의심했다. 눈을 감은 드라우파디만이 방 안에 있는 크리슈나로 현신한 비슈누의 빛나는 모습을 볼 수 있었다.

카우라바 형제들이 드라우파디의 옷을 벗길 수 없다는 것을 알았을 때 그들은 이 수치스러운 시도를 포기했다.

판다바 형제들은 그들의 사촌들로 인해 두 번째로 추방되어 13년 동안 드라우파디와 함께 유배생활을 해야만 했다. 다시 한 번 그들은 많은 신과 마귀와 현자들이 사는 숲에서 소박한 삶을 살았다. 그리고 그들의 친구인 크리슈나가 때때로 그들을 방문하곤 했다. 그들은 크리슈나를 신뢰했고, 역경 속에서 그들의 삶을 인도할 것이라 믿었다.

그들의 두 번째 추방이 마침내 끝났을 때, 판다바 형제들은 카우라바 형제들이 그들의 왕국을 돌려주려 하지 않을 것임을 다시 한 번 알았다. 크리슈나가 직접 중개자로 나서며 판다바 다섯 형제들을 위해 청원했다. 그는 두르요다나에게 13년이 지나면 판다바 형제의 왕국을 복구해주기로 한 공공연한 약속을 상기시켰다. 그러나 그는 명예로운 사람이 아니었기에 자신의 약속을 깨는 것을 두려워하지 않았다. 크리슈나는 만일 판다바 형제들이 이번에도 왕국을 되찾지 못하면 전쟁을 일으킬 것이고, 수많은 이들이 희생될 것임을 알기에 두르요다나를 설득하려고 노력했다.

"두르요다나여, 사촌들에게 왕국의 반을 돌려주지 않을 거라면 적어도 다섯 개의 마을을 그들이 통치하도록 해야 하오."

그러나 탐욕스러운 카우라바는 이것마저 받아들이기를 거절했다.

전쟁은 불가피했다. 판다바 형제들은 전쟁에서 죽는다 해도 그들의 왕국을 위해 싸워야만 한다는 것을 알았다. 대부분의 왕들과 귀족들은 정당한 명분에서 그들을 돕기 위해 판다바 형제들과 동맹을 맺으러 왔다. 그러나 양편의 친구와 친척들이었던 이들은 그들의 충성심이 나누어지는 것에 대해 고통스러워했다. 일부는 어느 편이든 먼저 요청한 쪽에 단순히 지지를 보냈다. 예를 들면 판다바 형제와 카우라바 형제가 어렸을 때의 스승이자 전사였던 드로나의 경우가 그러했다. 그는 다가오는 큰 전쟁에서 먼저 도움을 요청한 두르요다나의 제안을 받아들였다.

두르요다나는 카우라바 형제들을 대표하고, 아르주나는 판다바 형제들을 대표하여 크리슈나에게 도움을 요청하러 왔다. 크리슈나는 매우 침착하게 말했다.

"아르주나와 두르요다나 모두 나에게 도움을 구할 동등한 권리가 있습니다. 하지만 당신들은 선택을 해야만 합니다. 당신들이 원하는 도움의 종류를 말이죠. 한편에는 무기, 말, 코끼리와 함께 훈련된 군인들로 무장한 강력한 군대가 있습니다. 당신들 중 누구라도 이것을 선택할 수 있습니다. 다른 편에는 오직 나 자신이 있습니다. 당신들 중 누군가 나를 선택한다면 나는 그를 도울 것입니다. 그러나 나는 다가올 전쟁에서 어떠한 무기도 사용하지 않을 것입니다."

그들은 각자 자신의 성격에 따라 빠르게 그들의 마음을 정했다. 두르요다나로서는 강력한 군대가 다가올 전쟁에서 그의 편에 유리하게 작용할 것을 분명히 확신했다. 비무장한 크리슈나 혼자서 그렇게 강한 군대에 절대로 맞설 수 없다고 여겼기 때문이다. 반면, 아르주나는 신이 그의 편에 있다는 사실이 세상에서 가장 중요한 일이라고 확신했다. 순수한 왕자 아르주나는 크리슈나가 자비로운 신이자 지혜로운 조언자라는 것을 깨달았다.

"크리슈나시여. 내가 원하는 것은 바로 당신입니다."

아르주나가 말했다. 그래서 아르주나는 크리슈나를 선택했고, 두르요다나는 크리슈나의 강력한 군대를 가지게 되었다.

크리슈나는 약속대로 카우라바에게는 강력하게 무장된 군대를 보낸 반면에, 자신은 어떤 무기도 갖지 않고 아르주나의 이륜전차를 끄는 전사가 되었다.

쿠루크쉐트라의 전쟁터에서 두 군대는 서로 마주했다. 전쟁이 시작되기 전에 아르주나는 반대편을 건너다보았다. 거기에서 그는 많은 친구들과 친척들, 그가 사랑하고 존경하는 사람들이 이제 그에게 대항하여 줄지어 서 있는 것을 보았다. 무시무시한 슬픔이 그를 덮쳤고, 그는 이들에게 전쟁을 치르게 할 수 없음을 느꼈다. 그가 이긴다면 그것은 오직 애정을 가졌던 사람들, 그가 사랑하는 드로나 스승과 같은 사람들을 죽여야만 얻을 수 있는 것이니, 그러한 승리가 무슨 가치가 있는가라는 생각이 머리를 스치고 지나갔다.

크리슈나는 아르주나의 마음을 흔드는 혼란과 의심을 눈치챘다. 순간 크리슈나는 아르주나에게 그의 의무를 상기시켰다.

"지금 이 순간 그대는 주어진 임무를 수행해야만 하오!"

크리슈나가 소리쳤다.

악이 결코 용납되어서는 안 되기 때문에 왕자로서 그의 의무가 악과 싸워야 한다는 것을 알게 했다. 아르주나 또한 크리슈나가 그와 같이 특별한 목적을 달성하기 위해 태어났음을 알고 있었다.

"나는 선을 보호하고 악행자들을 파괴시키기 위해 이 땅에 태어났다. 세상이 나의 존재를 필요로 할 때마다 나는 내 사명을 수행하기 위해 태어난다."

크리슈나가 말했다.

두 군대가 멈추어 긴장이 고조되는 동안 아르주나는 이 전투를 왜 치러야 하는지 다시 한 번 신에게 묻고 싶었다. 지금 이 순간 우주의 주인으로서 자신의 출격을 재촉하는 크리슈나와 자신을 따르는 죽음을 두려워하는 이들의 얼굴이 동시에 떠올랐다. 아르주나는 마음속으로 외쳤다.

'신이시여, 저를 도와주소서! 이 전쟁이 진정 당신의 뜻이라면 한 번 더 제 앞에 모습을 드러내소서!'

그러자 그 순간 그 앞에 머리에 공작 깃털을 꽂은 크리슈나가 미소 지으며 나타났다. 아르주나는 신이 자신과 함께한다는 신념에 차 그의 유명한 활 간디바를 들어 올리며 출격했다.

악마와 싸우는 크리슈나(Krishna Fighting against Demon), 종이에 채색, 54.0×74.8cm

민화로 그려지는 크리슈나는 대부분 피리를 불면서 고피(목동의 아내)들과 춤을 추거나 연인인 라다와 숲에서 사랑을 나누는 모습으로 묘사된다. 그래서 크리슈나가 비슈누의 현신으로서 악마를 무찌르기 위해서 태어난 사실을 기억하기란 쉽지 않다. 심지어 크리슈나의 어머니 야쇼다는 어린 크리슈나가 너무나 철없는 개구쟁이여서 정말 이 아이가 커서 악마를 무찌를 수 있을지 의아해 한다. 그러던 어느 날 크리슈나의 어머니는 그의 벌어진 입 안에 온 세상이 담겨 있는 것을 보고는 자신의 생각이 어리석었음을 깨닫게 된다. 이처럼 인도 신화에 등장하는 신들은 인도 신화의 다양성에 걸맞게 다양한 신의 모습을 지니고 있다. 이 작품에서는 크리슈나가 커다란 소용돌이로 변해서 자신을 삼키려고 하는 악마와 대항해 싸우는 장면을 묘사하고 있다.

18일 동안 전쟁의 불꽃이 타올랐고, 쿠루크쉐트라의 들판은 피로 붉게 물들었다. 양편 모두 살아남은 사람은 거의 없었다. 크리슈나는 이 끔찍한 전쟁의 피해를 예견했지만, 판다바 형제들이 전쟁에서 승리할 것임을 알고 있었다. 전쟁이 끝나자 그들의 맏형인 유디슈티라가 카우라바와 판다바의 연합왕국을 통치하는 왕이 되었다.

전쟁이 끝나고 크리슈나는 드와르카로 돌아왔다. 어느 날 야다바 가문의 지배세력 간에 한 차례의 큰 싸움이 일어나서 그의 형과 아들이 살해되었다. 크리슈나는 슬퍼하며 숲속에 앉아 있었는데, 사냥꾼이 그를 사슴으로 착각해 화살을 쏘았고, 그 화살에 발뒤꿈치를 맞고 죽었다고 한다.

이 사건이 발생한 지 수천 년이 지나갔다. 한때 카우라바가 머물렀던 하스티나푸라 수도는 지금은 미루트의 현대 도시가 서 있다. 자랑스러운 판다바 도시 인드라프라스타의 폐허 위로는 인도의 국기가 날리고 있다. 이곳이 지금의 역사적인 수도 델리이다.

피리 부는 크리슈나(Krishna Playing the Flute), 면에 채색, 53.0×42.5cm

이 작품은 아름다운 꽃이 활짝 핀 나무를 배경으로 크리슈나가 소에 기대어
서서 피리를 연주하는 모습을 묘사하였다. 단순한 구도로 그려진 크리슈나는
푸른색으로 채색되었고, 붉은색의 작은 광배가 그의 어깨 주변에 그려져 있
다. 한가롭게 피리를 부는 크리슈나와는 달리 그가 기대고 서 있는 소는 앞다
리를 들고 금방이라도 걸어 나갈 자세로 표현되어서 화면에 생동감을 불어넣
고 있다. 인도의 미술가들이 작품 제작 시 가장 중요하게 여기는 점은 대상을
살아 있게끔 보이게 하기 위해 '숨결(푸라나purana)'을 불어넣는 것이다.

자간나트 (Jagannath, the Incarnation of Krishna), 면에 채색, 105.0×76.0cm

자간나트 신은 우주의 신으로 간주되며, 크리슈나의 현신으로 묘사된다. 작품의 중앙에 묘사된 사원은 인도 남부 오리사(Orissa) 주에 있는 자간나트 사원이며, 그 사원 안 중앙에 묘사된 세 명의 신 가운데 가장 오른쪽 검은색 얼굴로 묘사된 신이 자간나트 신이다. 바로 옆에 여동생 수바드라(Subbadra)와 남동생 발라바드라(Balabbadra)가 있다. 이 세 명의 남매 신들은 남부 지방 오리사와 벵골에서 가장 경배된다. 이들은 힌두교의 다른 신들과는 달리 인간의 모습이라기보다는 마치 얼굴에 크고 화려한 가면을 쓴 것처럼 묘사된다. 원래 자간나트 신은 푸른 얼굴에 물안경을 쓴 것 같은 큰 눈을 지닌 것으로 묘사된다. 여동생 수바드라 또한 얼굴이 몸의 절반 이상을 차지할 정도로 크지만, 두 오빠들보다는 비교적 작게 묘사된다. 남동생인 발라바드라는 긴 눈에 수평으로 긴 입을 가진 얼굴로 묘사된다. 이들 형제 신들은 작품으로 그려질 때마다 마치 사원에 모셔둔 신상에 아주 화려한 장식을 한 것처럼 표현된다.

이 작품은 천에 채색을 한 다음 식물성 기름칠을 여러 번 해서 천의 단점을 보완한 점이 특색이다. 색채는 아주 맑은 분위기로 노랑, 빨강, 파랑, 초록이 주류를 이루며, 구도는 자간나트 사원을 중심으로 그 내부에 모셔진 신상과 신을 수호하는 인물과 동물 등으로 그 주변을 묘사하고 있다.

태양의 아들, 카르나

어머니에게서 버려진 영웅

쿤티가 어린 아이였을 때 그녀는 쿤티보자에게 입양되었다. 쿤티보자는 선하고 현명한 사람들과 교제하며 그들이 자신의 집을 방문하는 것을 좋아했다. 쿤티는 항상 그 손님들을 존중했고, 아버지가 그들을 대접하는 것을 기쁘게 도왔다.

"쿤티보자시여, 그대의 딸은 보물이야."

많은 방문객이 쿤티를 칭찬했다.

"쿤티야, 너는 영웅들의 어머니가 될 것이다."

그들은 쿤티를 위한 축복의 말을 해주었다.

'내가 진짜 영웅들의 어머니가 될까?'

어느 날 그 어린 쿤티는 자신의 미래를 고민하고 있을 때 쿤티보자를 방문한 지혜로운 노인 두르바사는 그녀의 미래를 들여다보기로 했다. 그는 수년 동안 요가를 수행했기에 신기한 능력이 있었다. 그는 쿤티가 성장해서 선한 왕과 결혼하는 모습을 보았다. 그런데 그녀의 남편은 저주를 받아 아이를 가질 수 없었다.

'내가 이 소녀에게 무엇을 해줄 수 있을까?'

두르바사는 자신이 본 미래의 모습이 이 사랑스러운 쿤티에게 큰 실망이 될 것임을 알았다.

"얘야!"

두르바사가 쿤티에게 다정하게 말했다.

"너는 유명한 영웅들의 어머니가 될 것이다. 내가 너에게 마법의 힘을 갖고 있는 비밀스런 기도를 가르쳐주마. 이 기도를 암송하면 그 신이 너에게 나타날 것이고, 그 신의 아들을 가지는 축복을 받게 될 것이다. 그렇지만 이 기도는 오직 아들을 가질 목적을 위한 것임을 명심해라!"

두르바사가 떠난 후 쿤티는 그의 말을 다시 생각해보았다. 그의 말이 사실일까?

어느 날 아침 일찍 쿤티는 일어나서 강으로 목욕을 하러 나갔다. 그녀가 물 밖으로 물을 뚝뚝 흘리면서 나왔을 때 태양이 하늘을 가로질러 장밋빛 광선을 뻗쳐서 강에 반사되었다.

"오, 태양신이여, 당신은 얼마나 아름다우신지!"

순간 쿤티는 그녀의 비밀스런 기도를 시험해보고 싶었고, 두르바사의 경고를 유의하지 않은 채 그 기도를 사용했다. 그 즉시 눈이 부시게 화려한 이가 그녀 앞에 나타났다.

"사랑스런 쿤티야, 두려워하지 마라. 나는 태양신 수리야."

태양신이 낭랑한 목소리로 말했다.

"네 기도의 힘이 나를 불렀다. 내가 너에게 영웅을 첫째아들로 주겠다."

"안 돼요. 저는 아이를 원하지 않아요. 저 자신이 아직 어린 여자아이에 지나지 않습니다. 저는 결혼조차 하지 않았습니다. 만일 제가 아이를 갖는다면 세상이 뭐라고 말할까요? 아무도 당신이 아버지라고 믿지 않을 것입니다. 저에게 아이가 있다면 아무도 저와 결혼하기를 원하지 않을 거고요!"

쿤티가 소리쳤다. 그러나 신의 아이는 즉시 태어났다. 쿤티가 아이를 원하지 않는다고 말하는 바로 그때에 수리야의 아들이 그녀에게서 태어났다. 수리야 신은 쿤티 앞에서 사라져 동쪽 하늘에 있는 그의 전차로 돌아갔다.

까르륵대는 웃음소리에 놀라 쿤티는 자기 발밑을 내려다보았다. 그녀는 세상에서 가장 아름다운 아기를 보았다. 아기는 그녀를 보고 방실방실 웃고 있었다. 그의 피부는 태양 속에서 황금빛 갈색으로 번쩍였고, 그의 귓불에는 금 귀걸이가 반짝거리고 있었다. 그리고 아기 옆에는 황금 갑옷 한 벌이 놓여 있었다.

그 아기는 쿤티에게 팔을 내밀었지만, 그녀는 돌아서서 울었다. 사람들이 뭐라고 말할지에 대해 생각하니 자신이 너무나 불행해졌다. 그래서 그녀는 마음을 단단히 먹고 아기를 없애기로 결심했다. 목욕하고 나서 갈아입으려고 가지고 간 옷 바구니를 본 그녀는 그 바구니 안에 아기와 황금 갑옷을 놓았다.

쿤티는 마지막으로 한 번 그 아기를 보았다.

"아가여, 나를 용서해라."

그녀는 아기에게 속삭이고 나서 물 위로 바구니를 밀어 보냈다. 바구니가 강 아래로 떠가는 것을 지켜보면서 그녀는 소리 없이 울었다.

세월이 흘러 쿤티는 아름다운 처녀로 자라서 하스티나푸라의 선한 왕 판두와 결혼했다. 판두가 자식을 가질 수 없다는 것을 알았을 때, 그녀는 그에게 두르바사가 가르쳐준 기도에 대해 말해주었다. 판두의 요청으로 그녀는 신들의 아들들을 갖기 위해 기도를 사용했다. 이렇게 해서 태어난 유디슈티라, 비마, 아르주나는 고귀한 왕자들로 성장했나으니 당연히 쿤티는 행복했어야만 했다. 그러나 그녀는 항상 마음을 무겁게 내리누르는 슬픔을 간직하고 있었다. 그녀는 자신이 버린 첫 번째 아기에게 어떤 일이 일어났는지 늘 걱정스러워했다.

그 슬픈 날, 아기를 담은 바구니는 물결을 따라 강 아래로 흘러갔다. 강둑 옆을 걷고 있었던 아디라타라는 이름의 비천한 전차병사가 물 위에서 바구니가 흘러내려오는 것을 보았다. 그는 호기심 때문에 그 바구니를 강가로 끌어당겼다. 바구니 안에 한 아름다운 남자아기가 푹 잠들어 누워 있는 것을 보고 깜짝 놀랐다. 그는 그 바구니를 들고 집으로 달려갔다.

"라다, 여길 봐!"

전차병사가 그의 아내를 불렀다.

"내가 강 위에서 무엇을 발견했는지 보라고. 신들이 우리가 아이 없는 걸 동정해서 이 아기를 우리에게 보내주었어."

"이 아이는 정말 완벽해요."

흥분한 그의 아내가 외쳤다. 그들은 그 아이에게 카르나라는 이름을 붙여주었다. 황금 갑옷은 아이가 자라 그것을 입을 수 있을 때까지 조심스럽게 치워놓았다. 아이의 귀에 걸린 금 귀걸이는 마치 귀의 일부인 것처럼 단단히 매달려 있었다.

어린 시절부터 카르나는 유난히 힘겨루기에 강했다. 그가 태양신의 황금 갑옷을 입었을 때는 어떠한 싸움에서도 상처를 입지 않았다. 소년은 자신의 부모가 아드히라타와 라다라고 믿으면서 자랐다. 그러나 수리야는 하늘에서 그의 인간 아들을 지켜보았고, 매일 빛과 따스함으로 카르나를 목욕시켜주었다. 소년은 점점 더 강해졌다.

"아버지, 저는 위대한 전사가 되고 싶습니다."

카르나가 말했다.

"세상에서 누가 가장 훌륭한 스승이죠?"

"아들아, 드로나가 세상에서 최고란다. 그러나 그는 가난한 전차병사의 아들을 제자로 받아들이지 않을 것이다. 그는 하스티나푸라의 왕자들에게 궁술, 검술, 곤봉 휘두르기, 레슬링과 전사가 필요로 하는 모든 기술들을 가르친단다."

그래도 포기할 수 없다고 느낀 카르나는 드로나를 찾아갔다.

"선생님. 저는 전차병사 아다라타의 아들, 카르나입니다. 제발 당신의 제자가 되게 해주세요."

그러나 아다라타가 그에게 경고했던 대로 오만한 드로나는 그렇게 가난한 집 출신의 아이를 제자로 받아들이려고 하지 않았다. 카르나는 실망하여 떠났지만 포기하지는 않았다. 그는 위대한 전사가 되어 언젠가 드로나의 최고 애제자인 아르주나 왕자에게 도전하기로 결심했다. 카르나는 드로나가 강력한 파라수라마로부터 전쟁학을 공부했다는 것을 알았다. 파라수라마는 비록 마헨드라 언덕에서 지금은 늙은 은둔자로 살고 있지만 여전히 생존해 있었다. 하지만 파라수라마에게도 한 가지 문제가 있었다. 그는 오직 선생과 수도사의 아들만을 자신의 제자로 받아들였다. 그는 군인들의 아이들과 전차병사의 아이들을 미워한다고 알려져 있는데, 그들이 종종 전쟁터로 전차를 몰고 가기 때문이었다.

"내가 누구인지 알면 파라수라마도 결코 나를 제자로 받아들이지 않을 거야."

그는 이번에는 거짓말을 하기로 결심했다. 그래서 파라수라마는 카르나를 선생의 아들로 믿고 제자로 받아들였다. 파라수라마는 카르나가 무엇이든 빨리 배운다는 것을 알게 되었고, 카르나 또한 열심히 공부하면서 파라수라마를 매우 헌신적으로 모셨다. 그의 헌신에 기뻐한 파라수라마는 그에게 비밀스런 군대 전략을 포함하여 그가 아는 모든 것을 가르쳐주었다.

그러던 어느 날 카르나는 더 이상 진실을 숨길 수 없다고 느꼈다. 게다가 그는 이미 스승으로부터 그가 원했던 것을 이미 얻었다고 생각했다. 그래서 그는 파라수라마에게 그의 아버지가 아다라타라고 불리는 전차병사라고 말했다.

"아, 카르나 너는 나를 속였구나."

파라수라마가 소리쳤다.

"전차병사들이 비록 비천하다 해도 또한 군인들이다. 나를 속인 너를 죽이지 않는 이유는 네가 아들처럼 충실하게 나를 봉양했기 때문이다."

그러나 스승의 분노는 심했다. 그래서 그는 카르나가 가장 절박할 때 모든 군대 기술과 전략을 잊게 될 것이라는 저주를 퍼부었다.

"너는 전쟁터에서 죽게 될 것이고, 정직하지 못하게 배운 것으로 자신을 구할 수는 없을 것이다. 이제 내 앞에서 떠나라."

카르나는 전쟁터에서 죽는 것은 저주가 아니라 전사에게는 축복이라고 대답했다. 그는 자신이 배웠던 모든 것에 대해 감사를 표하고 파라수라마를 떠났다.

하스티나푸라에서 드로나는 그의 제자들인 판다바 다섯 형제와 100명의 카우라바 왕자들이 그들의 무술을 보여줄 수 있도록 무술대회를 열기로 했다. 궁전에 있는 모든 사람들이 참석했고, 많은 군중이 이 시합을 보려고 모여들었다. 모든 이들의 무술이 뛰어났으나 그중에서도 특히 왼손과 오른손을 자유자재로 사용할 수 있는 아르주나 왕자의 무술이 관중들을 놀라게 했고 기쁘게 했다. 카우라바 왕자의 장남 두르요다나는 질투로 불타올랐다. 아르주나는 자신에게는 너무 강한 상대임을 알기에 그를 이길 수 있는 누군가가 나타나주기를 절박한 심정으로 바랐다. 드로나가 아르주나의 상대가 될 사람이 이 세상에 아무도 없다고 공식적으로 발표하려 할 때였다. 갑자기 군중 속에서 어떤 목소리가 울렸다.

"나는 아르주나보다 위대한 전사입니다. 그를 상대해 싸워보고 싶습니다."

모여 있던 군중은 당당하게 왕자들을 향해 걸어오는 키 크고 잘생긴 젊은이에게 길을 내주었다. 관중 속에서 명예의 자리에 앉아 있던 쿤티는 잘생긴 카르나를 쳐다보았다. 청년의 얼굴은 빛나고 있었으며, 반짝이는 귀걸이와 황금 갑옷을 입고 있었다. 그제서야 쿤티는 그 청년이 오래전 물에 띄어 보낸 자신의 첫 아들임을 알아보았다. 작은 비명과 함께 그녀는 기절해서 궁전 안으로 옮겨졌다.

카르나는 아르주나와 비교해 손색이 없을 만큼의 무술을 선보였다. 드로나는 내키지 않았지만 이 낯선 젊은이가 적어도 그의 최고 제자와 동등하다는 것을 인정해야만 했다.

이 낯선 이방인이 아르주나를 상대할 만한 실력을 보고 두르요다나는 그를 껴안고 영원한 우정을 맹세했다.

카르나는 아르주나에게 돌아섰다. 그리고 그 판다바 왕자가 자신의 동생이라는 사실을 몰랐기 때문에 그는 왕자에게 일 대 일 싸움을 신청했다.

"우리가 싸워서 누가 더 훌륭한 전사인지 증명해 보입시다."

아르주나는 싸울 준비를 하기 시작했지만, 드로나는 불편한 심기로 카르나에게 말했다.

"이방인이시여, 당신은 강한 전사이고 내가 당신에게 경의를 표합니다만, 먼저 당신이 누구인지 우리에게 말해주시오. 당신은 낯익어 보이지만 이전에 당신을 만난 것을 기억할 수가 없소. 아르주나 왕자는 판두 왕과 쿤티 여왕의 셋째아들이오. 그는 매우 귀하게 태어났소. 당신은 어떻소? 동등한 태생의 사람들만이 서로 싸울 수 있다는 것이 싸움의 규칙이오."

카르나는 그의 비천한 출생이 다시 그의 길을 막는 것을 깨달았다. 그래서 그는 즉시 대답할 수가 없었다.

두르요다나는 카르나의 침묵을 눈치 채고 머리를 숙인 채 카르나를 도울 방법을 생각해내고자 했다. 그리고 이기적인 이유에서이지만 그의 일생일대에 가장 고귀한 일을 하게 된다. 그는 앞으로 나와서 카르나의 손을 쥐며 말했다.

"나는 이미 당신에게 불멸의 우정을 맹세했소. 이제 내가 당신과 나의 왕국의 일부를 나누고 당신을 왕으로 만들겠소."

그는 돌아서서 군중에게 선포했다.

"존경하는 왕족 여러분들, 백성 여러분들. 지금 이 순간 내가 이 사람에게 왕국의 절반을 줄 것입니다. 내 용감한 친구는 나와 더불어 왕이 될 것이며 아무도 그를 무시할 수 없습니다."

카르나는 군중 속에 앉아 있는 그의 가난하고 늙은 아버지 아다라타를 보았다. 그는 아버지에게 인사하려고 앞으로 달려갔고, 그에게 절을 했다. 아다라타는 빛나는 전사 아들을 껴안았다.

카르나는 그의 머리를 들고 자랑스럽게 드로나와 왕자들에게 말했다.

"나는 내 출생이 부끄럽지 않습니다. 나는 아다라타의 아들 카르나입니다. 나의 아버지는 멋진 전차병사이고 좋은 분입니다."

드로나는 몇 년 전에 그가 가르치기를 거절했었던 오만한 소년을 기억했다.

"지금 당신이 반쪽짜리 왕이 된 것은 사실이나 당신의 출생은 왕족이 아니오. 당신은 아르주나와 일 대 일 싸움을 할 수 없소."

그는 카르나에게 말했다. 카르나로서는 매우 실망스러웠지만 무술대회는 그렇게 끝나고 군중은 흩어졌다.

"나는 당신의 관대함에 보답할 것이 아무것도 없습니다."

카르나가 두르요다나에게 말했다.

"그러나 내 힘이 닿는 한 기꺼이 당신을 도울 것입니다. 지금부터는 당신의 적들이 나의 적들이 될 것이고 당신의 명분이 나의 명분이 될 것입니다."

두르요다나는 그 이상 기쁠 수가 없었다. 이 강력한 영웅의 도움이라면, 때가 되어 그의 사촌인 판다바 왕자들을 이길 수 있을 것이라고 희망했다. 카르나는 그의 부모에게 살 궁전을 마련해주고, 편안하게 쉴 수 있게 했다.

신들의 왕 인드라는 쿤티가 낳은 자신의 아들인 아르주나를 점점 더 걱정하게 되었다.

"카르나가 살아 있는 한 내 아들에게 위협적인 존재일 거야."

인드라는 카르나의 힘을 없앨 수 있는 방법들을 생각하며 음모를 꾸몄다.

어느 날 아침, 카르나가 습관대로 기도를 하기 위해 앉아 있을 때 한 거지가 그의 문 앞으로 찾아왔다. 전날 밤 태양신 수리야는 그의 꿈속에 나타나서 거지가 찾아오거든 어떤 것도 결코 주지 말라고 경고했었다. 그러나 친절한 카르나는 거지의 간청을 거절할 수 없었고, 그가 원하는 것을 물었다.

"왕이시여, 당신은 관대함으로 유명합니다. 그러나 저는 당신에게 매우 큰 부탁을 하고자 합니다."

이 거지는 인드라가 변장한 것이었다. 거지는 흐느꼈다.

"두려워하지 말라."

카르나가 말했다.

"네가 원하는 무엇이든지 내가 줄 수 있는 것이라면 줄 것이다."

인드라는 태양신이 카르나에게 전쟁터에서 그를 보호하기 위해 특별한 갑옷과 귀걸이를 주었던 것을 알고 있었다. 카르나가 그것들을 착용하고 있는 한 아무도 그를 죽이거나 다치게 할 수 없었다. 그 거지는 카르나에게 갑옷과 귀걸이를 요구했다.

"그것들은 너에게 소용이 없지만, 나에게 매우 가치가 있는 물건이다. 네가 원하는 것이 그것들이냐? 만일 금을 원한다면 나는 너에게 그것을 많이 줄 수 있다. 그러나 내 귀걸이는 내 귀의 일부라서 빼낼 수가 없구나."

그러나 거지는 그의 갑옷과 귀걸이를 원한다고 고집했다. 그래서 카르나는 마법의 갑옷을 그에게 주고 나서 주저하지 않고 그의 귓불을 잘라서 그 귀걸이들을 거지에게 선물했다. 그의 이러한 고귀한 행동을 보면서 인드라는 매우 부끄러움을 느꼈다. 그래서 그는 자신이 누구인지를 밝히고 만다.

"용감한 카르나야. 너는 진정으로 고귀한 천성을 지녔구나. 너의 관대함은 다른 왕자들을 부끄럽게 할 것이다."

자신도 모르게 인드라는 그 훌륭한 왕에게 황금 갑옷과 귀걸이에 대한 보답으로 무언가를 주어야겠다고 느꼈다. 그래서 그는 한 가지 소원을 그에게 물었다.

카르나는 모든 적들을 죽일 수 있는 인드라의 최고 무기인 샤크티 창을 요구했다. 인드라는 카르나만큼 그렇게 관대하지는 않았다. 그는 카르나에게 그것을 빌려주는 것에만 동의했다.

"너는 이 무기를 네가 선택한 적에 대해서 딱 한 번만 사용할 수 있다. 그리고 그것이 사용되고 나면 천국에 있는 나에게 다시 되돌아오게 될 것이다."

샤크티 창을 선물로 건네는 것과 동시에 인드라는 사라졌다.

시간이 지나면서 카우라바 형제들과 판다바 형제들 사이의 적개심은 전쟁이 일어날 수준까지 치달았다. 그리고 쿠루크쉐트라에서 큰 전쟁이 일어났다. 이 전쟁에서 카르나는 두르요다나와의 우정에 대한 약속대로 카우라바 형제들 편에 섰다.

카우라바스 형제들로서는 실망스럽게도 판다바 군대는 비마의 괴물 아들인 가토트카차가 이끄는 부대도 데려왔다.

"카르나, 이 괴물은 우리 군인들을 두려움에 떨게 하고 있다. 네가 그를 죽일 수만 있다면, 지도자가 잃은 괴물 부대는 다시 숲으로 돌아갈 것이다."

두르요다나가 말했다. 그래서 카르나는 가토트카차에게 돌진했지만, 그 거인은 카르나를 멀리 내던졌다. 그는 마법의 갑옷과 귀걸이가 없었기 때문에 처음으로 전쟁터에서 부상을 입었다. 이제 가토트카차가 거대한 곤봉을 한 손에 들고서 카르나에게 돌격했다. 카르나는 손에 쥐고 있는 무기를 가토트카차에게 힘껏 던졌다. 그가 던진 것은 바로 인드라의 무기 샤크티 창이었다. 카르나는 그의 적수 아르주나에게 사용하려고 그 창을 아끼고 있었는데, 비마의 아들을 죽이는 데 사용한 것이다. 순간 샤크티 창이 눈앞에서 사라져서는 창의 주인인 천국의 왕 인드라에게 다시 돌아갔다.

전쟁 초기에 쿤티는 모든 판다바 왕자들을 축복했었다.

"내 아들들아, 가서 정의를 위해 싸워라. 신은 분명히 너희에게 승리를 줄 것이다."

그러나 그녀의 마음은 무거웠다. 만일 판다바 형제들이 이긴다면 그들의 맏형인 카르나는 져야만 할 것이다. 그녀의 훌륭한 아들들이 이 끔찍한 전쟁에서 얼마나 살아남을 것인지 불안하기만 했다. 쿤티는 첫 아기를 강 아래로 떠내려 보낸 후 다른 아들들에게 특별한 사랑과 애정을 아낌없이 주었다. 세상 사람들은 그녀가 순종하는 아내였던 만큼 헌신적인 어머니라고 믿었다.

쿤티는 이제 반대편 막사에 있는 그녀의 아들들에 대해 생각하고 두려움에 몸을 떨었다. 그들은 전쟁에서 서로를 죽일지 모른다. 그 생각이 그녀를 견딜 수 없게 만들었다.

격렬한 전투에서 카우라바의 장군 드로나가 죽었고, 두르요다나는 카르나에게 군대의 지휘를 맡을 것을 요구했다. 카르나가 카우라바의 장군이 되어 다음 날 전투의 접전에서 아르주나와 교전할 것이라는 선언했을 때, 쿤티의 마음은 찢어질듯 고통스러웠다. 만일 아르주나와 카르나가 서로 싸운다면 그들 중 어느 하나는 죽게 될 것이다. 쿤티는 그 일이 일어나기 전에 막아야 한다는 것을 알았다.

쿤티는 가난한 하녀로 보이도록 값싼 사리로 갈아입고 밤이 되자 카우라바 막사로 향했다. 쿤티가 그 텐트 안으로 들어갔을 때 카르나는 잠을 자고 있다가 작은 부스럭 소리를 듣고는 벌떡 일어났다. 그는 한 여자가 텐트 안에 서 있는 것을 보았다.

"당신은 누구이며 왜 밤에 도둑처럼 왔습니까? 당신은 판다바 형제들이 보낸 스파이입니까? 내가 자는 동안 나를 죽일 생각이었습니까?"

쿤티는 잠시 동안 말을 하거나 움직일 수조차 없었다. 그녀는 그렇게 많은 세월이 지나 그녀가 버린 아들과 함께 있다는 사실에 감정을 억누를 길이 없었다.

"당신은 누구입니까?"

카르나가 다시 물었다.

"왜 당신은 당신의 얼굴을 감추고 있습니까?"

카르나는 손을 재빨리 움직여서 여인의 얼굴을 덮고 있는 사리를 걷어 올렸다. 쿤티는 그를 바라보았다. 그러자 쿤티를 알아본 카르나는 무릎을 꿇으며 정중하게 말했다.

"제가 당신에게 무례하게 대했다면 용서하십시오. 저는 거친 군인이고 당신의 아들 유디슈티라처럼 세련된 예절을 갖추고 있지 않습니다."

"너는 내 아들과도 같이 고귀한 존재란다."

쿤티가 부드럽게 말했다. 카르나는 일어나서 왕비에게 다가갔다.

"왕비시여, 당신은 저를 명예롭게 해 주셨습니다."

카르나가 말했다.

"우리가 한 번도 전에 만난 적이 없는데, 당신은 이 야심한 밤에 제 텐트로 오셨습니다. 무슨 중요한 일이 아니고서야 왜 당신이 이런 위험한 행동을 하는지 이해할 수 없습니다."

"나는 전에 너를 본 적이 있단다."

쿤티가 말했다.

"언제요? 어디에서요?"

카르나가 물었다.

"나는 수년 전에 드로나가 열었던 무술대회에서 황금 갑옷을 입고 있는 너를 보았다."

"그렇다면 당신은 세상이 그날 저를 비웃었던 일을 아시겠군요."

카르나가 씁쓸하게 말했다.

"나는 당신의 아들 아르주나에게 일 대 일 싸움을 신청했었죠. 그러나 나의 아버지가 전차병사라서 그와 동등하지 않다는 이유로 결투는 중단되었습니다."

"오! 카르나, 너의 고통을 잊어라."

쿤티가 외쳤다.

"제발 내 아들들과 함께 합류해서 싸울 수는 없겠니?"

"당신의 아들들과의 우정은 이미 늦었습니다."

카르나가 말했다.

"그들은 내 친구인 카우라바 형제들과 싸우고 있습니다."

"나는 네가 마치 내 친아들처럼 느껴지는구나. 그러니 제발 카우라바 형제들을 포기하고 내 아들들에게 합류해라. 정의는 판다바의 편에 있기 때문이다. 왕위는 유디슈티라의 것이다."

쿤티는 할 수 있는 한 카르나를 설득하려고 애썼다.

"유디슈티라의 어머니께서 저를 당신의 아들처럼 생각하시다니 참으로 영광입니다. 그럼 저도 아들이 어머니에게 대하듯 솔직하게 말하지요. 저는 당신의 아들들이 옳고 카우라바 형제들이 그르다는 것을 이미 알고 있습니다. 그러나 당신은 제가 이 전쟁에서 편을 바꾸도록 설득할 수는 없습니다. 크리슈나조차 처음에 저와 논쟁하러 왔었습니다. 정의가 판다바 형제들의 편에 있기 때문에 그들을 도우라고 했습니다. 그러나 저는 크리슈나에게 했던 대답을 당신에게도 하겠습니다. 저는 이 세상이 의로운 것만은 아니라는 것을 알고 있습니다. 저는 정의를 위해 싸우지 않습니다. 저는 명예와 우정을 위해 싸웁니다. 저는 두르요다나에게 생명 그 자체보다 더한 것을 빚졌습니다. 그는 저에게 형제와 같습니다. 그래서 비록 그가 그르다는 것을 알지만 저는 여전히 그를 지지할 것입니다. 그러나 유디슈티라의 어머니, 두려워하지 마세요! 신은 판다바 형제들에게 결국 승리를 가져다줄 것이고, 당신의 아들이 틀림없이 왕이 될 것입니다."

쿤티는 당황하여 할 말을 잃어버린 채 잠시 동안 아무 말도 하지 못했다. 마침내 그녀는 더 이상 카르나에게 진실을 숨길 수 없었기 때문에 그의 출생에 대한 비밀을 말해주었다.

"판다바 형제들은 너의 동생들이다. 이제 네가 진실을 알았기 때문에 너는 아마도 그들과 싸울 수 없을 것이다. 그러나 내 아들아, 내가 너에게 했던 끔찍한 잘못에 대해 나를 용서해다오. 내가 왜 그렇게 했는지 이해하고 나를 불쌍히 여겨다오."

카르나 또한 고백할 것이 있었다.

"왕비님, 오늘밤 당신에게 어떤 고통을 준 것에 대해 저를 용서하십시오. 저는 이미 저의 출생의 비밀을 알았지만 당신이 그것을 인정할 때까지 기다렸습니다. 며칠 전에 저는 동쪽 하늘에서 수리야 신이 떠오를 때 경의를 표했습니다. 놀랍고 기쁘게도 그 태양신이 사람이 되어 저에게 나타났습니다. 그는 제가 어떻게 태어났고, 그 후에 어떻게 입양되었는지 말해주었습니다. 그는 카우라바 형제들이 이 전쟁에서 완패하여 몰락할 것이라고 저에게 경고해주러 왔습니다. 당신과 크리슈나처럼 그 또한 제가 유디슈티라와 함께 평화를 만들고 판다바 편에 합류할 것을 요구했습니다."

카르나는 태양신 아버지가 만약 어머니를 만난다면 예의바르게 대하라고 한 말을 기억했다.

"왕비님, 그래도 저의 대답은 여전히 그렇게 할 수 없습니다. 많은 세월이 지난 지금, 당신은 저에게 형제들에 대해 말하면서 저를 아들이라고 부르고 있습니다. 어떻게 제 느낌이 갑자기 바뀔 수 있겠습니까? 저는 여전히 라다와 아다라타의 자식입니다. 두루요드하나는 형제와 같았습니다. 저는 결코 그를 배신할 수 없습니다."

쿤티는 그의 말을 듣고 울었다. 카르나의 의지가 너무 강해 굽히지 않을 것으로 보였다.

"카르나, 내 뜻을 따르지 않는 것에 대해 너를 탓하지 않겠다. 너에게 어미의 사랑을 준 적이 없으면서 이제 와서 어떻게 그것을 기대하겠니? 그러나 나는 네가 죄 없는 너의 동생들을 생각하기 바란다. 너의 동생들이라는 것을 알고서도 너는 그들을 죽일 수 있겠니?"

카르나는 왕비의 눈물 가득한 눈을 들여다보며 그녀의 애원에 감동되었다. 태양신의 말이 그의 귀에 울렸다.

"너의 어머니에게 예의 바르게 대하거라. 그녀는 너로 인해 많은 고통을 받았단다."

"저는 약속을 했고, 내일 아르주나와 싸워야만 합니다. 하지만 제 형제들 중 누구에게도 해를 끼치지 않겠다고 당신에게 약속합니다."

카르나는 그다음 날 매우 용감하게 싸웠다. 그러나 그는 그들의 관계를 알지 못한 아르주나가 쏜 화살을 맞고 죽는다. 그때부터 계속 카우라바 형제들은 패배하기 시작했다.

판다바 형제들이 마침내 전쟁에서 이겼을 때, 그들은 비마의 아들인 가토트카차와 아르주나의 아들 아브히마뉴를 포함하여 모든 죽은 이들의 넋을 위로했다. 쿤티는 그때 그들에게 그녀의 숨겨둔 아들에 대해 말했다.

"너희들의 맏형인 카르나를 기리거라. 그는 가장 관대한 사람이었다."

순례자의 여행

유디슈티라의 천국

판다바 형제들과 카우라바 형제들 사이에 벌어진 쿠루크쉐트라의 끔찍한 전쟁에서 셀 수 없이 많은 사람들이 죽었다. 100명의 카우라바 형제들 모두가 생명을 잃었으며, 판다바 셋째 왕자인 아르주나의 아들인 아비마뉴를 포함하여 판다바 다섯 왕자들의 어린 아들들 또한 살해되었다. 아비마뉴는 곧 아기를 낳을 아내의 애원에도 불구하고 전쟁터로 나갔었다. 용감한 아비마뉴는 결코 돌아오지 않았지만, 그의 아들 파리크시트가 태어났다.

전쟁의 결과는 선한 판다바 형제들이 정당하게 그들의 왕국을 돌려받은 것으로 끝났다. 그래서 파리크시트는 하스티나푸라의 왕자로 양육되었다. 이제 아이가 없는 그의 삼촌들인 유디슈티라, 비마, 나쿨라, 사하데바는 아르주나가 하는 대로 그를 자신의 아들처럼 대했다.

판다바의 장남인 유디슈티라는 왕국의 새로운 통치자가 되었다. 그는 훌륭한 왕이었다. 그의 통치 아래 왕국은 평화와 번영을 누렸다. 사람들은 그를 사랑했고, 그의 적들조차 그를 존경하여 그를 '위대한 유디슈티라'라고 불렀다.

어느 날 유디슈티라는 그의 친구 드와르카의 왕 크리슈나와 그의 종족인 야다바 가문이 살해되었다는 소식을 들었다. 궁전은 이 비극적인 소식으로 슬픔에 잠겼다.

"아, 크리슈나! 당신은 항상 나의 안내자였습니다."

왕은 생각했다.

"당신의 지원이 없었더라면 우리는 결코 우리 땅을 회복하지 못했을 것입니다. 당신이 죽다니 이 세상은 이제 얼마나 가엾고 재미없는 곳일지 모릅니다."

유디슈티라는 기도하고 금식을 했다. 그러고 나서 그는 그의 형제들과 그들 모두의 아내인 드라우파디를 불렀다.

"삶의 즐거움이 나에게는 이제 의미가 없구나. 나는 이 땅에서 남은 시간을 기도와 순례를 하면서 보내고 싶다. 그래서 너희들 모두에게 작별인사를 하려고 한다."

유디슈티라는 둘째인 비마가 왕위를 물려받도록 요구했다. 그러나 비마는 거절했다. 대신 그는 형을 따라 순례를 떠나겠다고 했다. 사실 그들 모두가 유디슈티라와 함께하겠다고 주장했다.

"몇 년 전 우리 어머니, 쿤티 또한 궁전을 떠나 숲으로 들어가서 돌아가셨어."

아르주나가 말했다.

"충분한 삶을 살았다고 느끼는 사람이 형만은 아니야. 이제 우리도 늙었어. 노년을 아주 소박하게 살면서 신을 경배하는 영적인 시간을 보내는 것이 당연해. 순례는 우리에게 알맞은 경배 방식이야. 형! 우리 모두 형과 함께 가도록 해줘. 우리는 항상 함께 있었고, 많은 고난, 전쟁, 기쁨과 슬픔 등 모든 것을 나누었어. 이제 마지막 위대한 모험인 신에게로 가는 여행을 우리도 함께 나누게 해줘."

드라우파디 또한 그들과 함께 가겠다고 애원했다. 그래서 아르주나의 손자인 젊은 파리크시트가 하스티나푸라의 왕이 되어야 한다는 것에 동의했다. 다섯 형제와 드라우파디는 그를 축복했다. 그들은 소박한 옷으로 갈아입고, 마음을 오직 신에게로 향한 채 히말라야 산으로 출발했다.

산봉우리 정상에 있는 성스러운 장소는 도달하기가 무척 어려웠다. 그러나 6명의 순례자들은 계속해서 더 높이 걸었다. 그들은 많은 성지들을 방문하고 나서 위대한 산에 도착했다. 그들이 이 산을 오르기 시작했을 때 작고 검은 개 한 마리가 그들의 행렬에 합류했다.

길은 매우 험했다. 유디슈티라의 아내인 드라우파디와 그의 형제들인 사하데바, 나쿨라, 아르주나, 비마 모두 쓰러져 죽었다. 그들이 쓰러질 때마다 사람들은 그들의 시신을 옮겼다. 마침내 유디슈티라와 개 단 둘만이 남았다. 그러나 유디슈티라는 평온을 유지했다.

"목숨 가지고 태어난 모든 것은 반드시 죽음을 맞게 된다. 신만이 영원히 산다."

유디슈티라는 계속해서 오르고 올라 마침내 정상에 도달했다. 거기서 그는 화려한 모습의 인드라가 황금 비행전차 옆에 서 있는 것을 보았다.

"축하하오. 유디슈티라, 그대는 가장 고귀한 사람이오!"

신들의 왕 인드라가 말했다.

"비록 당신이 여전히 인간의 몸이지만 당신의 선행이 신들을 감동시켜서 나는 나의 천국, 인드라로카로 당신을 데려가려고 왔소."

유디슈티라는 영광으로 생각하며 인드라에게 감사를 표했다. 그때 그는 여러 날 동안 그를 따라왔던 개를 내려다보았다.

"이 개는 저의 충실한 동반자입니다. 인드라 왕이시여. 부디 그 개도 당신의 전차에 태워주십시오."

유디슈티라가 인드라에게 애원했다. 그러나 인드라는 그 말에 귀 기울이지 않았다.

"절대 안 되오. 더러운 개는 내 전차에 탈 수 없소. 인드라로카에는 어떤 개도 허락하지 않을 것이오."

인드라는 유디슈티라에게 선택을 하도록 했다. 유디슈티라는 천국과 개 중에 어느 하나를 포기해야만 했다. 그는 망설이지 않았다.

"저는 이 개와 함께 여기 머무르겠습니다."

그 말이 끝나자 갑자기 그 개는 유디슈티라의 하늘의 아버지인 정의의 신 다르마로 변했다. 그는 그에게 미소 지었다.

"이것은 너의 충성심에 대한 시험이었다. 나는 네가 자랑스럽구나."

다르마와 인드라는 유디슈티라를 영광스러운 인드라로카로 데려갔다. 그곳은 아름다운 곳이었지만 유디슈티라는 어디에서도 그가 사랑하는 사람들을 발견할 수 없었다. 대신에 그는 그의 카우라바 사촌들이 천국에서 즐거워하는 것을 보았다. 이 사람들은 그와 그의 가족에게 나쁜 짓을 했었던 악인들이었다.

"왜 두르요다나와 그의 형제들이 천국에 있습니까?"

그는 화가 나서 물었다.

"이것이 정의입니까?"

그러나 다르마는 부드럽게 대답했다.

"나의 아들아. 너는 인간의 몸으로 천국에 들어왔기 때문에 여전히 분노와 같은 감정을 느끼지만 여기는 그런 감정이 없는 곳이다. 인드라로카에 너 자신을 맞추려면 사랑의 눈으로 모든 것을 보아야만 한다."

다르마는 유디슈티라에게 인드라의 전차를 타고 짧은 순간 동안 지옥을 날아서 통과하도록 조언했다.

"네 안에 여전히 남아 있는 분노를 태워버려야 한다. 그러나 걱정하지 마라. 전차는 지옥에서 한 순간도 멈추지 않을 것이고, 또한 너는 그 어떤 잔인한 광경도 보지 않을 것이다."

"왕이시여. 그것이 저에게 필요한 것이라면 저는 기쁘게 지옥을 통과하겠습니다."

그가 다시 인드라의 전차에 올라타자마자 즉시 공중으로 날아 올랐다. 다음 순간 유디슈티라는 자신이 완전한 어둠 속에 있는 것을 알았다. 그곳 주변에는 무시무시한 느낌이 있었다. 그가 비록 아무것도 볼 수 없었지만, 그는 끔찍한 고통 속에 있는 영혼들이 자신의 주변에 있음을 감지했다. 그의 마음은 동정심으로 가득 찼다.

"이곳은 고통스러운 곳이다."

그는 그곳으로부터 멀어지기를 갈망했다.

"아, 멈춰라, 나의 아들아!"

불쌍한 목소리가 불렀다. 확실히 그것은 그의 어머니 쿤티의 목소리가 아닌가. 그녀와 자리를 바꿀 수만 있다면.

"형, 기다려!"

한 꺼져가는 목소리가 그를 불렀다. 충격적이게도 그 소리는 비마의 목소리임을 알아챘다.

"고귀한 형님!"

아르주나의 목소리가 외쳤다.

"잠시만 더 머물러주세요! 형님이 신선한 바람을 몰고 와서 잠시 동안 우리의 고통을 덜어주었어요."

"사랑하는 삼촌, 우리를 떠나지 마세요!"

아비마뉴의 어린 목소리가 다시 그를 불렀다.

유디슈티라는 주변에서 외치는 소리를 통해 그의 아내 드라우파디, 그의 동생들과 그들의 아들들, 다른 가족들과 친구들이 모두 여기 지옥에 있다는 것을 깨달았다.

"오, 전차를 멈춰주세요."

유디슈티라가 외쳤다.

"신이시여, 그들이 얼마나 끔찍하게 고통을 받고 있는지요."

다르마의 목소리가 그에게 대답했다.

"너는 무엇을 기대했느냐? 이곳은 지옥이고 여기에 있는 사람들은 고통 받도록 되어 있다. 그러나 너는 그들처럼 고통 받을 필요가 없다. 천국이 너를 기다리고 있다. 지옥에서의 순간은 이제 모두 끝났다."

"아니오."

유디슈티라가 말했다.

"저는 여기에 머물러서 내가 사랑하는 사람들의 고통을 나눌 것입니다. 내가 있어야 할 곳은 바로 그들이 있는 곳입니다. 신이시여, 당신은 저를 놓아두고 인드라로카로 돌아가십시오."

다음 순간, 놀라운 빛이 그를 빨아들였다. 유디슈티라는 놀라서 주변을 둘러보았다. 이곳이 그가 처음 보았던 천국보다 훨씬 더 영광스러운 곳이 아닌가! 미소 짓는 다르마와 인드라가 그의 양 옆에 서 있었다.

"유디슈티라, 이곳은 지옥이 아니다."

정의의 신 다르마가 말했다.

"이곳은 항상 천국이었다. 너는 마지막 시험을 통과했고, 네가 사랑하는 사람들과 함께할 수 있게 되었다."

유디슈티라는 그의 영웅적인 동생들이 전에 보았던 것보다 더 용감하고 드라우파디는 전보다 더 아름답게 느껴졌다. 쿤티도 매우 고귀한 위엄을 지니고 있었다. 다른 가족들과 친구들 또한 그를 사랑과 기쁨으로 맞아주었다.

"이제 나는 천국에 있다."

그들을 껴안으려고 달려가면서 유디슈티라는 환호했다. 천국은 언제나 기쁜 곳이며, 사랑과 아름다움이 넘치는 곳이었다.

"인드라로카로 오신 것을 환영합니다."

신들과 여신들이 그를 맞이하기 위해 다가오면서 노래를 불렀다. 마침내 유디슈티라는 오랜 여행의 끝에 도달했다.

우르바시와 푸루라바스의 사랑

영원한 사랑을 꿈꾼 연인들

　푸루라바스 왕은 아주 오래전에 쿠루크쉐트라의 왕이었다. 그는 매우 잘생겼을 뿐 아니라 많은 훌륭한 자질들을 갖고 있었다. 그는 충실하고 공정하고 자비로운 통치자였다. 그는 아름다움을 사랑하여 미술가, 조각가, 음악가들과 정원사들에게 훌륭한 예술작품들을 만들도록 격려하곤 했다. 작은 왕국을 지상의 천국으로 만드는 것이 그의 유일한 기쁨이었다.

　푸루라바스는 특별히 숲의 평화와 자연을 사랑해서 근처 숲으로 조용히 말을 타고 궁전을 빠져나가곤 했다. 어느 날 아침 숲속을 거닐고 있을 때, 그의 귀에 음악과 같은 웃음소리가 희미하게 들렸다. 그리고 그 웃음소리는 다시 들렸다. 그는 그 웃음소리를 궁금하게 여기면서 말에서 내려 나무에 말을 묶고는 유쾌한 소리가 들려오는 쪽으로 조용히 걸어갔다.

　그곳에서 그는 꿈속에서만 볼 수 있는 광경과 마주쳤다. 보석으로 장식된 공원처럼 보이는 숲속의 공터에서 몇 명의 아름다운 아가씨들이 서로에게 황금 공을 던지면서 놀고 있었다.

　'분명 저런 아름다움은 이 세상의 것이 아닐거야.'

　푸루라바스는 생각했다.

'혹시 내가 죽어서 천국에 있는 것일까?'

그는 덤불 뒤에 숨어서 그 여인들을 더 자세히 관찰했다. 그들은 밝게 웃으면서 우아하게 움직이고 있었다. 아무런 근심도 없는 크고 아름다운 눈을 가지고 있었고, 짙은 색깔의 윤기나는 머리카락이 허리까지 파도치듯 늘어뜨려져 있었다. 그들의 빛나는 사리는 마치 얇은 거미줄로 만들어져 있는 것처럼 보였다. 그들의 목소리는 지금까지 들었던 목소리 중에서 가장 부드럽고 달콤했다. 가장 가까이에 보이는 여인의 아름다움은 그의 숨을 멈추게 할 정도였다.

"그녀는 여신이 분명해."

푸루라바스는 생각했다. 그는 더 이상 숨어 있을 수 없어서 덤불 뒤에서 걸어 나왔다.

"당신은 누구세요?"

우르바시와 푸루라바스가 서로의 눈을 깊이 들여다보았을 때 두 사람에게 시간은 멈추어 서 있는 듯했다.

"오, 자매여, 그는 간다르바(천상의 악사로 향을 먹고 사는 신)가 아니야. 그는 인간이야. 이리와, 어서 가자!"

낯선 인간임을 확인한 또 다른 아가씨가 놀라서 소리쳤다. 그리고 여인들은 공중으로 날아 올랐다.

"우르바시, 사랑하는 자매여, 어서 함께 떠나자."

그들이 우르바시에게 애원했다. 그러나 우르바시와 젊은 왕은 서로에게 마음을 빼앗겼다.

"여신이여, 나와 함께 있어줘요."

왕이 애원했다.

"평생 나는 당신과 같은 이를 갈망했다오. 당신은 숲에 봄을 가져왔고, 제 마음에 햇빛을 비쳐줍니다."

우르바시는 얼굴을 붉히며 웃었다.

"나는 여신이 아닙니다."

그녀는 설명했다.

"나의 이름은 우르바시, 나의 자매들과 저는 아프사라스(하늘의 무희로 간다르바의 동반자)입니다. 우리는 인드라 신의 궁전에게 노래하고 춤을 춥니다. 우리는 처음에 당신이 간다르바들 중의 하나라고 생각했습니다. 그들은 우리의 오빠들이고 천국의 음악가들입니다."

아프사라스들은 우르바시가 사랑에 빠져 한낱 인간과 이야기하고 있는 모습을 보고 한숨을 쉬었다.

"안녕, 자매여."

여신들은 우르바시에게 소리치면서 푸른 하늘로 날아올라갔다. 그날 푸루라바스는 아프사라스에게 청혼했다.

"나는 인간이지만, 내가 살아 있는 한 당신을 사랑할 것입니다. 나는 당신에게 천국을 줄 수는 없지만 당신이 나와 결혼한다면 사랑을 줄 수 있을 것입니다."

우르바시는 인간과 아프사라스가 결혼한다면 불행하게 될 것을 알고 있었다. 그녀는 자신에게 물었다.

'땅에서 살기 위해 인드라의 안락한 천국을 포기할 수 있을까. 너의 영원한 친구인 아프사라스 여신들과 간다르바 신들이 그리울 텐데. 천국의 달콤한 음식들이 생각날 텐데.'

그러나 그녀의 마음은 이렇게 말하고 있었다.

'사랑하는 이를 위해선 무엇이든 못하랴.'

우르바시는 마침내 슬픈 목소리로 말했다.

"친절한 왕이시여. 인간과 아프사라스가 항상 함께하는 것은 불가능합니다. 지금 당신은 젊지만 점점 나이가 들고 언젠가 죽을 것입니다. 반면에 나는 오늘의 모습과 똑같은 모습으로 영원히 살아 있을 것입니다."

"당신과 함께하는 한 번의 인생이 나에게는 충분한 행복이 될 것이오. 내가 죽을 때 당신이 그 고통을 견딜 수만 있다면 말이오."

"당신은 또한 한 가지 조건을 꼭 지켜야만 합니다. 절대 당신의 벗은 몸을 나에게 보여서는 안 됩니다. 당신이 그 약속을 어기면 나는 천국으로 돌아가야만 합니다."

그 약속은 그에게 충분히 지킬 수 있는 쉬운 일처럼 보였다.

황혼 무렵이 되어서야 우르바시는 왕의 청혼을 받아들였고, 그들은 곧 화려한 행렬과 사람들의 축복 속에서 결혼식을 올렸다.

몇 년 동안 그들은 행복하게 살았고, 아이들도 태어나는 축복을 받았다. 그때 푸루라바스는 왕으로서의 의무에 흥미를 잃고 점점 더 많은 일들을 그의 장관들에게 넘기기 시작했다. 그는 언젠가 우르바시를 잃을지도 모른다는 생각에 그녀와 함께 모든 순간을 보내려고 했다. 우르바시 또한 남편과 함께 있지 않은 순간에는 슬픈 생각들이 밀려들곤 했다.

'내가 과연 그가 나이 들어 죽어가는 것을 견딜 수 있을까?'

또한 우르바시는 아프사라스와 간다르바를 그리워했다. 하지만 그녀는 왕 앞에서는 슬픔을 감추었다. 그들의 궁전은 밝고 화려했다. 우르바시는 왕을 기쁘게 하기 위해 춤추고 즐거운 노래들을 불렀다. 그녀의 강한 사랑이 푸루라바스를 자석처럼 끌어당겼고, 그는 항상 그녀의 곁에 머물렀다.

아프사라스와 간다르바 신들 또한 우르바시를 잊지 않았다. 그들은 그녀가 인간과 결혼했을 때 그녀가 곧 남편에게 실증을 느껴 그들에게 돌아올 것이라고 확신했다. 하지만 우르바시가 돌아오지 않자 그들은 몹시 실망했다. 우르바시 없는 천국은 이제 천국이 아니었다. 마침내 인드라는 간다르바들에게 그 아름다운 무희를 천국의 궁전으로 데려오도록 요청했다.

아프사라스가 인드라에게 조언해주었다.

"우르바시에게 합리적으로 말하는 것은 소용이 없습니다. 그녀는 아직도 푸루라바스를 사랑하고 있기 때문에 그가 살아 있는 한 그녀는 돌아오지 않을 것입니다. 하지만 푸루라바스를 죽인다면 그녀는 결코 우리를 용서하지 않을지도 모릅니다."

"그렇다면 몇 가지 다른 해결책에 대해서 생각해보아라."

인드라가 제안했다.

간다르바들은 장난스러운 음모를 생각해냈다. 우르바시가 그녀의 남편을 떠나게 만들 조건을 알고 있었기 때문에 그들은 우르바시가 그의 벌거벗은 몸을 보게 만들기로 결정했다.

우르바시는 한 쌍의 어린 양들을 궁전에서 키우고 있었다. 밤에 어린 양들은 침실 구석의 비단 방석 위에 누워 있었다. 어느 날 밤, 간다르바들은 궁전으로 몰래 들어가서 왕의 침실로 기어들어갔다. 그들은 마치 양들을 훔치러 온 것처럼 꾸미고는 양들을 들고 달아났다. 양들이 놀라서 우는 소리에 왕과 왕비는 잠에서 깨어났다.

"누가 내 사랑스런 양들을 훔쳐가고 있어요."

우르바시가 소리쳤다.

"여보, 두려워하지 마오. 내가 도둑들을 잡겠소."

화가 난 왕은 이불을 옆으로 밀치고 옷을 입으려고 침대 밖으로 뛰어나와 즉시 도둑들을 뒤쫓았다. 이것이 간다르바 도둑들이 희망했던 순간이었다. 그 때 인드라의 도움으로 한 줄기 번개 불빛이 방 안을 환하게 밝혔다. 그 순간 푸루라바스는 얼어붙었고, 공포의 한 순간 그는 우르바시를 돌아보았다.

방 안은 다시 어둠 속으로 잠겼다. 그 순간 사랑스럽고도 슬픔에 찬 목소리가 말했다.

"나의 남편이여, 안녕!"

"안 돼!"

왕이 소리쳤지만, 더 이상 아무 대답도 들리지 않았다.

우르바시를 떠나보낸 후 푸루라바스의 고통은 너무나 심했다. 마치 미친 사람 같았다. 그는 우르바시를 찾으며 궁전 안과 밖을 돌아다녔으며, 몇 날 며칠을 숲속으로 그녀를 찾아 나섰다.

마침내 푸루라바스는 결단을 내린 후 어린 왕자에게 왕위를 물려주고는 사랑하는 이의 이름을 부르면서 방랑자처럼 숲속을 돌아다녔다. 그는 우르바시가 아프사라스와 간다르바의 세계로 돌아갔다고 확신했다. 그렇다면 언젠가 둘이 만났던 이 숲으로 다시 돌아올지도 모른다고 희망했기에 숲속의 나무들과 새들과 다른 동물들에게 우르바시를 본 적이 없었는지 물으며 돌아다녔다.

세월이 흘러 푸루라바스는 방황하며 안야타플라크샤 호수에까지 왔다. 우아한 백조들이 노니는 모습을 보자 푸루라바스는 마음이 평온해졌다. 저녁 어둠이 깔리고 그는 여행으로 지쳐 호수 옆에 누워 잠지 쉬기로 했다.

그가 막 잠들었을 때, 푸루라바스는 어떤 목소리를 들었다. 그는 잠이 든 척했지만, 한쪽 눈으로는 몰래 백조들을 엿보고 있었다. 백조들은 한 마리씩 물가에 와서 아름다운 아프사라스로 변했다. 그의 아내 우르바시가 그들 가운데에 있었다. 푸루라바스는 꼼짝하지 않고 누워 있었다.

"우르바시, 이 사람이 너의 마음을 훔쳐간 바로 그 사람이니?"

어떤 아프사라스가 속삭였다.

그가 너무나 잘 기억하고 있는 그 목소리가 대답했다.

"그래, 정말 이 사람이 나의 남편, 고귀한 푸루라바스 왕이야. 그는 나에 대한 사랑 때문에 그의 왕국을 버리고, 지금은 나를 찾아 이곳저곳을 방랑하고 있지. 얼마나 지쳤을까. 가엾은 사람! 가시에 찔려 그의 발에서 피가 흐르고 있는 것을 좀 봐. 자매들, 내가 그의 발을 씻겨주어야겠어."

"안 돼, 우르바시. 그러면 그가 깰 거야. 그가 깨기 전에 우리가 떠나야만 한다는 것을 알잖아."

그러나 우르바시는 푸루라바스와 잠시 동안 함께 있게 해줄 것을 애원했다.

"오늘은 올해의 마지막 밤이야. 딱 오늘 하룻밤 동안 사랑과 행복을 나눠주도록 해줘. 너희들이 비밀을 지킨다면 아침까지 아무도 나를 찾지 않을 것이고, 그 전까지 내가 돌아갈게."

"우르바시, 너는 땅 위에서 네 자리를 잃었어."

어떤 아프사라스가 경고했다.

"이제 천국에 있는 너의 자리를 잃지 않도록 조심해!"

결국 부드럽고 친절한 아프사라스들은 그녀의 비밀을 지키겠다고 약속하고 멀리 날아갔다.

푸루라바스는 크게 기뻐하며 그의 아내를 껴안았고, 그들은 함께 행복한 밤을 보냈다. 새벽 즈음에 우르바시는 남편에게 몇 가지 지시 사항을 알려주고 하늘로 돌아갔다.

푸루라바스는 목욕하고 기도하며 간다르바를 기다렸다. 그날 늦게 우르바시가 그에게 말했던 대로 한 무리의 빛나는 간다르바들이 하늘로부터 내려오는 것을 보았다. 그는 그들을 매우 예의바르게 맞이했다. 그 무리의 우두머리가 그에게 말했다.

"반갑소, 푸루라바스 왕! 당신의 공손함이 우리를 부끄럽게 하고 있소. 우리가 당신 왕비의 어린 양들을 훔치러 밤에 도둑질하러 간 사실을 알려주겠소. 우리는 더 이상 양심을 숨길 수 없소. 어제 당신이 잠자는 동안 몇몇 아프사라스들이 당신을 보았소. 당신의 선한 얼굴을 본 그들이 우리에게 그날의 사악한 행동을 고백하라고 부탁했다오. 우리가 왜 그렇게 할 수밖에 없었는지 이해해주길 바라오. 우리 또한 우르바시를 몹시 사랑하고 있소. 그리고 그녀가 천국으로 돌아오기를 원했소. 그래서 우리는 당신을 속였던 것이오. 그러나 지금 우리 모두가 당신 두 사람에게 고통을 주었음을 알기에 용서를 구하오. 과거를 되돌릴 수는 없지만 보상으로 당신의 소원 한 가지를 들어주겠소. 우리에게 어떠한 것이든 요구해보시오."

이때 기다렸다는 듯이 푸루라바스는 간다르바가 되고 싶다고 요구했다. 이것은 우르바시가 그에게 조언해준 소원이었다.

"좋소."

간다르바들이 동의했다.

천국의 음악가들은 이제 푸루라바스가 몇 가지 어려운 의식을 치르고 비밀스런 주문을 암송하는 것을 도와주었다. 마침내 그는 간다르바가 되었고, 그의 새로운 동료들과 함께 인드라의 궁전으로 날아 올라갔다. 우르바시는 천국에서 그를 환영하기 위해 기다리고 있었다. 그곳에서 그들은 영원히 사랑과 기쁨을 나누며 함께 살고 있다.

시집가는 날(Wedding Day), 종이에 채색, 52.0×72.5cm

가마에 탄 신부를 묘사한 작품이다. 두 사람의 가마꾼이 신부를 결혼식장으로 데리고 가는
장면이다. 결혼식 날의 분위기에 맞게 작품은 전체적으로 화려한 색채로 표현되었으며, 행
복한 느낌이 드는 작품이다. 인도인들에게 결혼식은 인생에서 가장 중요한 순간으로서 가능
한 한 화려하고 멋지게 치르기 위해 빚을 내서라도 할 수 있는 한 최대의 호사를 신랑과 신부
에게 누리도록 한다. 결혼식은 남녀의 결합인 동시에 신의 축복을 가장 필요로 하는 순간이
다. 그래서 결혼과 관련된 민화가 다양한 지역에서 많이 그려지곤 한다.

비둘기와 독수리

신과 같은 동정심을 지닌 시비 왕

비의 신이며 신들의 왕인 인드라와 그의 쌍둥이 형제인 불의 신 아그니가 재미로 말다툼을 했다.

"시비 왕은 너무나 고귀해서 마땅히 천국에서 살아야 해. 그의 동정심은 신과 견줄 만하지."

아그니가 말했다.

"아니야. 완전한 인간은 없어. 시비 왕이 너에게 아첨하려고 많은 버터를 주었나보지. 너는 버터에 푹 빠져서 그가 고귀하다고 생각하는 거야."

인드라가 아그니의 주장을 반박했다.

"그렇지 않아. 나는 단지 시비 왕에 대해 온 세상이 이미 알고 있는 것을 말할 뿐이야. 그의 친절함을 직접 확인해보면 어떨까? 시비는 왕 중에 왕이야."

"좋아. 그렇게 하자. 땅에 내려가서 직접 확인해보자."

시비 왕은 날마다 그의 법정에 앉아 재판을 하곤 했다. 그는 어떠한 불평에도 귀 기울이는 것이 왕으로서의 의무라고 믿었다. 백성들은 그의 지혜로운 판결을 늘 칭송했다.

어느 날 시비가 법정을 둘러보고 있는 동안 작고 흰 비둘기 한 마리가 열린 창문을 통해 파닥거리며 들어왔다. 그리고는 곧장 그를 향해 날아와서 그의 무릎에 쓰러졌다. 왕은 부드럽게 그 비둘기를 손에 올려놓았다.

"가엾은 작은 비둘기야. 얼마나 지치고 놀랐니. 걱정하지 마라. 내 궁전에서는 아무도 너에게 해를 끼치지 않을 거야."

그가 말을 마치자마자 커다란 갈색 독수리가 쫓아 들어와서는 왕 옆에 있는 쿠션 위에 앉았다. 비둘기는 독수리를 보자 날개 밑으로 작은 머리를 숨겼다.

"시비 왕! 당신이 먹이를 쥐고 있소. 어서 나에게 그 비둘기를 주시오. 이 비둘기는 내 먹이요. 나는 하늘을 가로질러 그 비둘기를 쫓느라 지쳤고 더 이상 날 수도 없소."

독수리가 거칠게 말했다.

"동정심을 가지거라. 이 비둘기가 가엾지 않단 말이오. 사냥은 너무 잔인하다."

"왕이시여, 당신은 비둘기를 동정하시는군요."

독수리는 화가 나서 말했다.

"그럼 나에 대한 당신의 동정심은 어디 있소? 나는 매우 배가 고프오. 인간들은 즐거움을 위해 사냥을 하지만 나는 오직 생존을 위해 사냥을 하오. 이 방이 당신이 말하는 정의의 방이란 말이오? 저 비둘기는 나의 식사이고 당신은 나의 먹이를 방해하고 있소."

"네가 옳다. 나는 너의 행복 또한 고려해야만 한다. 그러나 나는 비둘기가 보호해달라고 나에게 온 이상 이 비둘기를 포기할 수는 없다. 이 작은 비둘기는 보잘것없는 식사일 뿐이다. 기다려라. 내가 너를 위해 음식을 가져오라고 명령하겠다."

"다른 음식은 필요 없소. 저 비둘기가 나의 식사요."

독수리가 고집했다.

"왕께선 내 시간을 낭비하고 있소. 나는 굶주림으로 기절할 지경이오. 이것이 당신이 원하는 거요? 내가 먹어야 할 유일한 음식은 풍부한 날고기요. 살아 있는 비둘기의 살만큼 신선하고 그만큼의 무게가 나가는 것이 또 있겠소. 이 새가 당신에게 그렇게 중요하다면 당신의 살과 바꾸겠소? 그게 아니라면 어서 비둘기를 내놓으시오."

시비 왕은 독수리의 제안을 받아들였다. 그는 양팔저울 한 쪽 위에 작은 비둘기를 올려놓고 나서 날카로운 칼로 그의 왼팔의 살점 일부를 잘라내어 무게를 달기 위해 저울 위에 올려놓았다. 그러나 그의 살은 저울 위에서 거의 표시가 나지 않았다. 그래서 그는 팔 전체를 잘라냈다. 그런데도 여전히 비둘기만큼 무게가 나가지 않았다.

"더 많이! 나는 더 많은 살을 가져야 하오."

독수리가 외쳤다.

"폐하!"

이를 지켜보던 신하들이 외쳤다.

"이건 미친 짓입니다. 어떤 마법이 일어나고 있습니다. 이 독수리가 폐하를 파괴하고 있습니다."

그러나 시비는 그들에게 조용히 하라고 명령했다.

"나는 내 의무를 다하고 싶다. 나는 독수리와의 거래를 지켜야 할 뿐 아니라 이 비둘기도 구해야만 한다."

왕은 자신의 살을 베어내어 저울 위에 올리기를 계속했다. 그러나 저울의 눈금은 미동조차 없었다. 마침내 왕은 독수리에게 말했다.

"독수리야, 내 몸 전부를 먹어라. 그리고 이 비둘기는 살려주어라."

이 말이 끝나자마자 방 안에 즉시 천국의 음악이 울리더니 향기로운 꽃잎들이 시비 왕과 새들 위로 쏟아져 내렸다. 상처는 즉시 치유되었고, 그의 몸은 다시 온전하게 되었다. 왕이 올려다보았을 때 독수리가 있던 자리에는 하늘의 왕인 빛나는 인드라가 있었고, 비둘기 자리에는 아그니가 있었다. 두 신들은 그를 사랑스럽게 바라보았다.

"진실로 시비 왕 당신은 가장 자비로운 인간이오. 그러한 동정심을 가진 이는 마땅히 천국으로 와야 하오. 때가 되면 나의 천국 인드라로카에서 당신을 기쁘게 맞이할 것이다."

인드라가 약속했다. 두 신은 시비 왕을 축복하고 나서 유유히 사라졌다.

6

왈리 이야기

신과 인간이 하나 되어 살아가는 부족 이야기

왈리 결혼식 (Warli Wedding), 면에 채색, 147.0×181.0cm

왈리인의 결혼식은 지루할 만큼 길고 긴 의식으로 이루어지는데, 작품에서 보면 결혼식이 집 바깥에서 치러지고 있다. 사실 결혼식 벽화는 오두막 내부에 그려지지만, 이 작품에서는 그 벽화를 투영해서 보여주고 있다. 이처럼 왈리 부족의 표현 방법은 보여주고자 하는 모든 것을 아무런 시각의 제한을 받지 않고 자유자재로 하나의 공간에 다 담아내는 것이다. 이 작품에는 결혼식 장면 이외에도 왈리 부족의 수많은 일상의 장면이 묘사되어 있다. 조상을 숭배하기 위해 만들어놓은 성소, 결혼식이나 추수가 끝난 후에 젊은 남녀가 손에 손을 잡고 춤을 추는 장면 등이 서로 얽히고설켜 표현되고 있다. 그림 상단 중앙에 길게 쳐놓은 천막이 바로 신랑과 신부의 야외 결혼 의식이 진행되는 장소이다. 야외 결혼의식에서는 신에게 코코넛을 제물로 바치고 불의 의식을 치른다. 즉 신랑이 신부를 아내로 맞이하기 위해 신에게 고하는 종교의식 '시라 카다바네(Sira-cadhavane)'를 말한다. 그 천막 바로 옆에 천막과 장식으로 이어진 오두막에는 파라가타 여신을 그린 벽화가 있다.

왈리 부족의 결혼식

결혼을 관장하는 파라가타 여신의 축복

 인도 마하라슈트라 주의 타네 지방에 살고 있는 왈리 부족에게 그림은 유일한 장식품이자 그들이 세상을 보는 관점의 표현이다. 그들은 고대로부터 전해 내려오는 방식대로 천이나 흙벽에 소똥을 여러 번 발라서 바탕을 마련하고 나서 흰 쌀가루를 물에 개서 그림을 그린다. 그림의 주제는 결혼식을 관장하는 여신 파라가타와 왈리 부족의 중요한 곡물인 옥수수의 여신 칸사리, 옛날이야기, 자연예찬이 주를 이룬다. 왈리 회화는 사람, 집, 나무, 동물 등의 소재들이 서로 뒤엉켜 만들어낸 수많은 이야기들을 자유로운 형태와 구도로 담대하게 표현하는 것이 특징이다.

왈리 부족이 가장 중요하게 생각하는 그림의 소재는 바로 결혼식이다. 그들에게 결혼식은 가장 중요한 의식이자 축제 가운데 하나이다. 모든 결혼식은 인도인들의 달력에 의하면 한 해의 마지막이 되는 2월과 3월 두 달 사이에 치러진다. 그들에게 결혼은 남자와 여자의 결합인 동시에 곧 창조와 풍요를 상징하며, 삶에서 가장 소중한 의식이다. 또한 결혼식은 추수가 끝나 모든 것이 풍성하고 넉넉한 계절에 치러지기 때문에 바깥일을 쉬면서 한 해 동안의 모든 근심과 고

단함을 한꺼번에 씻어낼 수 있는 마을 전체의 축제이기도 하다. 그래서 모든 결혼식은 그들이 할 수 있는 한 최대한의 치장과 준비로 계획되고 길고 긴 의식과 축제로 이어진다. 마을 사람들은 마치 하나의 대가족처럼 무엇이든 서로 돕고 함께 나누는 것을 당연하게 여긴다.

최대의 축제인 만큼 왈리인의 결혼식은 벽화가 없이는 절대로 치를 수 없다. 결혼식 벽화의 구성은 모두 다 똑같지는 않지만, 대부분의 벽화는 중앙에 집 형태의 사각형 즉 성소를 그리고, 그 안에 결혼식을 관장하는 여신 파라가타를 그린다. 이 파라가타 여신이 그려지지 않은 결혼식은 생각할 수도 없으며, 파라가타 여신이 결혼식을 관장하고 축복을 내려주어야만 비로소 혼인이 이뤄졌다고 생각한다. 그림 속의 여신을 주례로 모시고 결혼식을 한다.

왈리 부족에게 결혼식 벽화를 제작하는 과정은 아주 행복하고 신성하기까지 하다. 결혼식을 위한 벽화를 그리는 과정은 마치 하나의 오케스트라처럼 조화를 이루며 빈틈없이 진행된다. 아침 일찍 벽화를 위한 벽면에 붉은 황토를 바르고 그 위에 소똥을 덧발라 마른 바탕을 준비한다. 오전 11시경 선택된 두 명의 사바시니(남편이 살아 있는 여인)가 도착한다. 그 두 명의 사바시니가 쌀가루를 빻아서 물과 약간의 접착액을 섞은 흰 물감(피타르)을 준비한다. 그리고 신들에게 자신들이 순결한 처녀가 아니어서 미안하다고 고한다. 다음에는 자신들이 그리는 벽화의 재료인 흙, 소똥, 쌀가루에게도 그 속에 포함된 미생물들을 죽이게 되는 것이 미안하다고 기도한다. 그런 다음 두 여인 가운데 나이 든 사바시니가 맨 먼저 카우카트(여신 파라가타를 모실 사각형)의 가로선을 그리면, 다른 사바시니가 세로선을 그어 사각형을 완성하고 그 안에 파라가타 여신을 그린다. 카우카트와 파라가타 여신은 사바시니에 의해 그려지고, 다른 부분들은 그 집의 친척이나 마을 여인들에 의해 공동 작업으로 그려진다. 파라가타 여신은 인간

왈리 결혼식(Warli Wedding), 면에 채색, 138.8×176.5cm

이 작품은 결혼식을 위한 벽화이고, 이 벽화 없이는 결혼식을 치를 수 없다. 왈리인들이 그리는 결혼식 벽화에는 하나의 공간 안에서 존재하는 모든 것, 즉 시간의 개념 안에서 일어나는 모든 일들이 동시 다발적으로 표현된다. 작품의 왼쪽 위에는 결혼식을 위해 신랑과 신부가 말을 타고 등장하는 장면이 함께 그려져 있다.

의 형상이라기보다는 나무에 가깝게 표현된다. 그녀는 마치 신비한 세상의 나무나 동물처럼 보이기도 한다. 그리고 파라가타를 그린 사각형 주변 왼쪽이나 오른쪽에 판카시리야 신을 그린다. 다섯 개의 머리를 가진 판카시리야는 말을 탄 모습으로 그려진다. 결혼식 벽화는 결혼식 하루 전날 부부가 살 집의 내부 중앙 벽, 즉 부엌 벽에 그려진다. 그리고 결혼의 서약은 이 벽화 앞에서 이루어진다. 벽화는 몇 달이 채 가기도 전에 다 지워져버리지만, 그들은 그림 속 파라가타 신이 자신들을 지켜보고 있다고 생각한다.

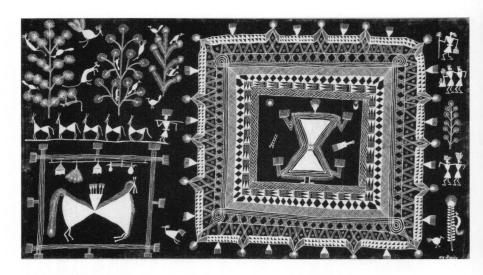

왈리 결혼식 (Warli Wedding), 면에 채색, 56.0×101.0cm

화면의 오른쪽 장식된 사각형 안에는 결혼을 관장하는 파라가타 여신을 그리고, 왼쪽 아래 작은 사각형 안에는 결혼식 날 파라가타 여신을 안내하는 판카시리야를 모신다. 판카시리야 는 파라가타 여신의 성소 좌우 어느 쪽에나 그려져도 상관없지만, 그 크기는 파라가타의 성 소보다 작아야 한다. 판카시리야를 모시는 작은 사각형은 데바 카우크(Deva Cauk)라고 부 른다. 결혼식의 벽화에서는 이 두 신의 형상을 가장 신경 써서 그려야 하고, 나머지 배경에는 인간, 나무, 동물 등을 그리면 된다. 대부분의 왈리인들의 집에는 이 결혼식 벽화가 희미하게 남아 있다.

왈리 결혼식 (Warli Wedding), 면에 채색, 31.7×44.0cm

이 작품은 왈리 부족의 공간 개념에 대해서 쉽게 알 수 있는 작품이다. 하나의 작품에 결혼식
장면과 음악을 연주하고 춤을 추는 장면, 결혼식이 끝난 후의 피로연 장면을 함께 묘사하고
있다. 또 다른 마을 사람들이 결혼식과 전혀 무관하게 일상생활을 하고 있는 면도 묘사하고
있다. 작품 하단 중앙에 야외 결혼식을 위한 천막 아래에는 신랑과 신부, 두 명의 들러리가
묘사되어 있고, 화면의 오른쪽에는 악기를 연주하는 사람들과 음악에 맞춰 춤을 추는 사람들
이 있다. 결혼식 천막 위에는 결혼식이 끝난 후 마을 사람들이 동그랗게 둘러앉아 술을 마시
고 있는데, 술을 마시고 있는 이들은 모두 남자이다. 결혼식과 피로연이 하나의 장면에 묘사
된 것이다. 즉 과거와 현재가 하나의 공간 안에서 표현되고 있다. 또한 왈리 부족의 그림에서
특이한 점 가운데 하나는 인체를 표현하는 데 남녀의 구분 없이 묘사하고 있다는 점이다.
남성과 여성을 구분하는 유일한 방법은 여성의 머리 스타일이다. 여성은 틀어 올린 머리를
표현하기 위해 머리 뒤에 작은 원을 하나 더 그린다. 이것을 제외하고는 남성과 여성을 구분
하기는 힘들다.

신랑과 신부(A Bride and a Bridegroom), 면에 채색, 18.0×21.8cm

화려한 머리 장식을 한 신랑과 신부가 함께 말을 타고 결혼식장으로 가고 있는 장면이다. 주변에는 사람들이 악기를 연주하거나 뛰면서 신랑 신부의 말을 따라가고 있다. 다른 작품과는 다르게 말과 사람 이외의 나머지 공간을 거의 여백으로 남겨두었다. 인도에서 말은 중요한 상징성을 지닌 동물로 여겨졌다. 《리그베다》에는 다디크라(Dadhikra)라는 이름을 가진 신성한 말에 대한 언급이 나온다. 또한 하늘의 왕 인드라의 흰 말 우차이슈라바스(Ucchaishravas)가 거품이 이는 대양으로부터 솟아올랐다는 기록도 남아 있다. 또한 베다 시기에 말은 종교의식의 희생 제물로 바쳐졌다. 《우파니샤드》에 의하면 아슈바 메다(Ashva-medha)라는 희생의 제식에서는 말을 재물로 바치면 모든 죄를 속죄할 수 있다고 한다. 일곱 마리의 말은 태양신 수리야의 마차를 끌기도 한다. 힌두교 신화에서는 아직 나타나지 않은 비슈누의 열 번째 현신 칼키가 흰 말을 타고 나타나서 악마 군대를 무찌르고 다르마(법)를 재정비할 것이라고 한다. 말이 코끼리처럼 타고 다니는 동물이 된 이후로 말은 항상 전사, 부족의 영웅, 시골 마을의 신들과 연관되어왔다. 또 마을이나 집에서 숭배하는 신으로 여겨지기도 했다. 왈리 부족들에게 말은 신랑과 신부를 결혼식장으로 실어 나르는 중요한 역할을 하는 동물이다. 뿐만 아니라 파라가타 신을 결혼식장으로 안내하는 판카시리야 신의 형상도 말에 탄 모습으로 묘사하고 있다.

그림이 그려지는 과정은 하나의 놀이처럼 즐겁고 흥겹기만 하다. 그림을 그리는 여인들을 위해 누군가가 한쪽에서 전통 악기를 연주하면 다른 누군가는 그 음악에 맞춰 춤을 춘다. 이렇게 해서 벽화가 완성되면 다음 날 그 벽화 앞에 신랑과 신부를 앉혀두고 결혼식을 치르는 것이다.

왈리인들의 결혼식에 가장 중요한 결혼 준비는 벽화 제작이다. 이 벽화를 공동으로 그리면서 벌써 마을은 축제와 같은 분위기에 빠지게 된다. 벽화는 여성들에 의해 제작되고, 남성들은 오두막 바깥에서의 야외 결혼 의식을 위한 임시 천막을 제작한다. 마을 아이들이 집 밖 외벽에 그리고 싶은 것을 낙서처럼 그려도 말리는 사람은 아무도 없다. 여자아이들은 이런 과정들을 수없이 지켜보면서 미래의 결혼식 벽화를 그리는 과정을 스스로 배워가는 것이다.

결혼식 벽화는 이른 아침 시작해서 땅거미가 지기 전에 마을의 여인들이 공동으로 작업해서 완성한다. 그림이 완성되면 베일로 그림을 덮은 다음 신성한 결혼식 날 그 베일을 벗긴다. 그때 세 명의 성자들이 와서 노래를 부른다. 그들 중 한 사람에게 신성한 기운이 들어오는 순간 그 베일이 벗겨지고 신부의 이름을 부르면 그때 비로소 결혼식이 시작되는 것이다.

왈리 부족들은 많은 점에 있어서 다른 지역과 다르다. 대부분 인도에서는 여자가 신랑 집에 지참금을 가져가지만, 이 지역에서는 신부를 맞이하기 위해 남자가 신부의 집에 돈과 선물을 제공한다. 그것은 아마도 여성이 시집와서 많은 일들을 해야 하기 때문에 신부의 집에 딸을 잘 키워서 준 것에 대한 고마움의 표현일 것이다. 반대로 많은 인도 사람들은 딸이 시집갈 때 지참금을 보내야 한다고 생각한다. 평생을 시댁에서 살아가는 데 필요한 재화를 주는 것이다. 그러나 왈리 부족 사람들에게는 다른 힌두교도들과는 달리 신부 측에 지참금을 요구하지 않는 합리적인 결혼 풍습을 가지고 있다. 그것은 그들의 단순한 삶의 방식과 깊은 연관이 있을 것이라는 생각이 든다.

왈리 부족의 집을 잠깐 들여다보면 그들이 지니고 있는 것들이 너무나 단순해서 놀라게 된다. 몇 가지의 부엌살림, 대나무와 나무줄기를 엮어서 만든 허름한 침대, 낡은 이불, 옷가지들이 살림의 전부이다. 마치 수도승이 가진 것을 모두 버리고 최소한의 것으로 살아가는 것처럼 느껴지기도 한다. 그들은 살아가는 데 많은 것이 필요하지 않은 생활에 익숙하다. 그들의 조형 표현 방법도 그들의 단순한 삶의 방식과 몹시 닮아 있다는 생각이 든다.

작품의 크기가 커서 수백 명의 사람들을 한꺼번에 그리고자 할 때, 한 작품에 수많은 사람들을 그릴 수 있는 것은 그들의 인체 표현 방식이 단순하기 때문이다. 왈리 부족은 작은 원과 두 개의 삼각형, 네 개의 선만으로 수많은 동작을 자유자재로 표현할 수 있다. 이들이 왜 이렇게 인체를 단순하게 표현하기 시작했는가 물으면 그들은 아주 옛날부터 그랬다고 대답한다. 하지만 그 옛날이 언제인지는 모른다. 이들이 이처럼 기하학적인 도형으로 인체를 단순화시켜 표현한다는 것이 참으로 신기하기만 하다. 어쩌면 왈리인들에게는 그림을 그릴 때, 있는 그대로 잘 그려야 할 필요가 별로 없었을지도 모른다. 서로 의사소통만 할 수 있도록 단순하면 할수록 더 편리하고, 그래서 아예 있는 그대로를 표현하려는 시도를 할 필요가 없었을 것이다. 그들은 인체를 있는 그대로 표현하는 것보다 이처럼 단순하게 표현하는 쪽이 더 많은 것을 그려낼 수 있다고 생각했는지도 모른다.

카우카트 (Caukat), 면에 채색, 38.3×38.6cm

카우카트는 결혼을 주관하는 여신 파라가타를 그려 넣는 사각형을 말한다. 카우카트는 파라
가타 여신이 거주하는 상서로운 공간이자 동시에 신혼부부의 오두막을 상징할 수도 있다.
왈리인들은 자신들의 오두막에 파라가타 여신이 늘 함께 살고 있으며, 순조롭게 살아가도록
축복해주고 있다고 믿는다. 그래서 그들이 신상을 그리는 작업은 신을 향한 간절한 기도이자
신을 경배하는 시간이기도 하다.

▶ 결혼의 여신 파라가타(Palaghata, the Goddess of Wedding), 종이에 채색, 29.3×22.4cm

결혼식을 관장하는 여신 파라가타는 신혼부부를 축복하는 신이자 자연을 관장하는 신이며, 왈리인들에게는 어머니 신이기도 하다. 파라가타를 모시는 성소인 카우카트라고 부르는 사각형은 대지를 상징한다. 왈리인들은 파라가타 여신이 새로이 태어나는 부부에게 자식을 축복해주며, 항아리에 먹을 것이 비워지지 않도록 축복해준다고 믿는다. 즉, 파라가타 여신은 인간에게 가장 중요한 것을 축복해주는 여신이다.

왈리인들은 파라가타 여신을 사람을 표현하는 것과 거의 유사한 형태로 묘사한다. 사람을 표현할 때와 마찬가지로 전체적으로는 마치 나무와 같은 형태를 하고 있지만, 파라가타 여신이 사람과 다른 점은 하체 가장 아랫부분에 두 개의 팔을 더 표현했다는 점이다. 즉, 파라가타 여신은 팔이 네 개인 셈이다.

파라가타 여신이 네 개의 팔을 가진 것으로 묘사된 것은 고대 인더스 문명에서 그 유래를 찾을 수 있다. 네 개의 팔을 지닌 탄생과 식물의 여신이 인장에 표현되었고, 2세기 카니시카 왕조 때 사용되었던 동전에는 시바가 어깨에서부터 나온 네 개의 팔을 지닌 모습으로 묘사되었다. 네 개의 팔은 신의 창조력과 전지전능을 상징하기 위해서이다. 파라가타 여신을 네 개의 팔을 지닌 모습으로 표현한 것도 그녀를 생명 잉태의 에너지를 지닌 종족보존의 여 신으로 숭배했기 때문이다. 또한 그녀의 형상이 기하학적이며 추상적인 단순한 형태인 것은 요가를 수행하는 여신의 이미지, 즉 요기니(Yogini)로 표현하기 위해서라고 주장하기도 한다.

파라가타 여신의 얼굴과 몸에는 잔나무 가지처럼 가늘고 짧은 선을 둘러서 묘사하였다. 만약 네 개의 팔과 아주 섬세한 선으로 여신의 신체 외곽선을 묘사하지 않았다면 보통 인간과 여신을 구분할 수 없었을 것이다. 여신은 머리에 관을 쓰고 있으며, 마치 나무껍질로 만든 것 같은 의상을 걸치고 있다. 그리고 여신 주변에는 신랑과 신부가 결혼식에 쓰는 머리장식이 그려졌고, 신부가 쓰는 참빗과 신랑이 사용하는 사다리가 각각 그려졌다. 신랑과 신부의 결혼식 머리장식은 신랑과 신부를 상징하며, 두 사람에게 축복을 내려주기를 기원하는 것이다. 참빗은 신부의 결혼생활이 순탄하기를 기원하는 것이고, 사다리는 신랑의 바깥일이 잘 되기를 기원하는 것이다.

파라가타의 안내자 판카시리야 (Pancasiriya), 종이에 채색, 22.7×29.2cm

판카시리야는 가족의 평안을 지켜주는 신이다. 이 신은 실제 인간의 모습과는 달리 다섯 개의 머리를 가지고 말에 타고 있는 모습으로 묘사되며, 북쪽에서 남쪽을 바라보거나 서쪽에서 동쪽을 바라보고 있다. 판카시리야 신의 형상은 신랑이 신부를 아내로 맞이하는 장소에서의 의식, '시라 카다바네(Sira Kadhavane)'에 꼭 필요하다.

이 판카시리야 신의 형상이 그려지지 않은 곳에서는 결혼 의식을 치를 수 없다. 판카시리야 신은 파라가타 여신을 수호하여 안전하게 결혼식장으로 안내하는 역할을 한다. 판카시리야가 긴 목을 가진 모습으로 묘사된 것은 모든 방향에 놓여 있는 위험 요소를 보다 더 멀리 보기 위해서라고 한다. 그의 긴 목은 마치 뱀처럼 길게 얼마든지 치켜세울 수 있게 표현되었다.

파라가타의 안내자 판카시리야(Pancasiriya), 종이에 채색, 22.8×29.2cm

판카시리야는 가족의 평안을 지켜주는 신이다. 이 신은 실제 인간의 모습과는 달리 다섯 개의 머리를 가지고 말에 타고 있는 모습으로 묘사되며, 북쪽에서 남쪽을 바라보거나 서쪽에서 동쪽을 바라보고 있다. 판카시리야 신의 형상은 신랑이 신부를 아내로 맞이하는 장소에서의 의식, '시라 카다바네(Sira Kadhavane)'에 꼭 필요하다.

파라가타의 안내자 판카시리야(Pancasiriya), 면에 채색, 42.6×61.2cm

다섯 개의 머리를 가진 판카시리야 신을 그린 작품이다. 소똥으로 마련한 바탕 위에 쌀가루로 그린 작품으로 요즘에는 찾아보기 힘든 작품이다. 대담한 구도에 여백을 두어 주제를 강조한 점에서 작가의 뛰어난 조형 감각이 돋보인다. 더 뛰어난 점은 그 여백의 공간에 태양과 달, 별을 묘사해서 이 작품의 공간이 우주임을 상징적으로 표현한 것이다. 태양은 화면의 상단 오른쪽에, 달과 별은 화면의 하단 왼쪽에 묘사하고 있다. 말은 몸집에 비해 작은 머리를 하고 있어 몸집이 유난히 더 크게 보이며 상서로운 동물로 느껴진다. 현실의 말과는 전혀 다르며, 네 개의 다리는 마치 앉아 있는 것처럼 보이도록 그려졌다. 그리고 그 가운데에 지팡이를 짚은 여신의 모습이 보인다. 이 여신은 판카시리야의 안내를 받는 파라가타 여신을 표현한 것일 수도 있다.

왈리 부족의 그림 안에서 말은 땅 위를 걷기보다는 오히려 공간을 나는 것처럼 표현된다. 삼각형 형태의 인체 표현은 수평으로 묘사되는 반면, 다리는 나르는 것처럼 표현된다. 말의 정지된 표현은 마치 새가 공중을 나는 것처럼 묘사된다. 사람들은 말이 등 위에 죽은 조상의 영혼을 실어 나른다고 생각하지만, 왈리인들의 그림에선 신랑과 신부를 실어 나른다. 물론 죽은 조상도 말에 타고 검을 손에 쥐고 영웅처럼 묘사되어지기도 한다. 인도 미술에서 모든 그림 안에 등장하는 말은 항상 힘과 용맹을 상징한다. 어떤 농촌 지역에선 말이 악마의 영혼과 대항해 싸우는 모습으로 묘사되기도 한다. 또한 말은 과거와 현재, 삶과 죽음, 모르는 것과 아는 것 사이의 중재자로서의 상징이기도 하다.

파라가타의 안내자 판카시리야(Pancasiriya), 면에 채색, 16.9×21.9cm

왈리인들은 하나의 화면 안에 자신들이 표현하고자 하는 대상을 가능한 최대한으로 단순화시키는 것을 즐긴다. 그래서 자신들이 그리고 싶은 것은 무엇이든 표현해낼 수 있다. 이 작품에서 판카시리야 신은 그들의 설명을 듣지 않으면 도대체 무엇을 표현한 것인지 알기가 힘들정도이다. 옆의 작품과 비교하면 구도와 구성요소들이 거의 흡사하다. 그러나 옆의 작품이여백을 많이 살렸다면 이 작품은 파라가타로 추정되는 인물상과 판카시리야를 화면에 크게채웠다. 무엇이든 단순화하고자 하는 그들의 조형 언어는 인체의 표현에서 가장 잘 드러난다. 나무와 동물의 묘사도 나름대로 단순화되어 있지만, 인체 표현 방법보다는 훨씬 설명적이다. 왈리인들이 인체를 표현할 때 사용하는 원과 삼각형은 고대 인도에서 각기 물과 불을상징한다. 이런 고대의 단순한 도형에 대한 상징성은 오늘날 인도인들에게도 종교적 상징의의미를 넘어서 미술로까지 활용되고 있다.

마하락슈미 언덕에서 본 마을 풍경

왈리 부족의 일상 풍경 속으로

 왈리 부족들이 가장 숭배하는 마하락슈미 사원은 마을 어디에서나 잘 볼 수 있도록 마을에서 가장 높은 언덕의 정상에 자리 잡고 있다. 마하락슈미 여신은 자녀의 출산을 축복하는 신으로 모든 여인들에게 가장 숭배 받는 신이기도 하다. 결혼식을 치른 모든 신혼부부는 항상 이 언덕 위의 사원을 방문해 마하락슈미 여신의 축복을 받아야 한다고 믿는다.

마하락슈미 여신은 아주 먼 옛날 거의 기억 이전의 시기에 이 언덕 위에 있는 동굴에서 자연스럽게 형성된 돌의 이미지로 스스로 태어났다고 한다. 그때부터 오늘날까지 이 언덕의 정상에서 사람들의 경배를 받고 있다. 그러나 여신은 아기를 임신한 여인들이 자신을 경배하러 높은 언덕 꼭대기까지 올라오는 것을 가엽게 여겨 경배자들에게 은혜를 베풀기 위해 사원이 올려다 보이는 평지에 자신의 사원을 짓도록 허락했다고 한다. 그래서 왈리인들은 언덕 위의 사원이나 평지에 세워진 사원 모두를 경배하고 있다.

마하락슈미 언덕 (Mahalakshmi Hill), 면에 채색, 18.3×68.0cm

　　작품의 중앙 언덕 꼭대기에 깃발이 꽂혀 있는 곳이 바로 마하락슈미 사원이 있는 곳이다. 그 아래로는 경배자들의 행렬이 묘사되어 있다.

　　이처럼 작은 작품 안에 자신들이 경배하는 신의 사원과 그 주변 환경을 일상적으로 쉽게 표현해내는 왈리 부족들의 조형 언어는 그들 삶의 소중한 한 부분이라는 생각을 하게 된다. 그들에게 그림은 자신을 표현하고, 서로를 이해하며, 전통을 지켜나가는 수단인 동시에 삶의 자양분인 것이다. 인간은 본능적으

로 창조에의 욕구를 지니고 태어나지만, 현대인들은 이러한 욕구의 충족과는 너무도 거리가 먼 삶을 살아가고 있다. 우리가 누리는 과학문명의 혜택과 인간의 자유로운 표현 본능을 바꿔버린 셈이다. 이런 점에서 왈리 부족 사람들의 자기 표현은 행복한 인간이라면 누구에게나 필요한 소중한 삶의 부분이라고 생각된다.

마을 풍경 (Village Scene), 면에 채색, 33.5×55.4cm

왈리 그림에서 늘 빠지지 않고 등장하는 소재는 사람, 나무, 동물 등이다. 그들은 이 다양한 소재들을 나열하는 방식으로 그린다. 왈리 회화에 어김없이 등장하는 나무는 그들에게는 가장 소중한 생활의 원천이다. 나무는 그들에게 신선한 과일과 땔감을 제공해주고, 한여름에는 시원한 그늘을 제공해주는 신의 선물이다. 왈리 부족들은 거의 정글에 가까운 외딴 마을에 살고 있다. 그림에 등장하는 다양한 형태의 나무와 동물들은 일상에서 그들이 늘 접하는 것들이다. 그들의 인체 표현은 단순하고 기하학적 형태이지만, 표현하고자 하는 동작은 무엇이든 묘사할 수 있다. 얼굴을 나타내는 조그만 원과 몸체를 표현하는 두 개의 삼각형에 팔과 다리를 나타내는 선의 움직임에 따라 인체는 얼마든지 다양한 동작으로 묘사된다. 왈리 부족은 집에 창을 내지 않고 문도 오직 들고나는 문 이외에는 절대로 더 만들지 않는다. 귀신을 두려워해서라는 것이다. 찌는 듯이 무더운 여름에도 문을 꼭 닫고 자는 것도 그들이 자는 사이 귀신이 들어올 것을 염려해서라고 한다. 그런데도 그림에서만은 늘 집안을 샅샅이 드러내서 그들의 생활상을 있는 그대로 보여준다. 따라서 그들의 그림에 그려지지 않은 것은 그들의 삶에 존재하지 않는다고 해도 좋을 것이다.

마을 풍경 (Village Scene), 면에 채색, 35.7×37.3cm

왈리 부족이 그리는 마을 풍경 안에는 다양한 장면들이 펼쳐진다. 그들의 그림에서 구도란 큰 의미를 갖지 않는다. 그들은 생각나는 대로 일상의 풍경을 표현해내며 아무런 제약이나 망설임을 갖지 않는다. 그들이 따로 밑그림을 그리지 않는다는 것도 신기한 일이다. 하지만 그들이 그림을 그릴 때는 마치 종이 위에 밑그림이 그려져 있는 것처럼 민첩하게 손을 움직여서 그림을 완성한다. 그들이 늘 접하고 생활하는 〈마을 풍경〉 작품은 그들과 함께 살아가는 모든 것들이 서로 어우러져서 만들어내는 작은 오케스트라처럼 느껴진다. 서로 각자에게 주어진 일을 하면서 이웃과 서로 돕고 자연과 조화를 이루어가는 그런 소박한 생활의 장면이 그대로 담겨 있기 때문이다.

풍요와 평화(Peace and Plenty), 면에 채색, 38.0×37.7cm

왈리 부족의 그림은 그들에게는 그림일기와 같은 역할을 한다. 그들이 매일같이 접하는
대상들이 곧 소재이다 보니 굳이 잘 그리고자 하는 욕심을 부리지 않아도 저절로 그렇게
표현된다는 생각이 든다. 왈리 사람들은 그림 안에서 그들이 무엇을 묘사하든 풍요롭게
보이도록 표현하고자 노력한다. 그래서 수많은 사람들, 동물, 나무뿐 아니라 어제 있었던
일, 오늘 일어난 일, 그리고 내일 일어날 수 있는 일까지도 하나의 공간에 담아내고자
한다. 사실 그들의 일상은 이처럼 많은 사람들이 한꺼번에 움직이고, 동물들이 뛰어다니
고, 공작과 새들이 넘쳐나는 것은 아니다. 그들이 살고 있는 마을은 한적하고 외롭기까지
한 곳이다. 그러나 그들이 그리는 그림 안에선 모든 것이 풍요롭고 사람으로 넘쳐난다.
그림 속 모습은 그들이 상상하고 원하는 마을의 풍요와 평화가 아닐까 하는 생각이 든다.
즉, 왈리 부족이 그리는 마을 풍경은 어쩌면 그들이 원하는 이상향인지도 모른다.

수확의 계절

일 년 중 가장 행복한 시간

왈리 부족에게 일 년 가운데 가장 신나고 행복한 기간은 바로 곡식을 수확하는 추수의 계절이다. 그 추수가 끝나면 긴 축제가 이어지고, 누군가의 집에선 결혼식을 준비한다. 힘들게 거친 땅을 하루 종일 뛰어다니지 않아도 먹을 것이 풍족하고 겨울 동안 긴 휴식이 주어지기

추수 (The Harvest), 면에 채색, 28.2×50.3cm

때문에 추수철이면 마을은 축제나 다름없는 분위기가 된다. 대개 서로 도와가며 다른 집의 일을 돕기 때문에 일손을 걱정할 필요는 없다. 이들은 추수를 하는 동안 쉬지 않고 계속 노래를 부른다. 그들이 알고 있는 거의 모든 신들에게 감사하며 감사의 노래를 부른다. 마치 농사는 신이 다 짓고 자신들은 수확만 하는 것처럼 보이기도 한다. 물론 비의 신이 충분한 양의 비를 내려 싹을 움트게 하지 않았거나 태양신이 따가운 햇볕을 내리쬐지 않았다면 수확이 힘들었을 것이다. 그러니 신에게 감사의 노래를 부른 것은 그들에게는 당연한 일인 것이다.

마을 풍경 (Village Scene), 면에 채색, 14.7×105.0cm

농사짓는 장면을 그린 작품으로 논을 갈고 벼를 심고 수확하는 장면이 하나의 그림에 같이 그려져 있다. 그리고 그림의 중간 중간에 나무를 배치해서 장면과 장면 사이를 연결시켜주고 있다. 왈리인들의 그림에는 모든 일들이 동시다발적으로 일어나는 것처럼 표현된다. 논을 갈고 벼를 심고 곡식을 거두는 일이 하나의 공간 안에서 일어나는 것처럼 묘사되고 있는 것이다. 하지만 이 작품은 다른 그림과 달리 수평의 구도여서 나름대로 시간대의 흐름을 따라가며 이해할 수 있다. 즉 과거, 현재와 미래가 하나의 공간 안에서 표현되는 것이다.

추수 (The Harvest), 면에 채색, 43.5×62.0cm

추수하는 장면은 왈리 부족에게 아주 즐거운 주제이다. 이 작품은 추수를 하는 많은 사람들이 함께 일하는 모습을 묘사하였다. 한쪽에서는 곡식을 베고 있고, 다른 한쪽에서는 베어놓은 곡식을 공작을 비롯한 동물들이 쪼아 먹고 있다. 누군가는 곡식을 소달구지에 실어 나르고 있다. 이 작품에서 재미있는 것은 작품의 한가운데서 보이는 한 남자가 파라솔을 들고 지팡이를 짚으며 아주 뽐내는 모습으로 수확하는 들판을 걷고 있는 장면이다. 다들 열심히 일하는데 이 남자만이 잔뜩 폼을 잡고 걸어가는 모습이 눈에 띈다. 아마 지팡이를 짚고 가는 것으로 보아 그 마을의 연장자가 아닐까 싶다. 열심히 일하는 농부들의 얼굴 표정은 밝고 웃음이 가득한 표정이다. 수확하는 그 순간이 너무나 행복하기 때문이다. 이 추수하는 장면에서는 김홍도의 민화에서 느낄 수 있는 정감과 웃음이 한껏 느껴지며, 왈리 부족의 추수 장면이 생생하게 눈앞에 펼쳐지는 듯하다.

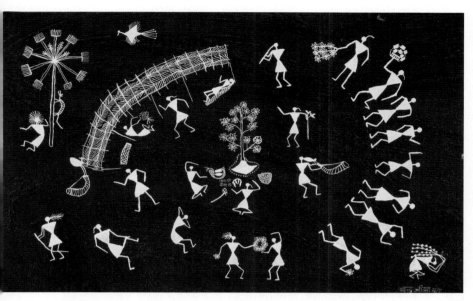

수확의 의식 (The Harvest Ritual), 종이에 채색, 29.0×45.3cm

왈리 부족들에게 자연은 항상 경외와 두려움의 대상이다. 그들에게 하루하루의 일상은 언제나 신의 축복과 더불어 시작하는 것이다. 그래서 늘 신에게 감사하고 기도하는 것이다. 그들은 때로는 기도와 제물을 바치고, 때로는 노래나 춤으로 신을 기쁘게 해야 한다고 생각한다. 그래서 추수의 시작과 추수 기간 내내 신에게 감사를 표현하고 신을 기쁘게 하기 위해 이런 춤을 추는 것이다.

수확의 의식 (The Harvest Ritual), 면에 채색, 41.0×52.8cm

이 작품은 수확을 위한 의식으로 신에게 음악과 춤, 제물을 바치는 장면을 묘사하고 있다. 풍성한 수확과 추수가 아무 탈 없이 무사히 끝나기를 소망하는 의식이다. 작품의 왼편 아래에는 한 그루 나무가 서 있고, 그 나무 아래 신에게 바치는 제물이 놓여 있다. 그 오른쪽에는 타르파(tarpa: 식물의 구근으로 만든 전통 악기) 연주자를 중심으로 반원을 그리며 신에게 춤을 바친다. 왈리 부족의 의식이나 행사에는 항상 음악과 춤이 빠지지 않는다.

수확의 의식 (The Harvest Ritual), 종이에 채색, 22.8×29.2cm

추수가 시작되는 날 신에게 무사히 추수를 끝낼 수 있도록 기원하는 의식을 치르는 장면이다. 이 의식에는 여자들은 제외되고 모두 남자들만이 이 의식에 참가할 수 있다. 원을 그린 남자들과 중앙에 신의 모습을 한 남자가 보인다. 이 남자는 다른 사람들과는 달리 마치 결혼을 관장하는 여신 파라가타와 같은 의상을 입고 있다. 가운데 세워진 막대기 위에 신에게 바치는 코코넛이 매달려 있고, 막대기 아래에는 가장 먼저 수확한 곡식의 낟알들이 흩뿌려져 있다. 왈리인들은 맨 처음 수확한 곡식을 신에게 바치지 않으면 신이 화가 나서 추수가 끝나기도 전에 동물이나 벌레들이 들끓게 만들어 그 해 수확을 망치게 한다고 생각한다. 신에게 코코넛을 바치는 의식은 시바와 연관 지워져서 고대로부터 이어져 내려온 풍습이다. 또 코코넛이 그들의 일상에서 늘 구할 수 있는 것이기 때문일 수도 있다. 원을 그리며 춤을 추는 17명의 남자들 모두 오른쪽 발목에 작은 방울로 만든 발찌를 매달고 있다. 그들이 움직이면서 내는 방울소리는 귀신을 쫓고 신성한 기운을 불러들이기 위해서이다. 왈리 부족이 추수와 관련되어 신에게 바치는 의식은 참으로 다양하다. 물론 추수의 시작과 마지막에 지내는 의식이 가장 중요하지만, 대체로 추수를 하는 동안 신에게 기도와 노래를 바친다.

수확의 춤 (The Harvest Dance), 면에 채색, 54.7×64.2cm

왈리 부족이 수확의 기쁨을 만끽하기 위해 추는 춤을 묘사한 작품이다. 실제로 이들이 추는 춤을 아주 멀리서 보거나 위에서 내려다본다면 거의 이렇게 나선형으로 보일 것이다. 거의 대부분의 마을 사람들이 남녀노소 할 것 없이 함께 손에 손을 잡고 타르파 연주자를 중심으로 원을 이루며 춤을 춘다. 이 춤은 거의 몇 시간 동안 계속된다. 추수가 끝난 후에 신에게 감사의 의식을 치르고 나면 거의 며칠 동안 이런 춤과 노래와 음식을 나누는 의식이 이어진다. 그들이 신을 찬미하기 위해 부르는 노래는 마치 이웃에게 자신들의 일상을 자세히 설명하는 것처럼 친근감 있게 느껴진다. 그들에게 신은 축복을 내려주는 신이자 가장 가까운 이웃이기도 하다.때문에 그들은 자신들에게 일어나는 모든 일을 신의 뜻이라고 믿는다.

수확의 춤(The Harvest Dance), 면에 채색, 66.0×116.2cm

왈리 부족에게 일 년 중 가장 행복한 시간은 바로 이 작품에 묘사된 추수를 끝내고 수확의 춤을 추는 순간이다. 작품의 중앙에 타르파 연주자를 중심으로 커다란 나선형의 원을 이루며 온 마을 사람들이 손에 손을 잡고 춤을 춘다. 수많은 사람들과 그들의 작품에 늘 등장하는 나무와 동물, 집, 사람들이 어우러져서 온 마을이 들썩거리는 소리가 들릴 것 같은 장면이다. 화면의 중앙 수확의 춤을 추는 사람들은 그 수를 세기도 힘들만큼 많다. 수확의 춤을 추며 만드는 원은 우주를 상징한다. 그 주변에 그려진 많은 사람들의 동작을 하나하나 잘 들여다보면 그들의 동작도 기쁨에 넘쳐나는 것을 느낄 수 있다. 타르파를 연주하는 사람, 춤을 추는 사람, 뛰어가는 사람, 말을 타고 달리는 사람, 친구와 손을 잡고 가는 사람, 한 손에는 술병을 들고 춤을 추는 사람, 집 안에서 일을 하는 사람, 잠을 자는 사람, 아기를 돌보는 여인, 모닥불을 지피는 사람, 그리고 풍성한 수확의 계절을 즐기는 수많은 동물들이 나무 위에 묘사되어 있다. 왈리 민화에 빠지지 않고 등장하는 나무에는 늘 동물이나 공작새들이 표현되어 있다. 그들은 나무에 원숭이, 공작, 앵무새, 뱀, 벌레나 곤충을 묘사하는 것이 곧 풍요를 상징한다고 생각한다. 왈리 부족의 수확의 춤은 자연과 더불어 살아가며 열심히 일해 수확하고 함께 나누는 모습을 보여주는데, 우리에게는 잊혀진 아득히 먼 옛날이야기처럼 느껴진다. 때문에 그들의 작품은 마치 판타지 같다. 왈리 부족의 작품 감상의 재미는 바로 이런 점에 있다. 그래서 들여다보면 볼수록 그 안에 담긴 이야기 속으로 빠져들게 된다.

수확의 춤(The Harvest Dance), 면에 채색, 30.6×45.7cm

왈리 부족에게 추수의 계절은 일 년 중 가장 들뜨고 신나는 계절이다. 일 년 내내 거친 들판을 하루 종일 뛰어다니며 쉬지 않고 일한 그 결실을 거두는 시간이기 때문이다. 이른 아침부터 마을은 온통 소란스럽고, 서로 이집 저집 추수를 끝내도록 돕는다. 추수를 하는 동안 이 작품에서처럼 밤마다 서로 손에 손을 잡고 수확의 기쁨을 즐기는 춤을 춘다.

수확의 춤은 거의 모든 마을 사람들이 참가해서 함께 즐긴다. 중앙의 타르파 연주자를 중심으로 남녀노소 할 것 없이 손에 손을 잡고 춤을 춘다. 아마 실제 춤을 추는 사람들을 위에서 내려다본다면 이렇게 표현될 것이다. 왈리 부족의 인체 표현은 아주 단순하게 보이지만 움직이는 동작을 표현하기 위해서 팔이나 다리의 표현이 그리 쉬운 것만은 아니다. 사실 어떤 대상이든 단순하게 표현하면 할수록 특징을 잘 파악해서 묘사해야 하므로 더 어려울 수 있다. 그런 측면에서 보면 왈리 부족의 인체 표현은 숙달된 능숙한 솜씨가 만들어낸 결과라고 할 수 있다.

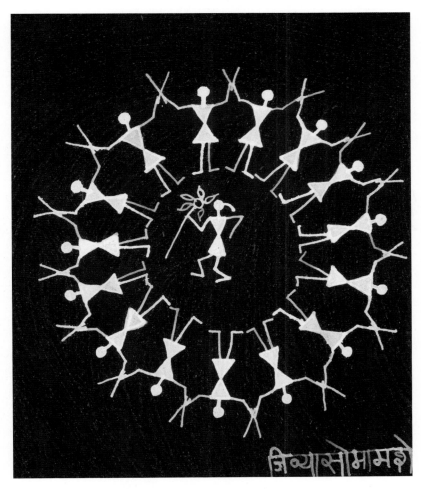

수확의 춤 (The Harvest Dance), 종이에 채색, 29.0×22.6cm

왈리 부족이 추수와 더불어 중요하게 생각하는 것은 조상숭배이다. 조상들은 죽어서 자신들
을 돌봐준다고 생각하기 때문에 조상을 신으로 숭배하는 것이다. 그래서 전통악기 타르파
대신 나뭇가지와 잎으로 꾸민 옷을 입고 지팡이를 든 사람을 중앙에 위치시켜 조상의 역할
을 하게 한다. 이 작품은 조상신을 둘러싸고는 양손에 막대기를 들고 서로 막대를 부딪치면서
호흡을 맞추며 추는 춤이다.

디왈리 축제

락슈미 여신을 기리는 축제

　　인도 각 지역은 그 지역마다 숭배하는 신이 다르지만, 자신들이 숭배하는 신을 기리는 축제는 늘 가장 성대하고 화려하게 치른다. 인도인들에게 신을 기리는 의식은 의식이기 이전에 온 마을의 축제나 다름없다. 마을 여기저기 신상을 모시기 위한 천막이 쳐지고, 시끄러운 음악과 신에게 바칠 제물을 사러 나온 사람들과 가장 좋은 옷으로 차려입은 마을 사람들이 벌이는 그야말로 가장 신나는 축제이다. 마을 사람들은 신에게 바친 음식을 늘 이웃과 나눠 먹는다. 이 음식을 '프로샤드Proshad'라고 하는데, 이 음식을 나눠 먹으면 신의 축복을 나누는 것이라 생각한다. 뿐만 아니라 다른 마을에서 몰려온 상인들이 손님을 불러 모으면 마을은 밤새 잠들지 않는다.

　　디왈리 축제의 여신 락슈미는 본래 천상에 거주하며 비슈누의 동반자로서 그를 보좌하는 신이다. 그러나 지상에서 인간에게 부와 번영을 가져다주는 다양한 현신들은 수없이 많다. 또한 힌두교의 풍습인 샥티를 따르기 위해 남편이 죽으면 스스로 남편을 화장하는 불길 속으로 뛰어드는 여인들을 열녀로 칭하며 락슈미의 현신으로 온 그녀를 마을 사람들이 칭송한다.

락슈미에게는 카르다마(진흙)와 치클리타(수분)라는 두 아들이 있다고 전해진다. 그래서 왈리인들은 락슈미가 풍성한 수확을 가져다주는 옥수수 여신이라고 믿는다. 진흙과 수분은 농작물의 수확을 위해 꼭 필요한 것으로 락슈미는 곧 부를 상징한다. 특히 왈리 부족들은 옥수수가 주요 농작물이므로 락슈미 여신을 기리는 축제를 성대히 치른다.

디왈리 축제(Diwali Festival), 종이에 채색, 29.5×45.7cm

이 작품에 묘사된 디왈리 축제는 인도 전역에서 성대히 치르는 의식으로 락슈미 여신을 기리는 빛과 음악의 축제이다. 거의 모든 집에서는 현관에서부터 집안 구석구석에 촛불을 밝힌다. 이는 부와 행운을 가져다주는 락슈미 여신이 자신의 집에 들어와 축복을 내려주기를 기원하는 것이다. 혹시 촛불이 꺼져 여신이 자신의 집을 빠트리면 안 된다고 생각하기 때문에 가능하면 많은 촛불을 밝혀야 한다고 생각한다. 디왈리 축제의 하이라이트는 이 작품에서 표현된 것처럼 마을의 젊은 남녀가 손을 잡고 타르파라는 전통 악기 연주자를 중심으로 원을 만들며 밤새워 춤을 추는 것이다. 디왈리 축제의 마지막 날은 여기저기서 불꽃놀이를 즐기는데, 이 작품에서도 춤의 긴 행렬 위아래에 불꽃을 들고 뛰어가는 남자의 모습이 묘사되어 있다.

7

왈리의 옛날이야기

오래전부터 전해 내려오는 그림이야기

최초의 죽음을 맞이한 판두

모든 생명체는 죽고 다른 모습으로 다시 태어난다

왈리 부족의 신화에 의하면 죽음이란 인간이 모신을 모욕해서 주어진 결과이다. 땅 위의 생명은 마하데브와 강가 가우리에 의해 창조되고, 스스로 창조된 부부는 씨를 뿌리는 사람이었다. 그들이 임무를 모두 마치자 지구상에서 식물이 증식하기 시작했다. 그러나 많은 시간이 흐르자 소의 뿔들은 서로 부딪혀서 더 많아지고 나뭇가지들은 서로 얽히기 시작했다. 그래서 세상에 더 이상 수용할 수 없을 만큼 버거운 짐이 되었다.

이때 다하타리는 신들에게 도움을 청했다. 그러나 판두데브는 그녀를 돕는 대신 그녀를 차버리고 모욕했다. 이것은 다하타리의 오빠인 마하데브를 노하게 했고, 하늘을 분노하게 했다. 그 결과 판두에게 죽음이 다가온다. 그러나 판두는 죽음으로부터 필사적으로 도망치려고 했다. 바다 한가운데로 피신했지만, 결코 죽음으로부터 도망칠 수는 없었다. 이것이 바로 최초로 죽음을 맞이한 판두의 이야기이다.

삶과 죽음에 관한 신화 (Mythology of Life and Death), 면에 채색, 34.6×60.3cm

왈리 부족의 신화에 의하면, 죽음이란 인간이 모신을 모욕해서 주어진 결과이다. 작품의 중앙에 죽음을 관장하는 여신이 양손에 인간의 주검을 손에 들고 있다. 힌두교에서 죽음을 관장하는 무시무시한 칼리 여신의 모습과 비교하면, 이 여신은 인간보다 훨씬 더 크고 머리에 뿔이 달린 것을 빼고는 거의 인간과 같은 모습으로 묘사되어 있다. 왈리 부족의 신화에서도 목숨을 앗아가는 역할은 여신의 몫이다. 생명을 잉태하도록 축복하는 것도 모신이니 다시 빼앗아가는 것도 모신의 임무일 것이다. 그러나 힌두교 신화에서 목숨을 앗아가는 죽음의 여신 칼리를 자애로운 어머니의 모습으로 경배하는 이들도 많다.

이러한 죽음에 관한 신화는 노래로 만들어져 제사장들은 꼬박 밤을 새워가며 노래를 부른다. 왈리인들의 삶과 죽음에 관한 신화는 신비롭고 경이로움으로 가득 차 있다. 태어난 모든 생명체는 죽고 다시 다른 모습으로 태어난다고 믿는다. 삶과 죽음이 별로 다르지 않고 옷을 바꿔 입는 것과 같다고 노래한다.

이러한 삶과 죽음에 대한 인식은 그들의 조상숭배 사상과도 연관된다. 왈리 부족은 가족 중에 누가 아프거나 안 좋은 일이 생기면 그들의 조상들을 떠올리며 특별한 의식을 바쳐 그들의 축복을 받아야 한다고 믿는다.

가족들은 조상을 상징하는 나무로 된 상을 만들어 제단을 설치한다. 때로는 그 상이 말을 탄 판카시리야 상이거나 호랑이 상이기도 하고, 때로는 나무나 흙으로 그들이 상징하는 조상의 상을 제작하기도 한다. 그 상을 경배하는 의식은 제물과 꽃을 바치고 기도와 노래를 바치는 것이다. 그런 다음 그 우상 안에 조상의 영혼이 들어왔다고 생각될 때 그 우상에게 간청한다. 즉, 조상신에게 간청하는 것이다.

　　"저희 가족에게 축복을 내리소서. 우리가 무엇을 해야 할지 알게 하소서. 그리고 우리를 예전처럼 다시 평화롭고 건강한 생활로 돌아가게 해 주소서. 이 가정에 축복을 내려서 다시 당신께 감사하며 살게 하소서. 당신의 축복 아래 삶의 모든 우환이 걷히게 하소서."

조상숭배 (Ancestor Worship), 면에 채색, 42.5×61.0cm

왈리 부족은 아직도 과학문명에 의존하기보다는 자연과 그 자연에 내재된 초자연적인 존재를 믿으며 살아간다. 문명과 차단된 환경 때문에 자신들의 생활 터전인 자연을 가장 신성시하고, 조상숭배와 신에게 간청하는 것을 중요시한다. 조상숭배 의식을 통해서 스스로 불행과 질병을 이겨낼 수 있다고 믿는다.

이 작품의 중앙에는 조상을 위한 제단이 만들어져 있고, 제단을 중심으로 좌우에는 각각한 그루의 큰 나무가 그려졌다. 나무 위에는 원숭이, 공작, 앵무새 등 다양한 동물과 새가그려졌다. 제단 위쪽으로 전통 악기 타르파 연주자와 함께 춤을 추는 사람들이 보인다. 제단의 정면에는 3명의 악사들이 북을 연주하는 장면이 묘사되어 있는데, 그들은 원근법과전혀 상관없이 감상자의 입장에서 보면 마치 누워서 악기를 연주하는 것처럼 보인다. 그들은 모든 작품에서 인체를 공간과 상관없이 그들이 알고 있는 대로 그려야 한다고 생각한다. 이러한 인체 표현의 방식은 거의 아무런 변화 없이 오늘날까지 이어지고 있다. 마치 고대이집트의 벽화에서 연못 주변의 나무를 그릴 때 절대로 나무를 연못에 빠트려서는 안 된다고 생각한 것과 같다. 공간에서 원근법을 사용하지 않았기 때문이다. 왈리 부족은 마치 고대 이집트인들처럼 자신의 생각을 바꾸려고 하지 않는다. 아니면 그래야 할 필요를 느끼지않기 때문일 것이다.

조상숭배 (Ancestor Worship), 면에 채색, 45.0×64.0cm

이 작품은 왈리 부족이 숭배하는 조상 신 나라얀데브(Narayandev)를 경배하는 의식을 치르고 있는 장면이다. 이 의식은 금잔화가 만개할 때 치르는데, 신에게 금잔화 꽃목걸이와 5개의 코코넛과 닭을 바친다. 이때 닭과 코코넛을 숲속 어딘가에 숨겨놓는다. 마을 사람들이 의식을 위해 만들어진 제단을 중심으로 원을 그리며 춤을 추고, 그들 중 한 사람에게 신성한 기운이 들어갔다고 느끼게 되면 사람들은 빈랑나무 줄기로 그 사람을 두들긴다. 그에게 정말로 신성한 기운이 들어갔다면 그는 무아지경에서 아픔을 느끼지 않을 것이고, 그렇지 않으면 고통으로 눈물을 흘리게 될 것이라고 믿는다. 그 다음 그 사람이 숲으로 달려가서 숨겨둔 닭과 코코넛을 단번에 찾아내면 그 의식은 성공적으로 끝이 나게 된다. 그렇지 않으면 의식은 쉽사리 끝나지 않고 축복 받지 못했다고 생각한다. 추수의 계절이 끝나고 나면 대부분의 가정에서는 가족의 건강과 풍요를 위해 이런 의식을 치른다. 또 이런 종교 의식을 통해 마을 사람들과의 결속을 다지며 삶을 보다 더 의미 있고 풍부하게 만들어가는 것이다. 이 작품의 바탕은 하얀 면 위에 여러 번 손으로 소똥을 발라서 얻어진 것이다. 이런 과정은 손이 많이 가는 작업이므로 요즘은 물감을 발라 바탕을 두껍게 한 다음 그림을 그린다. 왈리인들은 모든 작품에 흰색 이외에는 다른 색채를 사용하지 않는다. 그 흰색마저도 쌀가루를 곱게 빻은 것으로 물에 잘 개서 사용한다. 그래서 그림을 그리는 바탕이 약간 톡톡하고 거칠지 않으면 선을 그리기가 쉽지 않다.

조상숭배 (Ancestor Worship), 면에 채색, 30.0×43.5cm

작품의 중앙에 흙이나 나무로 만들어진 조상신을 위한 제단이 있고, 그 앞에는 사람들이 제물을 바치고 있다. 때로는 마을에 사는 높은 카스트의 승려가 와서 조상신에게 고하고 기도와 노래를 받치기도 한다. 왈리인들은 조상을 잘 숭배하기만 해도 복을 받는다고 생각하기 때문에 추수가 끝나고 나면 집집마다 이런 조상숭배 의식을 치러야 한다고 생각한다.

조상숭배 (Ancestor Worship), 종이에 채색, 22.8×29.1cm

이 작품은 다른 왈리 작품과 달리 주제가 화면의 오른쪽으로 치우쳐져 그려지고, 왼쪽에는
여백을 약간 주어 주제를 부각시켰다. 야자수나무 아래 조상신을 위한 형상이 만들어져 있
고, 제단의 왼쪽에 의식에 참석한 사람들이 그려져 있다. 대체로 그들의 작품은 여백 없이
꽉 채워져 있기 때문에 때로는 이런 단순한 구도가 돋보이는 것이다

마술 항아리
지나친 욕심은 화를 부른다

 어느 마을에 아주 욕심 많은 한 부자가 살고 있었다. 모든 마을 사람들은 그의 땅에서 소작인으로 일해야만 했다. 그들 가운데 한 남자는 열 명이 넘는 자식들 때문에 늘 먹을 것이 부족했다. 매일 같이 열심히 일해도 돌아올 때는 늘 약간의 곡식이 들은 주머니를 들고 집에 돌아와야만 했다. 그럴 때마다 아내는 이 많은 아이들을 어떻게 먹여야 하는지 잔소리를 늘어놓았다.

"지주에게 자비를 베풀라고 왜 말하지 않는 거예요? 이 정도의 식량으로는 자식들을 먹여 살리기가 턱없이 부족하다고 말이에요."

그 가난한 남자는 늘 지주에게 사정했다. 곡식을 조금만 더 줄 수 없는지를. 그때마다 부자는 말했다.

"다른 사람과 똑같이 일한 만큼밖에 줄 수 없어."

그 가난한 남자는 아내의 불평과 아이들의 굶주린 얼굴을 보면서 마음이 너무나 괴로워 하루는 집에 돌아가지 않고 깊은 숲 속으로 걸어갔다. 이때 어디선가 이상한 소리가 들려왔다. 바로 마하데브 신과 그의 아내 가우리가 그 남

마술의 사발 (The Magic Bowl), 면에 채색, 43.0×60.7cm

그림에서 화면 중앙 나무 아래 말을 탄 이가 부자를 심판하러 온 마하데브 신이고, 부자는 벌레들 때문에 바닥에 누워 있는 모습으로 표현한 것이라고 한다. 이처럼 왈리 부족의 작품에는 살아가면서 필요한 삶의 지혜가 그림 안에 담겨 있다.

자 곁을 지나려다 말고 그 불쌍한 고민에 찬 남자를 보며 물었다.

"당신은 왜 그렇게 불행해 보이오?"

그러자 남자는 자신의 불행한 처지에 대해 털어놓았다. 그러자 마하데브 신이 말했다.

"자! 이 항아리를 집에 가져가서 솥 옆에 놓아두면 언제든 필요한 양만큼의 곡식을 얻게 될 것이다."

시간이 흘러 어느 날 부자는 그 가난한 남자가 왜 갑자기 행복해졌는지 이유가 몹시 궁금해졌다. 그래서 그 가난한 남자에게 물었다.

"왜 요즘은 불평도 하지 않고 그렇게 행복해 보이는가?"

그 가난한 남자는 자신이 숲에서 마하데브를 만나 받은 항아리 때문에 늘 풍족한 곡식을 얻게 된 것이라고 자랑했다.

"제 말이 의심스러우면 저의 집에 가서 직접 그 항아리를 구경해 보세요."

부자도 그 가난한 남자처럼 행운을 잡고 싶어서 가난한 남자가 들어갔던 숲으로 들어갔다. 그때 마하데브와 가우리가 그의 곁을 지나다 말고 그에게 무슨 근심이 있는가를 물었다. 마하데브는 그 남자의 마음을 이미 알고 있어서 말을 걸고 싶지도 않았으나 아내 가우리가 이 부자를 혼내주자고 조르는 탓에 어쩔 수 없이 그에게도 항아리를 하나 주었다.

그 항아리를 안고 부자는 집으로 돌아와서 생각했다.

"마을 사람들을 불러 잔치를 벌여서 항아리의 위력을 확인해봐야겠어"

그는 마을 사람들을 자신의 집으로 초대했고, 초대 받은 마을 사람들은 너무나 의아해했다.

"저 늙은 구두쇠가 우리를 초대하다니. 모두 가봅시다."

마침내 마을 사람들이 부자의 집에 와서 음식이 나오기를 기다리고 있었다.

그러자 부자는 마술의 항아리를 부엌 솥 옆에 갖다 두고 곡식이 쏟아지기를 기다렸다. 그러나 그 단지 안에서는 곡식 대신 징그러운 벌레들이 쏟아져 나와서 순식간에 그 부엌은 벌레로 가득 찼다. 놀란 마을 사람들은 혼비백산해서 달아나버렸다.

화가 난 신

가진 것을 늘 나누는 삶이 중요하다

아주 먼 옛날 왈리 부족들은 신으로부터 풍
족한 수확을 축복받았다. 한 해도 빠짐없이
풍년이 들어 농부들의 얼굴에선 웃음이 떠날
날이 없었다.

그러던 어느 날 추수의 신은 자신이 내린
축복을 사람들이 얼마나 즐기며 너그럽게 사는지 스스로 확인해보고 싶어졌
다. 그래서 신은 맨 처음 굶주린 고양이의 모습을 하고 어떤 집으로 찾아갔다.
마침 가족들이 모여 앉아 식사를 하고 있었다. 이때 이 불쌍한 고양이를 보고
는 가족 중의 누군가가 외쳤다.

"어서 저 도둑고양이를 쫓아버려."

그러자 신은 이번에는 허기진 개의 모습을 하고는 다른 집으로 찾아갔다.

"허기진 개에게 줄 음식은 없어."

첫 번째 집과 똑같은 반응이었다.

그래도 신은 인내심을 갖고 다시 한 번 시도해보기로 하고, 남루한 차림의
성자로 어떤 집의 문을 두드렸다.

화가 난 신(The Angry God), 면에 채색, 32.9×57.0cm

왈리 부족들은 이처럼 자신들의 조상이 신을 화나게 해서 쌀 단지에 늘 쌀이 가득 차지 않게 된 것이라고 생각한다. 그래서 언제 어떤 모습으로 신이 찾아올지 모르기 때문에 자기가 가진 것을 늘 나누는 자세를 가져야 한다고 생각한다. 작품에서 신은 지팡이를 짚은 모습으로 묘사되어 있는데, 잘 들여다봐야만 그 모습을 찾을 수 있다.

"당신처럼 게으른 성자에게 줄 음식은 없어."

역시 대답은 같았다. 신은 걸어가면서 생각했다.

"내가 내린 수확의 축복을 결코 나눌 줄 모르는 인간들의 어리석음을 두고 볼 수만은 없지."

그래서 신은 때로는 비를 내리지 않게 하고, 때로는 벌레떼에게 곡식을 먹어치우도록 하며, 때로는 태양을 시들게 해서 굶주림을 경험하도록 해야겠다고 결심한다. 그 후 풍년의 축복은 사라지게 되었다.

욕심 많은 아내
신에게 봉헌하는 것을 아까워하지 말라

어떤 마을에 사는 한 부부가 깊은 숲속으로 꿀을 모으기 위해 들어갔다. 부부는 열심히 벌집을 찾아내서 조심스럽게 꿀을 단지에 모았다. 그러자 남편이 아내에게 말했다.

"자! 이렇게 많은 꿀을 모았으니 가장 처음 수확한 꿀 단지 한 개를 이 산에 사는 신에게 바치고 가는 것이 좋겠어."

그러자 아내는 대답했다.

"이렇게 힘들게 일했는데 오늘은 그냥 가고 다음번에 와서 바치고 가는 것이 좋겠어요."

그래도 착한 남편이 아내를 계속 설득하려고 하자 아내가 남편에게 말했다.

"다른 벌집을 찾아보고 오세요."

남편이 잠깐 다른 벌집을 찾으러 간 사이에 아내는 가장 먼저 모은 꿀단지의 꿀을 모두 먹어버렸다. 너무 많은 꿀을 한꺼번에 먹은 욕심 많은 아내는 갑자기 몸이 너무 뜨거워져서 남편이 돌아오기 전에 죽고 말았다.

욕심 많은 아내(The Greedy Wife), 종이에 채색, 23.0×29.4cm

무엇이든 처음 수확을 걷은 것은 신에게 바쳐야 한다는 왈리 부족의 생각을 담고 있는 작품
이다. 그 약속을 지키지 않으면 신이 화가 나서 재앙을 내린다고 생각하는 것이다. 작품의
상단 야자수나무 옆에 앉아 있는 부부의 모습이 보이고 시냇물도 흐르고 있다. 그림 하단
오른쪽에는 남편이 혼자 집으로 돌아가는 모습이 그려져 있다. 하나의 작품에 이야기의 모든
과정이 다 담겨 있는 것이다.

물소와 고아 소년

착한 이들은 항상 복을 받는다

어떤 마을에 한 고아 소년이 살고 있
었다. 그 마을에 사는 욕심 많은 부자는
그 고아 소년을 집으로 데리고 가서 돌봐
주겠다고 했다. 부자에게는 여러 마리의
소를 돌볼 사람이 필요했던 것이다. 그래
서 소년에게 소를 돌봐주는 대신 먹을 것
을 풍족하게 주겠다고 약속했다. 그래서
소년은 매일같이 소떼를 이끌고 목초지
를 찾아 이동하는 일을 하게 되었다.

하지만 부자는 약속과는 달리 소년에게 먹을 것을 충분히 주지 않았다. 소년
은 늘 배가 고파 몸은 점점 허약해져갔다. 어느 날 소년의 이런 사정을 알아챈
소 한 마리가 소년에게 다가와 말했다.

"나뭇잎으로 컵을 만들어서 나의 입에 갖다 대렴. 그러면 언제든 먹을 것으
로 채워줄 테니."

소가 주는 음식을 먹은 소년은 나날이 건강해져갔다. 이를 이상하게 생각한

물소와 고아 소년 (The Buffalo and the Orphan), 면에 채색, 17.3×17.7cm

부자는 소년이 자기가 주는 음식을 먹고 어떻게 건강이 좋아졌는지 궁금해졌
다. 그래서 하루는 딸을 불러 소년과 함께 소떼를 돌보라고 했다. 그날 오후
집에 돌아온 딸은 소년에게 먹을거리를 제공해주는 그 신비한 소에 관한 이야
기를 들려주었다.

　그 일이 있고 나서 그 현명한 소는 부자가 자신을 비싼 값에 팔게 될 것을
알고 소년에게 말했다.

"그들이 나를 잡으려고 하면 얼른 나의 등에 올라타렴. 같이 도망쳐야 한단다."

소년은 소가 시키는 대로 했다. 그리고 둘이서 아주 멀리 숲 속으로 도망쳤다.

어느덧 소년은 성장하여 청년이 되었다. 청년은 매일 밤 피리를 불었다. 청년의 피리소리는 멀리 천상에까지 울려 퍼졌다. 이 피리소리에 맞춰 천상의 일곱 처녀가 매일 밤 춤을 추었다. 그 현명한 소는 이 모습을 보았지만, 청년은 볼 수 없었다. 어느 날 소가 청년에게 말했다.

"오늘 밤 피리 연주가 끝나면 그들 가운데 가장 어린 막내와 결혼하고 싶다고 하게나. 그러면 그 처녀들이 자네에게로 내려와서 나무인형과 개 한 마리를 내보이며 둘 중 하나를 선택하라고 할 거야. 그들은 자네가 인형을 선택하리라고 생각하지만 꼭 개를 선택해야만 하네. 그런 다음 개의 털을 몇 개 뽑아서 불태우도록 하게나."

청년은 소의 말대로 했다. 그러자 그 순간 청년 앞에 아름다운 처녀가 나타나 수줍게 웃고 있었다. 청년은 그 처녀와 결혼해 아주 행복하게 살았다고 한다.

공주와 학

지혜의 힘은 저주의 마법도 풀 수 있다

 어느 작은 왕국에 가난한 한 여인이 살고 있었다. 이 여인은 지금껏 한 번도 우유를 마셔본 적이 없었다. 어느 날 그녀는 길을 가다가 땅에 흰 깃털 몇 개가 떨어진 것을 보았다. 순간 그녀는 깃털의 색깔이 흰 것은 우유에 담가져서 그렇게 되었을 것이라고 생각하고는 깃털을 정성껏 주워 모았다.

"그래 맞아. 이 깃털을 모아서 꼭 짜면 얼마간의 우유를 맛볼 수 있을 거야."

여인이 깃털을 모아서 두 손으로 꼭 짜려고 하자 그 안에서 우유 대신 하얀 학 한 마리가 태어났다. 그 깃털은 마술의 깃털이었다. 여인은 어쩔 수 없이 그 학을 정성 들여 키웠다.

그러던 어느 날 학이 여인에게 말했다.

"나는 공주와 결혼하고 싶으니 왕에게 찾아가서 말해주시오."

여인은 학에게 말도 안 되는 소리라고 거절했으나 학은 몇 번이나 졸라대는 것이었다. 여인은 어쩔 수 없어서 왕에게 가서 학의 말을 전했다. 왕은 여인의

공주와 학(The Princess and the Crane), 면에 채색, 34.3×82.1cm

작품 중앙의 언덕에는 학의 말대로 항아리의 물을 쏟아 붓는 여인의 모습이 보이고, 학이 그 주변을 날고 있는 장면이 묘사되어 있다. 공주는 왕이 시키는 대로 인간이 아닌 학과 결혼했지만, 결코 불평하지 않고 지혜롭게 남편을 마법으로부터 풀어낸다는 이야기이다.

생각대로 화를 내며 신하에게 여인을 멀리 쫓아내라고 한다. 집에 돌아와 학에게 사실대로 말하자 학은 여인에게 자신이 시키는 대로 하라고 한다.

"마을에 사는 도공을 찾아가서 가능한 한 가장 큰 항아리 12개를 만들어서 그 안에 물을 가득 채우세요. 그러면 머지않아 곧 가뭄이 오게 될 거예요. 온 마을에 물이 떨어진 날 마을 한가운데 있는 언덕에 올라가서 두 개의 항아리에 있는 물을 쏟으세요. 그러면 왕이 나를 사위로 맞이하게 될 거예요."

모든 것이 학의 말대로 이루어져 학은 공주와 결혼했다. 왕은 학을 사위로 맞이하는 것이 너무도 싫었지만 10개의 항아리에 담긴 물을 얻기 위해서는 어쩔 수가 없었다.

학과 결혼한 공주는 결코 행복하지 않았다. 매일 밤 학은 공주를 찾아와서는 아무 말도 없이 몇 개의 깃털을 떨어뜨리곤 사라졌다. 그래서 공주는 왕실에 있는 성자에게 물었다.

"나의 남편은 매일 밤 깃털만 남기고 가버린답니다. 어찌하면 좋을까요?"

성자가 말했다.

"그는 마법에 걸려 있어요. 오늘밤 그가 와서 또 깃털을 떨어뜨리면 얼른 주워서 그가 떠나기 전에 태워버리세요."

성자의 말대로 하자마자 학은 멋진 왕자로 변해서 두 사람은 평생 행복하게 살았다고 한다.

공주와 학 (The Princess and the Crane), 종이에 채색, 22.7×29.4cm

지혜로운 공주가 마법에 걸린 학과 결혼해 저주를 풀고 행복하게 살게 된 이야기를 그렸다. 그림의 오른쪽 상단 집 안에 커다란 항아리가 두 개 놓여 있고 그 안에 물이 가득 담긴 것을 볼수 있다. 이야기 가운데 학의 요구대로 큰 항아리에 가득 물을 담아놓은 것을 볼 수 있다.

귀신과 농부

죽음을 두려워하지 않으면 삶이 다시 온다

어느 날 한 농부가 낚시를 갔다가 한밤 중에 집으로 돌아오던 도중에 숲속을 지나 가게 되었다. 그때 갑자기 나뭇잎 부스럭거 리는 소리가 나더니 두 명의 귀신이 그 농 부를 가로막았다.

"우리의 허락 없이는 누구도 이 숲을 통 과할 수 없어."

한 귀신이 말했다.

그러자 옆에 있던 귀신이 말했다.

"어리석은 당신을 잡아먹어야겠어."

순간 농부는 정신을 바짝 차리고 말했다.

"물론이에요. 당신들이 저를 잡아먹어도 저는 할 말이 없어요. 하지만 저를 맛있게 먹으려면 먹기 전에 제가 내는 문제를 풀어야만 해요."

농부는 말을 마치자마자 옆에 있던 풀을 몇 포기 뽑아서 묶은 다음 두 귀신 에게 주면서 말했다.

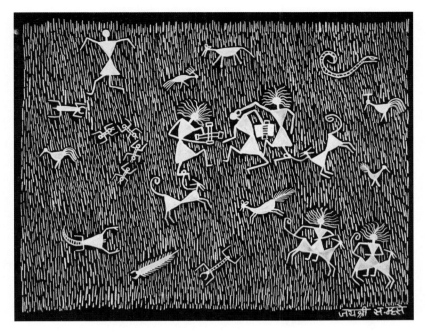

귀신과 농부(The Ghosts and the Farmer), 종이에 채색, 23.0×29.2cm

왈리 부족의 그림에는 이야기가 담겨 있다. 한 가지 재미있는 구성은 하나의 화면 안에 이야기의 전개에 따른 다른 장면들이 같이 묘사되어 있다는 점이다. 화면의 중앙에는 귀신들이 나타나 농부를 사로잡는 장면이 있고, 화면의 오른쪽 아래 하단에는 귀신들이 말을 타고 달아나는 장면이 있으며, 왼쪽 위에는 농부가 집으로 돌아가는 장면이 표현되었다. 이야기의 내용을 들으면서 그림을 감상하면 한층 재미가 더해지는 작품이다.

"자! 어서 이 묶여진 풀을 풀어보세요. 먼저 푸는 분이 저를 먹게 될 거에요. 단, 풀이 끊어지지 않게 풀어야만 한답니다."

그러자 귀신들은 날이 밝아오는 것도 잊은 채 풀이 끊어지지 않게 매듭을 풀려고 노력했다. 마침내 언덕 위에서부터 동이 터오기 시작하자 귀신들은 혼비백산해서 사라졌고, 농부는 무사히 집으로 돌아갔다.

은혜 갚은 새

하찮은 미물도 은혜를 기억한다

옛날 어떤 곳에 한 수도승이 살고 있었다. 그에게는 수양딸로 데려와 키우는 딸이 있었다. 딸은 어느덧 예쁘게 자라서 그 마을의 모든 총각들이 그 수도승의 딸을 아내로 맞이하고 싶어 했다. 그러나 정작 수도승의 마음에 드는 사윗감을 찾기는 힘들었다.

수도승은 오래 생각한 끝에 마을 총각들에게 한 가지 제안을 했다. 마을 어귀에는 과일이 아주 많이 달리는 커다란 과일나무가 하나 있었다. 그 장소는 항상 마을 사람들이 모여서 이야기를 나누는 장소이자 낮잠을 자는 장소이기도 하고 아이들이 수시로 나무 위에 기어오르기도 하는 곳이었다. 수도승은 그 과일나무에서 사람들에게 들키지 않고 가장 보기 좋고 단 열매를 따온 청년을 사윗감으로 맞이하겠다고 선언한다. 그러나 그 장소는 너무나 많은 사람들이 오가는 곳이어서 사람들의 눈에 띄지 않고 과일을 딴다는 것은 거의 불가능한 일이었다.

그 마을에 사는 한 가난한 과부에게 아들이 하나 있었다. 그 아들은 오래전

은혜 갚은 새 (The Kind Bird), 종이에 채색, 22.8×29.3cm

부터 수도승의 딸을 마음속으로 좋아하고 있었다. 그 총각은 매일 그 나무그늘에서 잠을 자면서 어떻게 하면 그 처녀를 아내로 맞이할 수 있는지 고민했다. 하루는 나무 그늘에서 잠을 자고 있는데, 나무 위 새 둥지에서 어린 새들이 다급하게 지저귀는 소리가 요란하게 들려왔다. 재빨리 나무 위로 올라가보니 커다란 독사가 새끼들이 있는 둥지를 공격하려고 하는 것이었다. 놀란 청년은 나뭇가지를 꺾어 독사를 해치우고 새끼 새들을 구해주었다. 그리고는 다시 낮잠을 자버렸다.

잠시 후 어미 새가 새끼들에게 줄 먹잇감을 가지고 둥지로 돌아왔다. 그러자 새끼 새들이 함께 입을 모아 어미에게 외쳤다.

"지금 나무 그늘에서 자고 있는 젊은이가 독사로부터 우리들의 목숨을 구해 주었어요. 그는 매일같이 나무 그늘에서 낮잠만 자는데 분명 무슨 근심이 있는 것 같으니 어서 그 사연을 알아보고 문제를 해결해주지 않으면 우리는 밥을 먹지 않을 거예요."

어미 새가 총각에게 고민이 무엇이지 물었다. 그러자 총각은 수도승의 딸을 오래전부터 사랑하고 있어서 수도승의 요구 조건을 들어줄 기회를 찾고 있는데, 도저히 사람들 몰래 과일을 딸 기회를 찾을 수 없기 때문에 고민이라고 했다. 그러자 어미 새는 젊은이에게 말했다.

"자! 어서 내 등에 올라타세요. 그리고 강으로 갑시다. 가는 도중 내가 좋은 생각을 말해줄 테니."

은혜 갚은 새 (The Kind Bird), 면에 채색, 32.4×62.3cm

작품의 중앙 상단에 어미 새와 함께 날고 있는 청년의 모습이 보인다. 그러나 사실 이 옛이야기의 내용과는 별도로 마을의 일상 풍경이 그림에 그려져 있다.

　젊은이는 새의 등에 타고 강변으로 가서 한 움큼의 모래를 가지고 다시 과일 나무 근처로 돌아왔다. 그러자 어미 새가 말했다.

　"자! 내가 신호를 하면 가능하면 크게 소리를 지른 다음 사람들이 모이면 재빨리 모래를 뿌려요. 그들 눈에 모래가 들어가서 눈을 뜰 수 없을 때 빨리 가장 잘 익은 과일을 따세요. 아무도 당신을 보는 사람이 없을 테니까요."

　젊은이는 어미 새의 말대로 사람들 몰래 가장 달콤한 과일을 따서 수도승에게 가지고 가서는 마침내 수도승의 아름다운 딸과 결혼해서 행복하게 잘살 았다.

욕심 많은 호랑이

지나친 욕심은 어리석음을 부른다

어느 날 숲속에서는 산토끼, 거북이, 도마뱀, 사슴, 여우가 각자 살 집을 찾아서 함께 길을 가고 있었다. 우연히 길을 가던 호랑이가 이들을 만나자 말을 걸어왔다.

"너희들 모두 어디 가니? 무슨 좋은 일이라도 있는 거니?"

그러자 토끼가 앞으로 나서며 말했다.

"우리는 각자 살 곳을 찾아서 길을 가던 중이에요."

그 말을 들은 호랑이가 친절한 목소리로 말했다.

"응. 그래 그럼 잘됐어. 너희들 모두 우리 집으로 가서 함께 살자. 나는 아주 큰 동굴에 혼자 살고 있어서 외롭기도 하던 차에 잘됐어."

그래서 동물들은 친절한 호랑이의 말에 넘어가서 호랑이의 동굴로 따라갔다. 동물들이 동굴에 들어서자마자 호랑이는 목소리를 바꾸며 말했다.

"너희들은 이제 꼼짝없이 갇혔다. 이제 한 놈씩 잡아먹어야겠다."

그 말이 떨어지자마자 재빠른 산토끼가 동굴 밖으로 도망치려고 뛰어나갔

욕심 많은 호랑이 (The Greedy Tiger), 종이에 채색, 22.0×28.7cm

왈리 작품에서 표현된 호랑이와 고대 인더스 문명의 인장에서 표현된 호랑이는 거의 대조적인 모습으로 표현된다. 둘 다 줄무늬가 있는 동물로 묘사되어지나 인더스 문명의 호랑이는 생명력과 활력이 넘치는 모습인 반면, 왈리 부족의 호랑이는 마치 골판지로 만든 것처럼 생명력과는 거리가 먼 오히려 해학적이며 귀여운 이미지로 묘사되고 있다.

다. 그러자 호랑이는 으르렁거리며 산토끼를 쫓고 그 틈에 다른 동물들도 무사히 동굴을 빠져 나갈 수 있었다.

그러나 거북이는 도망치지 않으면서 호랑이가 돌아오기를 기다렸다. 거북이는 자신이 아무리 재빨리 도망쳐도 호랑이에게 잡히는 것은 순식간이라는 것을 알고 있었다. 다른 동물들을 모두 놓쳐버린 호랑이가 동굴로 돌아와서는 거북이를 보고는 입맛을 다시며 말했다.

"할 수 없이 너라도 잡아먹어야겠어."

그러자 거북이가 말했다.

"나는 잡아먹히는 것이 두렵지 않아요. 하지만 나의 이 단단한 등껍질을 그냥 씹으면 당신의 이빨이 부러질 테니 차라리 나를 강으로 데려가서 물에 잠시 불려두었다가 먹는 것이 나을 텐데요."

그 말을 들은 호랑이는 마지막 남은 거북이를 좀 더 맛있게 먹고 싶은 생각에 거북이를 강으로 데리고 가서 던진 다음 이제나 저제나 거북이가 나오기를 기다렸으나 이미 거북이는 멀리 도망치고 없었다.

욕심 많은 호랑이(The Greedy Tiger), 면에 채색, 10.5×17.2cm

왈리 부족에게 호랑이는 다양한 성격으로 묘사되고 있다. 숲속의 왕이자 신으로 숭배되어 의식을 바치는가 하면, 때로는 어리석고 욕심 많은 성격으로 묘사된다. 그래서 사람들이 애써 지어놓은 농사를 망치기도 하고, 때로는 심술을 부리는 동물로 묘사되기도 한다. 마치 한국의 민화에 등장하는 까치와 호랑이 그림에서 호랑이가 양반을 상징하며 때로는 아둔하게 묘사되고, 까치는 서민을 대변하며 호랑이보다 더 지혜로운 것으로 묘사되는 것과 같은 맥락이다. 여기서 호랑이는 농작물을 먹어 치우는 모습으로 그려졌다.

욕심 많은 호랑이(The Greedy Tiger), 종이에 채색, 22.8×29.3cm

왈리 부족에게 전해져 내려오는 욕심 많은 호랑이 이야기를 그린 작품이다. 거북이, 토끼, 사슴, 공작 등 여러 마리의 동물들이 새로운 집을 찾아서 길을 가다가 호랑이를 만나게 된다. 호랑이는 동물들의 사정을 듣고는 자신의 동굴이 아주 크니 모두 함께 같이 살자고 한다. 동물들은 호랑이의 말을 그대로 믿고 호랑이 동굴로 따라간다. 하지만 호랑이는 자신의 동굴로 동물들을 유인한 다음 차례로 잡아먹을 계획을 가지고 있었다. 호랑이의 계략을 눈치 챈 동물들은 틈을 보아 모두 달아났다. 마지막에 느림보 거북이만 남게 되었는데, 거북이는 지혜를 발휘해 살아남게 된다는 이야기이다. 이 작품에 왼쪽에는 호랑이가 동물들을 만난 장면이 묘사되었고, 오른쪽 상단에는 호랑이의 동굴에 도착한 동물들을, 그리고 아래쪽에는 동물들이 모두 달아나는 장면을 묘사하고 있다.

부자가 된 농부

자비를 베푸는 것이 부자가 되는 지름길이다

아주 옛날 최초의 곡식 낱알이 땅 위에 떨어져서 싹을 틔워서 낱알이 여물기 시작할 무렵이었다. 아주 작은 시골 마을에 허리가 몹시 굽고 초라하기 그지없는 늙은 여인이 먹을 것과 잠자리를 얻기 위해 이집 저집 문을 두드리며 다니고 있었다. 그러나 날은 계속 어두워지는데 잠자리는커녕 먹을 것조차 구하지 못했다. 대부분의 집에선 문조차 열어주지 않았다. 마침내 노파가 한 집에 도착해 문을 두드렸다. 이 집은 바로 오늘날 부유하게 살고 있는 농부의 조상이 살고 있는 집이었다.

집 주인은 이 늙은 여인의 처지를 불쌍히 여겨 그의 집 마당 한구석에 있는 헛간에서 잠을 자는 것을 허락해주었다. 아침이 되어보니 노파는 사라지고 없었다.

왈리 부족은 오늘날 그 농부가 많은 부를 축척하고 잘사는 것은 그 오래전 옛날 농부의 조상이 베푼 자비 때문이라고 생각한다. 그리고 자신들이 가난한 것은 자신들의 조상이 자비를 베풀지 않고 야박하게 한 탓이라고 생각한다.

부자가 된 농부 이야기(How the Farmer Grew Rich), 종이에 채색, 29.2×38.4cm

왈리인들은 자신들이 가난하고 힘들게 살아가는 것을 모두 신의 뜻을 잘 따르지 않은 탓으로 여긴다. 이렇게 그들의 그림에는 인간이 살아가면서 알아야 할 삶의 지혜와 교훈이 담겨 있다.

지혜로운 마을 사람들
내 가족처럼 이웃을 도와야 한다

　　어떤 시골 마을에 갓 결혼한 신혼부부가 살고 있었다. 그런데 신부는 늘 신랑에게서 달아나려고만 했다. 그녀는 결혼하기 전 사귄 연인을 잊지 못하고 있었기 때문이다. 마을 사람들은 모두 그 내막을 알고 있었고, 어떻게든 그녀의 마음을 돌려 남편과 행복하게 살도록 도와주어야 한다고 생각했다.

　　어느 날 밤 신부는 남편이 잠든 틈을 타서 몰래 집을 빠져 나와 연인을 만나러 길을 가고 있었다. 그때 그녀의 행동을 몰래 지켜보고 있던 마을 사람들은 그녀를 멈추게 한 후 그녀의 목에 쐐기풀 목걸이를 던졌다.

　　"당신이 있어야 할 곳은 바로 당신 남편이 있는 집인데 이 한밤중에 어디를 간단 말이오? 그리고 당신의 이런 행동은 당신 남편에게는 당신 목에 걸린 쐐기풀 목걸이의 아픔보다도 더한 고통을 준다는 것을 왜 모른단 말이오? 우리는 그대가 마음을 바꿔 집으로 돌아갈 때까지 여기서 꼼짝 않고 기다릴 것이오."

　　마을 사람들 가운데 한 남자가 단호하게 말했다.

지혜로운 마을 사람들(The Wise Villagers), 면에 채색, 26.8×39.5cm

마을 사람들이 지혜를 모아서 바람기 있는 새 신부를 남편의 곁으로 돌려보내주는 이야기를 그린 작품이다. 왈리 부족은 마을의 구성원들을 가족의 일원이라고 생각한다. 그래서 서로 돕고 의지하며 함께 살아가야 한다고 생각한다. 이웃의 어려움을 마치 자신의 일처럼 생각하며 도와야 한다고 생각하는 것이다. 그러한 왈리 부족 사람들의 사고방식을 잘 알 수 있는 내용을 담은 작품이다.

그녀는 그 목걸이 때문에 목이 몹시 따갑고 거북했다. 남편이 자신 때문에 매일 이런 고통을 겪어야 한다고 생각하니 자신의 잘못을 스스로 깨닫게 되었다. 그제야 그녀는 울며 이제는 집으로 돌아가서 남편과 잘살겠노라고 말한다. 그 말을 들은 마을 사람들은 그녀의 목에서 쐐기풀 목걸이를 빼내며 그녀를 안전하게 집으로 돌아가게 해 주었다.

【ㄱ】

가네샤(Ganesha) 지혜의 신이자 장애물의 제거자이자 문학의 신이다. 인도인들은 모든 중요한 사업을 시작할 때 가네샤 신에게 공양하며, 책의 권두에도 그에 대한 헌사가 실린다. 시바와 파르바티의 아들로 코끼리 머리를 가지고 있다. 아버지가 시바인지 모른 채 길을 막아섰다가 시바로부터 목이 잘렸다. 그 때문에 파르바티가 아들을 살려내라고 화를 냈고, 시바는 아내를 진정시키기 위해 맨 먼저 만난 코끼리의 머리를 가네샤의 목 위에 얹었다.

가루다(Garuda) 비슈누의 탈것인 신화 속의 상상의 새. 신화에서는 인간의 몸체에 독수리의 머리와 부리, 날개, 다리, 발톱을 갖고 있는 모습으로 묘사된다.

가우타마(Gautama) 힌두교의 현자.

간다르바(Gandharva) 천상의 악사로 향을 먹고 사는 반인반신.

간다리(Gandhari) 《마하바라타》의 등장인물 중 드리타라슈트라 왕의 부인이자 카우라바 100 왕자들의 어머니.

간디바(Gandiva) 《마하바라타》의 판다바 5형제 중 셋째 왕자인 아르주나의 활.

강가(Ganga) 갠지스 강 자체를 말하는 이름이기도 하고, 여신으로 등장하기도 한다. 원래 비슈누의 아내였으나 나중에 시바의 아내가 되었다.

겁(劫, Kalpa) 가장 길고 영원하며 무한한 시간의 단위.

광배(光背) 후광. 인물의 등 뒤에 광명을 세우는 것.

구루(Guru) 스승.

나가(Naga) 대지의 보물을 지키는 반(半)신격인 뱀신. 나가는 산스크리트어로 뱀, 특히 코브라 등의 독사를 가리키는 말이다.

나라(Nagah) 나라는 산스크리트어로 물. 우주 창조 태초에 절대자가 가장 먼저 만든 창조물. 그 물에 씨앗을 담가두자 황금알이 되었고, 이 황금알 속에서 브라마가 태어났다고 한다.

나라싱하(Narasiṃha) 절반은 인간으로, 절반은 사자의 모습으로 변신하여 악마 히란야카시푸를 퇴치하는 비슈누의 네 번째 화신. 브라마에게서 어느 것에 의해서도 죽임을 당하지 않는 은총을 입은 악마 히란야카시푸는 그의 아들 프라라다가 비슈누를 신앙하자 아들을 죽이고자 한다. 이때 비슈누가 나라싱하의 모습으로 나타나서 악마 히란야카시푸를 퇴치한다.

나라야나(Narayana) 비슈누의 현신. 또는 초월적 절대자를 이르는 말. 물 위를 가는 존재라는 뜻.

나타라자(Nataraja) 시바의 화신. '춤추는 자들의 왕'이라는 뜻. 우주 창조의 활기 찬 과정인 화염의 바퀴에 둘러싸여 한쪽 발로 연꽃을 받치고 있는 작은 악마를 밟고 있다.

난디(Nandi) 시바의 탈것인 황소.

난디니(Nandini) 모든 소망을 들어주는 힘을 가진 신성한 암소.

다르마(Dharma) 정의의 신. 또는 모든 도덕적 행위의 바른 길을 의미하기도 한다.

닥샤(Daksha) 창조주인 브라마가 지상의 통치를 맡기기 위해 선택한 지도자들인 프라야 파티스 중 한 명이었다. 또한 제식의 불길 속에 몸을 던진 사티의 아버지. 사티의 죽음으로 인해 시바로부터 머리가 잘렸으며, 용서를 빌고 다시 살아났으나 머리에는 염소 머리가 얹혀졌다.

데바(Deva) 신(神)을 의미하는 말. 신화에 의하면, 불사(不死)의 감로수를 마신 신들은 영원한 젊음을 간직하며 인간의 운명을 좌우하는 초월적 존재이나, 한편 인간적인 희로애락의 감정을 가지고 있다. 여신은 데비(Devi)라고 한다.

데바키(Devaki) 크리슈나의 어머니. 마투라의 사악한 왕 캄사가 자신의 아들을 죽이려 하자 목동의 딸과 맞바꾸었다.

데비(Devi) '여신'이라는 뜻. 또는 시바와 함께 그의 부인을 지칭할 때 부르는 말. 남성과 여성이 하나의 형태로 결합하는 상징이며 가장 이상적인 결합을 의미한다. 마하데비 참조.

두르가(Durga) '접근하기 어려운 존재', '결코 정복할 수 없는 존재'라는 뜻을 가지고 있다. 신들의 분노 속에서 탄생한 여신으로 신들도 죽일 수 없는 괴물 마히샤를 물리쳤다. 탈것인 사자를 올라타고, 손에는 신들로부터 받은 지물들을 들고 있는 아름다운 여전사로 묘사된다. 시바의 샥티이다.

두르요다나(Duryodhana) 《마하바라타》의 등장인물. 카우라바 100 왕자 중 맏형.

드리타라슈트라(Dhritarashtra) 《마하바라타》의 등장인물. 하스티나푸라(Hastinapura)의 왕. 맹인이었으나 카우라바의 형제라 불리는 100명의 아들을 낳는 축복을 받았다. 이후 그의 아들들은 동생 판두 왕의 판다바 5형제와 전쟁을 일으킨다. 그 이야기가 『마하바라타』에 전해져온다.

디아우스(Dyaus) 천공의 신. 대지의 여신 프리티비와 함께 신들과 인류의 부모로서 '아버지이신 디아우스'라고 부른다.

디왈리(Diwali) 인도의 가장 큰 명절로 빛의 축제라고도 한다. 보통 10월 말에 열린다.

【ㄹ】

라다(Radha) 크리슈나의 연인. 목장에서 소젖을 짜는 일을 했다.

라마(Rama) 인도의 대서사시 《라마야나》의 주인공이자 비슈누의 일곱 번째 화신. 다사라타의 아들로 카우살리아가 비슈누가 준 감로수의 반을 마시고 낳았다. 그 후 비데하의 자나카 왕의 딸 시타와 결혼하고, 그의 형제들도 그녀의 자매와 결혼했다. 라마가 후계자로 정해질 때가 되자 계모인 카이케이는 자신의 아들 바라타를 왕으로 세우기 위해 다사라타 왕을 꾀어 라마에게 14년간의 추방령을 내리게 했다. 라마가 단다카 숲속에 들어가 유배생활을 하는 동안 락샤사의 왕 라바나가 시타에게 반해 그녀를 납치하게 되는 일이 발생하고, 라마는 하누만의 도움으로 아내를 찾으러 랑카 섬으로 건너가 라바나를 죽이고 시타를 구출한다. 하지만 라마는 시타가 부정하다는 의심을 품었고, 시타가 결백을 주장하며 제식의 불길 속으로 뛰어들자 아그니 신이 그녀의 순결을 증명해주었다고 한다.

라마야나(Ramayana) 《마하바라타》와 함께 인도를 대표하는 대서사시. 힌두교의 문학과 종교 윤리를 대표한다. 비슈누의 화신인 라마의 행적을 그리고 있다.

라바나(Ravana) 락샤사들의 왕. 브라마로부터 죽임을 당하지 않는 은총을 받았다. 그 후 교만해져서는 신들을 괴롭히고 폭정을 일삼았다. 비슈누의 화신 라마에게 죽임을 당했다.

락슈마나(Rakshmana) 라마의 이복동생. 라마가 유배생활을 떠날 때 동행했으며, 랑카 대전쟁에서도 라마와 함께 라바나를 상대로 싸웠다.

락슈미(Rakshmie) 비슈누의 아내. 부와 행운의 여신으로 왼손에 연꽃을 들고 있다. 신들이 우유의 대양을 휘저을 때 탄생했다는 기원이 있다. 원래 비슈누에게는 사라스바티, 강가, 락슈미 등 세 명의 아내가 있었는데, 비슈누가 그들을 다 다루기가 어려워 사라스바티는 브라마에게, 강가는 시바에게 보내고 락슈미만을 아내로 삼았다고 한다.

루드라(Ludra) 폭풍의 신. 시바의 화신.

루크미니(Rukmini) 비슈누가 크리슈나로 현신할 때 그의 아내로 현신하는 락슈미의 또 다른 이름.

링검(Lingam) 시바 신의 상징으로서 남근상으로 우주의 본질을 담고 있는 영혼불멸의 씨앗이다. 인도의 대서사시 《마하바라타》에 의하면, 그것으로부터 모든 생명이 탄생하고, 생명이 파괴되면 다시 시바의 남근으로 돌아온다고 한다.

【ㅁ】

마누(Manu) 브라마의 아들. 마누법전을 만들었다고 한다. 또한 대홍수 때 살아남은 인간 마누를 일컫기도 한다. 어느 날 마누가 강에서 몸을 씻고 있는데, 작은 물고기 한 마리가 다가와 살려달라고 했다. 마누는 물고기를 구해주었고, 물고기가 커지자 바다로 보내주었다. 그러자 물고기가 바다로 돌아가면서 곧 큰 홍수가 있을 터이나 배를 만들어두라고 당부했다. 큰 홍수가 일어나서 마누의 배가 표류하고 있을 때 물고기가 돌아와서 자기 뿔에 밧줄을 걸고 배를 끌었다. 오랜 여행 끝에 절반쯤 물에 잠긴 히말라야 산맥의 꼭대기에 닿을 수 있었다. 세상을 삼켰던 물이 빠진 뒤에 마누는 산에서 내려와 제사를 지내고 다시 인류를 창조했다고 한다.

마트스야(Matsya) 비슈누의 첫 번째 화신인 물고기. 물고기가 인류의 시조인 마누를 구제한 다는 이 홍수 신화는 서사시나 푸라나에 전수되어 전해오다가 결국 비슈누의 화신이 되었다. 이 신화는 기독교의 노아의 홍수 신화와 거의 흡사한 맥락과 구성을 가지고 있다는 점에서 흥미롭다.

마하데비(Mahadevi) '위대한 여신'이라는 뜻. 시바의 아내를 지칭할 때 부르는 말. 자비스런 모습과 광포한 모습으로 나타나는데, 자비의 모습은 우마·파르바티·자간마타로 나타나지만, 광포한 모습으로 현현할 때는 두르가·칼리 등의 이름으로 불렸다.

마하바라타(Mahabharata) 《라마야나》와 함께 인도를 대표하는 대서사시. 내용은 판다바 형 제들과 카우라바 형제들 간에 왕위를 둘러싼 전쟁에 관한 이야기가 5분의 1을 차지하며, 그 외에 다수의 신들이 실제로 존재했던 인간의 이야기로서 전승되고 있다. 그리고 수많은 전설 과 신화가 수록되어 있다. 골육상쟁을 앞두고 고민하는 아르주나에게 크리슈나가 전쟁의 필 연성을 설파하는 부분은 『바그바드 기타』로 따로 모아서 전해지고 있다.

마히샤(Mahisha) 두르가 여신에게 죽임을 당한 악마 물소.

메루(Meru) 우주의 중심에 자리 잡고 있으며, 시바신이 살고 있다는 힌두교의 성지. 수메루 참조.

메나카(Mewnaka) 히말라야 산의 아내. 파르바티는 그들 사이에서 낳은 딸이다.

【ㅂ】

바가바드기타(Bhagabad Gita) 《마하바라타》에서 크리슈나가 아르주나에게 주는 지혜를 읊은 서사시. '신의 노래'라는 뜻.

바라타(Bharata) 라마의 이복형제. 라마의 계모인 카이케이의 아들.

바라타바르샤(Bharatabarsha) '바라타의 영토'라는 뜻. 인도인들이 자신들의 영토를 지칭하는 말이다.

바라타족(Bharatas) 베다 시대에 가장 핵심적인 부족으로 야무나 강과 사라스바티 강 사이에 정주했다. 《마하바라타》는 갠지스 강 상류의 광활한 지역에서 바라타족에 의한 국가통일이 있었음을 시사하는데, 이 전설은 인도인의 민족의식과 결부되어 자신들의 나라를 바라타바르샤라고 부르기도 한다.

바라하(Varaha) 비슈누의 세 번째 화신인 멧돼지. 악마 히란약샤라가 대지를 바다 밑으로 침몰시켰을 때 비슈누는 육지를 구하기 위하여 멧돼지로 변신했다. 1000년 동안의 끈질긴 싸움 끝에 바라하는 악마를 죽이고 대지를 그의 날카로운 어금니로 다시 올려 비로소 바다와 대지가 나누어졌다. 이 멧돼지의 전설은 브라마 창조 신화에서도 그 기원을 찾을 수 있다.

바루나(Varuna) 베다의 신으로 천지를 유지하는 신. '아버지, 하늘'이라는 뜻. 나중에 최고 신의 지위를 잃고 바다와 강의 신이 되었다.

바마나(Vamana) 비슈누의 화신인 난쟁이. 악마 발리가 삼계를 지배하고 있을 때 비슈누가 난쟁이로 변장하여 나타나서 발리에게 세 걸음만큼의 땅을 달라고 요구하였다. 자신의 힘을 과신한 발리는 이를 허락하였다. 그러자 작은 난쟁이는 거인으로 변하여 삼세계를 모두 차지했다.

바유(Vayu) 베다의 신으로 바람의 신. '공기, 바람'이라는 뜻. 현자 나라다가 바유를 사주하여 수메루 산을 허물려고 했다. 그때 가루다가 날개로 산을 엄폐하여 바유가 일으키는 돌풍을 약하게 만들었다. 바유는 가루다가 없는 틈을 타고 수메루 산을 허물어뜨려 바다 속으로 흘려보냈는데, 그것이 스리랑카 섬이 되었다고 한다.

베다(Veda) 기원전 1500년에서 1000년 사이에 쓰여진 것으로 보이는 인도에서 가장 오래된 신화적 제식문학이다. 베다라는 '지식' 또는 '종교적 지식'을 뜻하는데, 현재 남아 있는 베다 문헌은 《리그 베다》, 《사마 베다》, 《야주르 베다》, 《야타르바 베다》의 4종류가 있다.

붓다(Buddha) 석가모니. '깨달은 자'라는 뜻. 또는 비슈누의 아홉 번째 화신.

브라마(Brahma) 창조의 신. 유지의 신 비슈누와 파괴의 신 시바와 함께 힌두교 삼신. 몸은 붉은 색이고 머리가 4개이다. 원래는 머리가 5개였으나 무례하게 말을 했다는 이유로 시바의 셋째 눈에서 나온 불길에 의해 하나가 불타버렸다고 한다.

브라만(Brahman) 절대 진리 범천(梵天). 또는 카스트의 최상위층을 일컫는 말.

브리구(Bhrigu) 힌두교의 현자. 마누의 아들.

비루니(Viruni) 술의 여신.

비마(Bhima) 《마하바라타》의 등장인물. 바람의 신 바유와 쿤티 사이에 낳은 아들. 판다바 5형제 중 둘째 왕자.

비슈누(Vishnu) 우주의 질서를 유지하는 신으로 브라마, 시바와 함께 힌두교 삼신. 우유의 대양에서 신비(神妃) 락슈미를 껴안고 셰샤(아난타) 뱀을 베개 삼아 편안히 잠자고 있는 비슈누는 유사시에는 신들의 청을 받아들여 악마를 물리치고 정의를 지킨다. 흔히 10개의 화신이 전해지고 있다.

비스바카르마(Visvakarma) 태양신 수리야의 장인이자 상기야의 아버지.

【ㅅ】

사라스바티(Sarasbatti) 브라마가 창조한 딸이었으나 그의 아내가 되었다고 함. 또는 강의 여신을 일컫기도 한다. 교육과 문화와 예술의 여신으로 알려져 있다.

사비트리(Savitr) 아시바파티 왕의 공주. 남편 사트야만이 일찍 죽자 죽음의 신 야마를 따라가며 남편을 살려줄 것을 간청한다. 죽음의 길로 가는 도중 온갖 고난과 역경을 이겨내고 마침내 야마를 감동시켜서는 남편을 살려낸다.

사트야브하마(Satyabhama) 크리슈나의 아내. 인드라의 정원에 있는 파리자타(parijata) 나무를 갖고 싶어 하자 크리슈나는 인드라와의 싸움 끝에 자신의 정원에 이 나무를 심었다. 이 나무의 꽃을 여인들이 머리에 꽂으면 남편의 사랑을 유지할 수 있었고, 이 나무의 열매를 먹은 사람은 전생에 어떤 일이 있었는지 기억해낼 수 있는 신비의 나무였다고 한다.

사티(Sati) 미망인이 남편을 따라 장작더미 위에서 타죽는 것. 닥샤의 딸 사티가 시바의 명예를 회복하기 위해 제식의 불길에 뛰어든 것에서 기인했다고 한다.

사하스라크샤(sahasraksha) 인드라의 몸에 새겨진 천 개의 눈. 현자의 아내를 유혹한 죄로 저주를 받아 생겼다고 한다.

상기야(Sangiya) 태양신 수리야의 아내. 비스바카르마의 딸.

샥티(Shakti) 여성적 힘과 에너지를 말한다. 시바가 명상에 몰두하느라 파괴를 진행하지 않자 불균형이 야기되었고, 이에 브라마와 비슈누가 아름다운 여인 샥티를 바치며 파괴를 요청한다. 이로써 시바는 파괴의 힘을 사용할 때 샥티와의 결합을 요하게 되었고, 이후 신들의 반려자를 샥티라 불리게 되었다고 한다.

소마(Soma) 인드라가 애용했다는 불사의 음료. 달의 신을 지칭하기도 한다.

수라(Sura) 천신, 천상계.

수리야(Surya) 태양의 신. 아그니, 인드라와 함께 베다의 삼신 중 하나. 암흑을 물리치고 사람들을 잠에서 깨워 활동하게 하며, 모든 신의 눈으로서 세상에서의 생물의 행동을 감시한다. 새벽의 신 우샤스의 연인으로 일곱 마리의 말이 끄는 수레를 타고 그녀의 뒤를 쫓아간다고 한다. 힌두교 신화에서는 비슈누가 태양신으로서 세력이 크게 증가되어 그 영향력이 약화되었다.

수메루(Sumeru) 세계의 중심이 되는 산. 메루라고도 한다. 중국에서는 수미산. 구름을 뚫고 솟아 있으며 꼭대기에 인드라를 왕으로 한 신들이 산다. 산의 둘레에는 해·달·별들이 돌고 있다.

스칸다(Skanda) 전쟁의 신. 시바의 아들.

시바(Shiva) 파괴의 신. 창조의 신 브라마, 유지의 신 비슈누와 함께 힌두교의 삼신. 요괴와 괴물의 우두머리로서 화장터를 방황하며 전신에는 시체의 재를 바르고 호랑이 가죽을 걸치고 뱀을 두르며 다닌다. 미간에는 제3의 눈이 있어서 섬광을 뿜어내곤 하는데, 사랑이 신 카마가 시바의 명상을 방해하는 바람에 제3의 눈에 타 죽기도 했다. 히말라야의 카일라사 산에 산다.

시타(Sita) 라마의 아내. 라바나 왕에 납치되었으나 끝까지 정조를 지켜 인도 여성의 모범으로 찬양 받고 있다.

시탈라(Sitala) 천연두의 여신. 시바의 샥티.

【ㅇ】

아그니(Agni) 불의 신. 인드라, 수리야와 함께 베다의 삼신 중 하나. 7개의 혀와 2개의 얼굴을 가지고 있다. 의례를 행할 때 모셔지는 신이다. 사후에 죄를 정화해주는 자로서 신들과 인간의 매개자이다.

아난타(Ananta) 무한을 상징하는 영원의 뱀. 비슈누는 아난타의 똬리 위에 기댄 채 누워 있는 모습으로 나타난다.

아르주나(Arjuna) 《마하바라타》의 등장인물. 비의 신 인드라와 쿤티 사이에 낳은 아들. 판다바 5형제 중 셋째 왕자. 활의 명수로 알려져 있다. 카우라바 형제들과의 전쟁을 앞두고 고민하는 그에게 크리슈나가 위로하는 장면은 『바가바드 기타』에서 잘 드러나 있다.

아바타(Avatar/Avatara) 화신(化身). 인도 신화에서는 세상이 사악한 힘에 물들거나 하면 이를 바로잡기 위하여 신들이 아바타로 현신한다고 믿는다.

아수라(Asura) 지하세계에 사는 악마. 인간을 괴롭히고 신들의 세계를 넘보는 악마.

아이라바타(Airavata) 인드라의 탈것인 흰 코끼리.

아프사라스(apsaras) 하늘의 무희로 간다르바의 동반자.

아할리야(Ahalya) 현자 가우타마의 아내였으나 인드라의 유혹에 굴복하여 그 벌로 몇 년 동안 숨어 살았다고 한다.

암리타(amrita) 불사(不死)의 감로수. 처음부터 신들이 영원한 생명을 얻은 것은 아니라 불사의 감로수를 마심으로써 영원히 살 수 있게 되었다고 한다. 이 암리타는 비슈누 신화에서 천 년 동안 우유의 대양을 휘젓을 때 나왔다고 한다.

야마(Yama) 죽음의 신. 수리야의 아내 상기야는 남편의 뜨거운 열기 때문에 잠시 그를 외면하게 되는데, 이로 인해 남편의 저주를 받아 세 명의 자식인 마누, 야마, 야무나가 하늘나라에서 추방당한다. 그래서 마누는 인간들의 시조로 지상에서 태어나고, 야마는 지하세계로 추방당해 죽음을 관장하는 신이 된다. 그리고 딸인 야무나는 강물을 관장하는 여신이 되었다고 한다.

야소다(Yasoda) 크리슈나의 양어머니. 목동 난다의 아내.

요니(Yoni) 원뜻은 자궁. 시바의 링검을 받치는 여성의 생식기를 말하기도 함.

우르바시(Urvashi) 천상에 사는 아프라사스였으나, 인간 푸루라바스와 결혼하였다. 하지만 신들의 질투로 인해 푸루라바스의 벗은 몸을 보게 되었고, 금기가 깨지는 바람에 다시 천상으로 떠나게 되었다. 이에 푸루라바스가 그녀를 찾아다니자 신들이 그들의 사랑을 인정하여 천상에서 다시 살게 되었다.

우마(Uma) 마하데비의 화신. '빛'이라는 뜻. 시바의 아내.

유디슈티라(Yudhishtira) 《마하바라타》의 등장인물. 정의의 신 다르마와 쿤티 사이의 아들. 판다바 5형제 중 첫째 왕자.

윤회(Samsara) 하나의 생에서 다음의 생으로 재생(再生)을 거듭하는 것.

인드라(Indra) 하늘의 신이자 번개의 신으로 신들의 왕으로 불린다. 베다의 삼신 중 하나. 보통 두 마리의 붉은 말이 끄는 황금전차를 타고 있는 것으로 묘사되지만, 가끔은 코끼리를 타고 있기도 하다. 한때 현자 가우타마의 아내 아할리야를 유혹하다가 가우타마의 저주로 몸에 여성의 성기를 닮은 천 개의 표지를 지니게 되었다. 그 표지는 나중에 눈의 형태로 변했다고 한다.

인드라니(Indrani) 인드라의 신비(神妃). 샤치라고 불리기도 함.

인드라로카(Indraloka) 인드라가 사는 천국을 이르는 말.

【ㅈ】

자간나트(Jagannath) 우주의 신으로 간주되며 크리슈나의 현신.

자간마타(Jaganmata) 마하데비의 화신. '세계의 어머니'라는 뜻.

자라스(Jaras) 크리슈나의 발뒤꿈치를 화살로 쏘아 죽인 사냥꾼. '늙은 사람'이라는 뜻.

【ㅊ】

찬달라(Chandala) 수드라(노예계급)에도 들지 못하는 최하층 불가촉천민.

찬드라(Chandra) 달의 신.

【ㅋ】

카르나(Karna) 《마하바라타》에서 등장하는 태양신 수리야에 의해 태어난 쿤티의 맏아들. 태어나자마자 강물에 떠어 버려지게 되고 전차병사의 아들로 자라난다. 이후 카우라바 형제들과 판다바 형제들 사이에서 벌어진 전쟁에서 이복형제인 판다바 형제들 편이 아닌 카우라바 형제들 편에 섰다가 비극적 최후를 맞이한 영웅으로 그려진다.

카르마(Kharma) 업(業).

카르티케야(Kartikeya) 시바와 파르바티의 아들. 전쟁의 신. 그의 탈것은 공작이다.

카마(Kama) 사랑의 신. 사랑의 여신 라티의 남편. 우주가 생길 때 출현했다. 시바가 파르바티를 사랑하게 만들기 위해서 사랑의 화살을 쏘았으나, 시바의 제3의 눈에서 나온 섬광으로 타 죽고 만다. 그 이후로 카마는 아난가(Ananga) 즉 '육신이 없는 존재'로 불리게 되었다.

카마데바(Kamadeva) 카마. '사랑의 신'이라는 뜻. 카마 참조.

카마마라(Kamamara) 사랑과 죽음의 신.

카우라바(Kaurava) 《마하바라타》의 등장인물. 두르요다나를 맏이로 한 드리타라슈트라 왕의 100 왕자들을 일컬어 부르는 명칭.

칼리(Kali) 마하데비의 화신. '검은 존재'라는 뜻. 파괴와 죽음의 여신으로 시바의 샥티로 알려져 있다.

칼키(Kalki) '백마'라는 뜻. 비슈누의 열 번째 화신. 암흑의 시대가 끝날 무렵 불칼을 들고 백마를 타고 나타나는 미래의 화신이다.

쿠루크쉐트라(Kurukshetra) 《마하바라타》와 《바가바드 기타》의 역사적 사건의 장소로 이 들판에서 카우라바 형제들과 판다바 형제들이 군대를 대치시키고 대전쟁을 치렀다.

쿠르마(Kurma) 비슈뉴의 두 번째 화신인 거북이. 그 기원은 프라자파티가 거북이의 모습으로 세계 창조를 하였다는 브라마의 신화에 기원한다. 푸라나에 의하면 세계가 파멸할 때, 큰 홍수가 나서 신들은 많은 보물을 잃어버렸다. 이때 비슈누는 거북으로 변신하여 바다 밑으로 들어가 그의 등에 만다라(Mandara) 산을 짊어지고 대지를 지탱하였다. 그리고 신들이 우유의 대양으로부터 만들어낸 암리타를 휘젓도록 그들을 도왔다.

쿠마라(Kumara) 전쟁의 신. 시바의 아들 스칸다의 다른 이름.

쿠베라(Kubera) 재물의 신.

쿤티(Kunti) 《마하바라타》의 등장인물. 판두 왕의 아내이자 카르나, 유디슈티라, 비마, 아르주나의 어머니.

크리슈나(Krishna) 힌두교의 영웅이자 비슈누의 여덟 번째 화신. 크리슈나라는 말은 '검다'라는 말에서 유래한 것이다. 어린아이로서의 크리슈나, 인드라 신에 대항하여 소들을 지키는 목동 크리슈나, 그리고 사랑하는 여인 라다와의 사랑으로 유명한 크리슈나의 이야기들은 인도인들이 가장 사랑하는 신의 이야기이다. 마투라의 왕 캄사는 데바키의 아들 크리슈나가 자신을 죽일 것이라는 말을 듣고 데바키가 아들을 낳으면 죽이려고 하였다. 이에 데바키는 크리슈나를 목동 난다의 딸과 맞바꾸었고, 목동으로 어린 시절을 보냈다. 후에 캄사를 죽이고 왕위를 회복한 크리슈나는 《마하바라타》에서 쿠루크쉐트라 전쟁을 통해 그려진다. 크리슈나는 판다바와 카우라바 양쪽과 인척관계에 있었기 때문에 자신은 아르주나의 전차를 직접 몰고, 자신의 군대는 카우라바 진영에 참가하게 했다. 이때 판다바와 카우라바 형제들 간의 전쟁에서 골육상쟁을 앞두고 고뇌하는 아르주나에게 전쟁의 필연성을 설파했는데, 이 이야기만을 따로 모은 것이 《바가바드 기타》이다. 전쟁 후 크리슈나는 사냥꾼 자라스의 화살에 발뒤꿈치를 맞아 죽었다.

트리비크라마(Trivikrama) 비슈누의 두 번째 화신 난쟁이 바마나는 거인 트리비크라마로 변신하여 세 걸음만으로 삼계를 차지한다. 그래서 세 걸음의 신으로 알려져 있다.

【ㅍ】

파라슈라마(Parasurama) 비슈누의 화신. '도끼를 가진 라마'라는 뜻으로 그는 도끼를 휘둘러서 교만한 왕족을 넘어뜨리고 브라만에게 승리를 안겨주었다. 크샤트리아의 카르타비르야에게 아버지가 살해되자 그는 도끼를 휘둘러 아버지의 원수를 갚았다. 크샤트리아족을 완전히 멸한 후 마헨드라 산으로 고행의 길을 떠난다. 이 전설이 인도의 불교 발생 이전 사회의 두 계급 간의 반목을 반영하고 있다고 보는 견해들도 있다.

파리자타(Parijata) 인드라의 정원에 심어진 성스러운 나무.

파르바티(Parvati) 시바의 아내. 마하데비의 화신. 히말라야 산의 딸이자 가네샤의 어머니. 제식의 불길에 뛰어든 사티의 화신으로 태어나 시바와 결혼했다.

판다바(Pandava) 《마하바라타》의 등장인물. 판두 왕의 5형제(유디슈티라, 비마, 아르주나, 나쿨라, 사하데바)를 합쳐서 부르는 명칭.

판두(Pandu) 《마하바라타》의 등장인물. 카우라바의 100 왕자를 낳은 맹인 형 드리타라슈트를 대신해서 나라를 통치했다. 쿤티와 마드리 두 명의 아내를 두었으나, 저주를 받아서 자식을 낳을 수 없었다. 이에 신들의 자식들을 허락하여 판다바 5형제를 두었다.

푸루라바스(Pururavas) 천상의 여신 우르바시와 사랑을 나눈 지상의 인간.

프라자파티(Prajapati) 힌두교 창조 신화에서의 조물주. 베다 신화에서 브라마를 부르는 명칭.

프리티비(Prithivi) 대지의 여신. 천공의 신 디아우스와 함께 신들과 인류의 부모.

피트리스(Pitris) 인류의 아버지.

【ㅎ】

하리(Hari) 비슈누의 다른 이름.

하누만(Hanuman) 원숭이 신. 바유의 아들. 몸을 마음대로 부풀려서 크거나 작게 만들 수 있으며, 하늘을 날 수도 있다. 라마가 악마 라바나와 싸울 때 라마를 도왔다.

히라니아가르바(Hiranyagarbha) 창조의 태초에 있었던 황금알. 이 황금알을 둘로 쪼개고 브라마가 태어났다고 하는 신화가 있고, 이 황금알이 둘로 쪼개져서 반쪽은 하늘이 되고, 반쪽은 땅이 되었다는 신화가 있다.

왈리 부족은 작은 원과 두 개의 삼각형, 네 개의 선만으로 수많은 인체의 동작을 단순화 시켜 자유자재로 표현하여 그림을 그린다. 부록에 실린 4가지 샘플 도안에는 인체를 포 함하여 동물과 가축, 그리고 나무와 집 등이 표현되어 있어 누구나 쉽게 왈리 그림을 따라 그릴 수 있다.